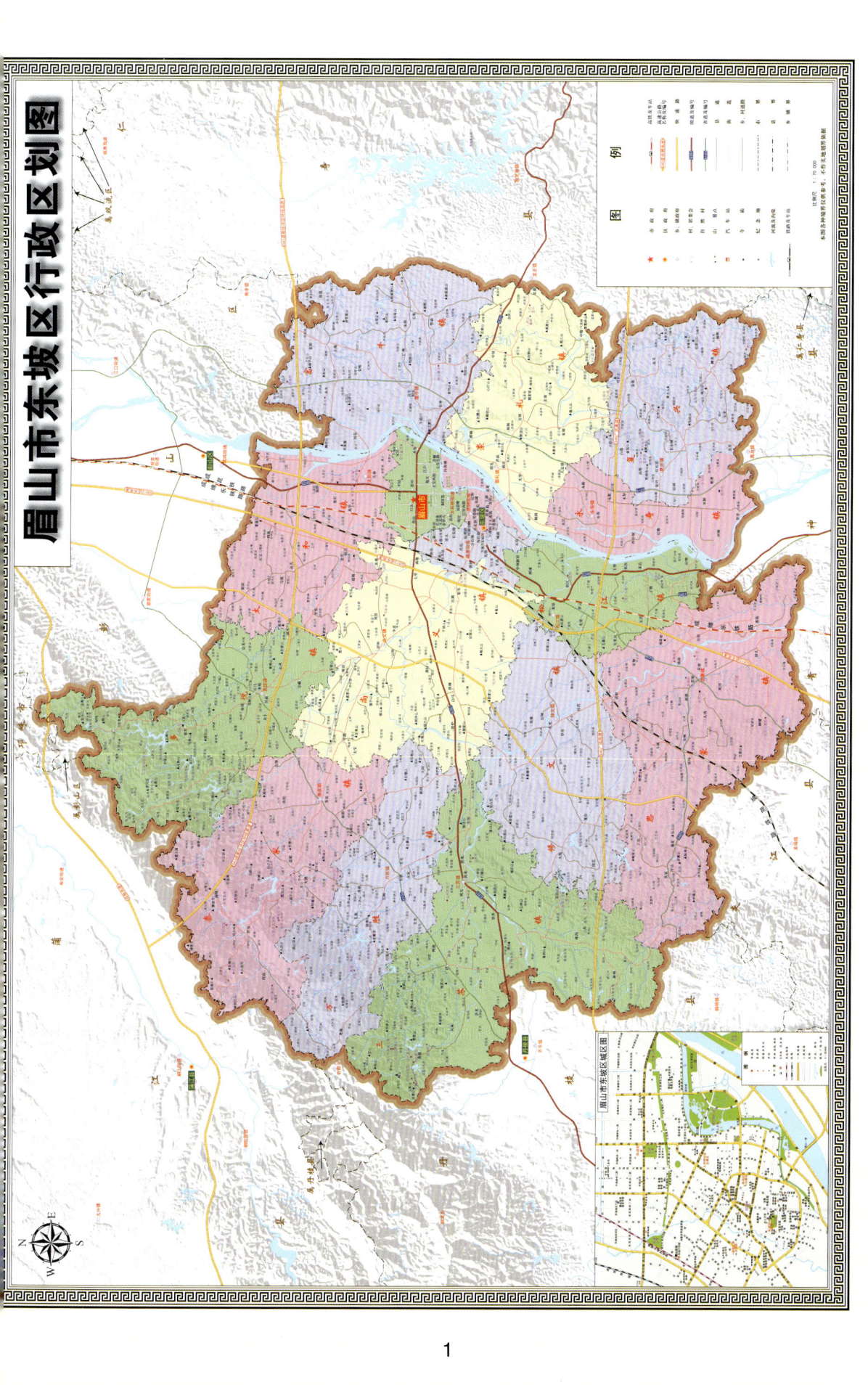

眉山市东坡区行政区划图

中心村村景

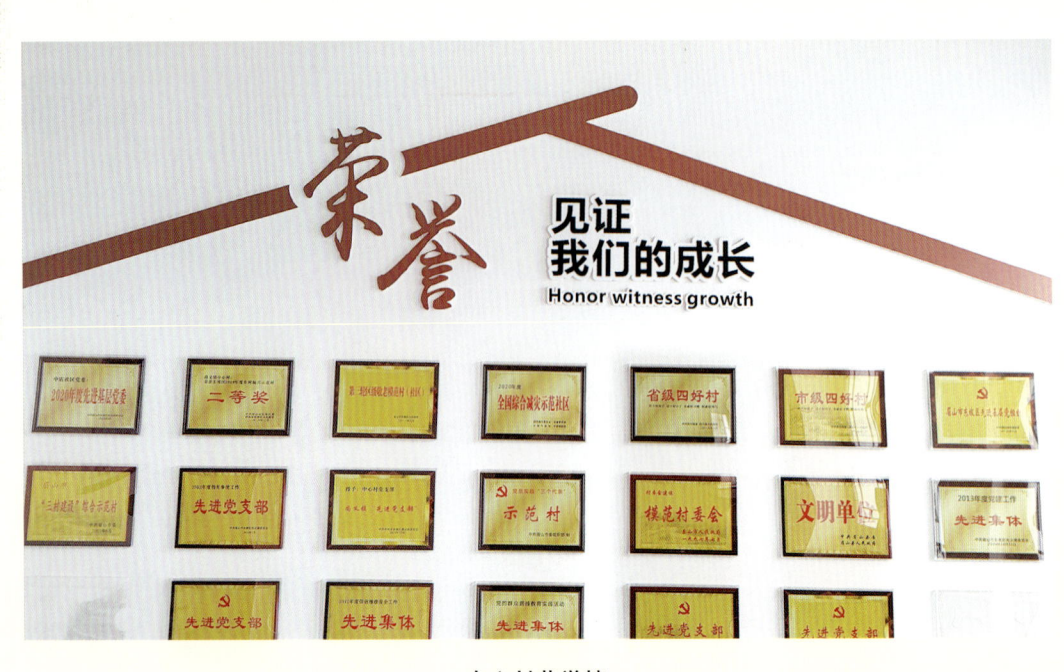

中心村荣誉榜

蓑衣

小学课本

犁

石磨

1955年粮票

极乐寺庙会 　　　　　　　　　　　　极乐寺庙会

极乐寺庙会

古树

蒿蒿粑

老屋

农耕文化节

插秧苗

美苑画室画展

开心农场

农耕文化节活动图集

农耕文化节活动图集

捕鱼

农耕文化节游人

秋收文化节

秋收文化节

秋收文化节农副产品

秋收文化节农副产品

领导视察中心村

领导视察中心村

领导视察中心村

领导视察中心村

村民培训

种粮大户李相德

16

眉山市东坡区尚义镇中心村村志

《眉山市东坡区尚义镇中心村村志》编纂委员会 编

线装书局

图书在版编目（CIP）数据

眉山市东坡区尚义镇中心村村志 /《眉山市东坡区尚义镇中心村村志》编纂委员会编 . -- 北京：线装书局，2024. 10. -- ISBN 978-7-5120-6231-3

Ⅰ. K297.15

中国国家版本馆 CIP 数据核字第 20249KN780 号

眉山市东坡区尚义镇中心村村志
MEISHANSHI DONGPOQU SHANGYIZHEN ZHONGXINCUN CUNZHI

编　　者：	《眉山市东坡区尚义镇中心村村志》编纂委员会
责任编辑：	林　菲
出版发行：	线装书局
地　　址：	北京市东城区建国门内大街18号恒基中心办公楼二座12层
电　　话：	010-65186553（发行部）　010-65186552（总编室）
网　　址：	www.zgxzsj.com
经　　销：	新华书店
印　　制：	三河市龙大印装有限公司
开　　本：	787mm×1092mm　1/16
印　　张：	18.5
字　　数：	264 千字
版　　次：	2025 年 1 月第 1 版第 1 次印刷
印　　数：	0001—1000 册
定　　价：	198.00 元

《眉山市东坡区尚义镇中心村村志》编纂委员会

顾　　问：周成志　徐新雅　王晓军　袁晟佩　李国全
主　　编：王燕飞
副 主 编：吴会蓉　饶冬梅　樊　洁　余　华
委　　员：（以姓氏笔画为序）

丁艳如	丁　涛	万艳芬	王巧勤	王　芳	王　波
王晓军	王燕飞	邓汝华	邓泽伟	白　平	冯晓飞
朱云龙	伍　静	刘　英	刘　浚	牟隽逸	杜会梅
李从礼	李　平	李光龙	李志平	李克勤	李国全
李国安	李宛露	杨仁枝	杨剑文	杨晋珂	杨　霞
吴会蓉	吴建明	余　华	邹瑞蝶	辛　睿	张中伟
张弟英	张　赟	周成志	周　悦	赵万鹏	赵裕明
饶冬梅	贺宝峰	袁乙戈	袁志坤	袁莉莉	袁晟佩
夏　娟	徐　宁	徐新雅	唐　霞	黄群霞	梁卫全
梁淑芳	彭　秋	蒋　刚	谢　东	蒲月英	雷学全
樊　洁

摄　　影：王燕飞　李国全　吴会蓉　饶冬梅　樊　洁　余　华
照片提供单位：尚义镇人民政府、中店社区委员会

目 录

凡　例 / 1

大事记 / 1

　　南　朝 / 1

　　北　朝 / 1

　　隋 / 2

　　唐 / 2

　　宋 / 2

　　元 / 3

　　明 / 3

　　清 / 3

　　中华民国 / 4

　　中华人民共和国 / 7

概　述 / 22

基本村情 / 25

　　建置区划 / 25

自然环境 / 28

　　自然资源 / 28

　　气　候 / 29

　　灾　害 / 30

　　基础设施 / 34

村级组织 / 38

　　中共中心村支部委员会 / 38

　　村民自治组织 / 39

　　民兵组织 / 45

　　妇女组织 / 47

　　共青团组织 / 48

　　农民协会 / 50

农　业 / 54

　　农业生产 / 54

　　农村经济体制改革 / 62

　　农机农具 / 67

　　扶贫开发 / 68

工商业 / 77

　　手工业 / 77

　　加工业 / 78

　　运输业 / 80

　　商贸业 / 81

　　餐饮业 / 82

1

建筑业 / 82
　　木　匠 / 83
　　泥瓦匠 / 85
村庄保护 / 88
　　风貌保护 / 88
　　传统街区与历史建筑保护 / 94
　　环境保护 / 95
　　物质文化遗产保护 / 97
　　极乐寺 / 98
　　赵家祠堂 / 104
　　李家祠堂 / 104
　　三元桥 / 105
　　名木古树 / 106
　　非物质文化遗产保护 / 108
　　推豆花 / 109
　　打草鞋 / 110
　　酒米饭 / 112
　　枕头粑 / 112
　　木榨油料 / 113
　　土灶酿酒 / 114
　　中心蒿蒿粑 / 114
　　非物质文化遗产保护与传承 / 115
教育科技 / 116
　　教　育 / 116
　　幼儿教育 / 117
　　小学教育 / 118

　　中学教育 / 119
　　教学教育 / 119
　　科　技 / 121
医疗卫生 / 123
　　医疗机构 / 123
　　医疗体制 / 124
　　疾病预防 / 126
广电通信 / 131
文化体育 / 132
　　文　化 / 132
　　体育类游戏 / 133
　　益智类游戏 / 138
民生保障 / 145
　　社会统筹 / 145
文明创建 / 148
村民生活 / 149
民风民俗 / 150
　　生产习俗 / 150
　　敬奉习俗 / 151
　　建房习俗 / 154
　　饮食习俗 / 155
　　节日习俗 / 155
　　生育习俗 / 168
　　婚嫁习俗 / 169
　　寿庆习俗 / 173

语言习俗 / 174

殡葬习俗 / 187

禁忌习俗 / 190

民间会事 / 191

艺　文 / 193

　民间传说 / 193

　歌　谣 / 196

　公　文 / 207

　人物专访 / 221

　其　他 / 226

人　物 / 238

　人物传 / 238

　人物录 / 244

　人物表（含能工巧匠）/ 249

参考文献 / 261

附录一　政府批文 / 262

附录二　有关报刊、网络对尚义镇中心村报道的文章（存目）/ 266

后　记 / 268

凡 例

一、指导思想：坚持辩证唯物主义和历史唯物主义观点，坚持党在新时期的基本路线，全面、客观、系统、科学地记述和反映眉山市东坡区尚义镇中心村发展的历史与现状，弘扬成都平原农耕文化，为社会主义现代化建设和新农村建设服务。

二、文件依据：严格遵守国务院颁布的《地方志工作条例》、四川省人民政府颁布的《四川省地方志工作条例》、中国地方志指导小组颁发的《关于地方志编纂工作的规定》和眉山市地方志办发布的《眉山市地方志办公室关于印发〈眉山历史文化名镇（村、社区）志编撰工作实施细则〉的通知》等，坚持求真务实、实事求是、客观公正原则。

三、断限：本志下限为公元2020年12月，由于缺乏重要史料，重点时间在20世纪初至下限时间内。

四、体式：为方便读者快捷检索到所需资料，本志选用条目（纲目）体，全志设类目、分目、条目3个层次，以条目为基本记事单位。

全书以志体为主，兼用记、述、传、图、表、录诸体，其中突出统计图和照片资料，增强直观效应。

五、篇目：采用中篇并列结构。类目上基本按照行业设置，全书除大事记、概述、参考文献、附录外，设16个类目，74个分目，240个条目。

六、章法：除引文外一律用语体文记述；因条目限制，于记述前交代时代背景，便于理解；全书采用脚注法。

七、计量：为体现村志的乡土性，方便阅读，计量中未使用标准单位，而是使用群众通常使用的单位，如亩、挑、斤等。其中1挑等于0.25亩或者15平方丈，1斤等于0.5千克。

大事记

南朝

齐 建武三年（496）

置齐通左郡。郡治在今眉山市东坡区北10千米，太和镇龙安村。中心村为郡辖地。

梁 普通时期（520—527）

齐通左郡改称齐通郡，建齐通县。郡、县治同在一城。中心村为县辖地。

梁太清二年（548）

置青州。州、郡同治齐通县。中心村为县辖地。

北朝

西魏 废帝二年（553）

改青州为眉州。中心村为眉州辖地。

隋

开皇四年（584）

齐通县改称广通县。中心村为县辖地。

仁寿元年（601）

广通县改为通义县。中心村为县辖地。

唐

开元二十八年（740）

益州刺史章仇兼琼开凿通济堰，长百余里，灌溉新津、彭山、眉山农田。又开凿蟆颐堰，灌眉山、青神农田数万亩。中心村为通义县辖地，田地得到灌溉。

宋

太平兴国元年（976）

通义县改为眉山县。州、县治在今眉山市东坡区。中心村为眉山县辖地。

大中祥符四年（1011）

6月，眉山地震。中心村亦有灾情。

元

至元十四年（1277）

眉州改属嘉定府路。中心村为府路辖地。

至元二十年（1283）

省县入州。中心村为州辖地。

明

洪武十三年（1380）

眉州升直隶州属四川省布政使司，辖丹棱、彭山、青神三县。中心村为州辖地。

清

康熙十二年（1673）

眉州设10甲。

嘉庆五年（1800）

划19乡，中心村属崇仁乡。

清末

麻依禅院在中心村落成。

中华民国

元年（1912）

1月，废眉州，恢复眉山县，属上川南道。

三年（1914）

上川南道改为建昌道。眉山县划为9个乡镇：城区、永寿、思蒙、万胜、太和5镇，金花、修文、白马铺、多悦4乡，下辖155保，中心村属白马铺乡。

六年（1917）

6月12日晨大地震，眉山不少房屋倒塌，中心村震感强烈。

七年（1918）

春，饥荒。5月斗米至值3千文，贫民取张坎乡清凉寺的白土充饥。中心村有饿死人的现象。

四川军阀混战，眉山属陈洪范部防区。

八年（1919）

立夏后，沿岷江有黑虫大若蚕豆群飞遮天，下集盖地，桑叶等被食几尽。中心村水田、桑叶均受影响，严重减产。

九年（1920）

眉山改设9区、字保、甲三级。其中白马铺区辖白、韩、秦、五里4字保，中心村属秦字保。

十六年（1927）

冬，中国共产党川西特别委员会所辖中共蒲江县地方组织从蒲江高桥乡转移至太清观，组建晋凤农民协会，于盘鳌、秦家、郑兴、郑军、多悦等地开展农民运动。

十七年（1928）

夏，晋凤乡农民协会建立农民武装，抗粮、抗捐、惩治恶吏，策动驻军起义。

9月，中共眉山县特别支部成立，丁华任书记。以国民师范学校为活动中心。

十八年（1929）

1月29日，中共四川临时省委代理书记吕维新、秘书帅慧先在思蒙镇南桥附近的刘文希家中主持召开上川南联席会议，讨论开展农民运动、武装夺取政权等问题。

是年，县派出警备大队联合进剿太清观农民协会。农民武装奋力抵抗到弹尽粮绝。农会首领邹晓廷、王绍云先后遇难，农会解散。

二十一年（1932）

霍乱流行，中心村多人死亡。

二十二年（1933）

秋，建立中共眉州区委。

二十三年（1934）

春，天花、麻疹流行，中心村人口死亡众多。

是年，改区、团、甲、牌四级建制为镇（乡）、间、邻三级。第一区更名城镇，辖城镇8区，二区更名永寿镇，三区更名金花镇，四区更名思蒙镇，五区更名修文镇，六区更名万盛镇，七区更名白马镇，八区更名太和镇，九区更名多悦镇。除城镇外，各区下辖团改称乡，中心村属秦家乡。

二十四年（1935）

是年，四川省政府在眉山设"第四行政督察专员公署"，辖眉山、彭山、丹棱、洪雅、夹江、邛崃、蒲江、大邑、名山、青神10县。县公署改称县政府。县知事改称县长。县下改设区、联保、保、甲四级，共5区36联下辖549保，其中，四区辖万胜镇、尚义镇、盘鳌乡、晋王乡（万胜、盘鳌划出12保置）、秦家乡、白马乡、伏龙乡、广济乡8联保，中心村属秦家乡。

二十五年（1936）

是年，县府颁发"公民证"。
成立"新生活运动促进会"。

二十七年（1938）

6月，中共四川省工委派干部到眉山重建党组织，8月正式成立中共眉山特别支部，徐集森任书记。

二十八年（1939）

7月，霍乱流行。

二十九年（1940）

6月23日，县国民兵团开始制发"国民兵身份证"，以防止百姓逃避兵役。
8月，联保改称乡（镇），有4区、36乡镇（三等乡镇7，四等乡镇29）、577保、5488甲，中心村属秦家乡。

三十一年（1942）

是年，眉山撤销区级建制，设7个指导区，保留乡（镇）、保、甲三级，眉山县共有38乡镇（镇11、乡27），下辖564保、5686甲。五区为万胜镇、盘鳌镇、广济镇、晋凤乡、秦家乡，中心村属秦家乡。

三十三年（1944）

4月，秦家乡遭日本飞机投弹轰炸，伤数人，毁部分民房、农田。

三十四年（1945）

8月15日，日本无条件投降。村民走上街头庆祝。

三十五年（1946）

是年，调设4个指导区，三指导区辖城西镇和秦家、万胜、广济、白马、盘鳌、象耳、伏龙、尚义、晋凤9乡，中心村属秦家乡。

中华人民共和国

1949年

秋初，当局逮捕中共党员周国伦和进步人士杨学时、帅秋明，并严刑逼供。解放大军临城态势促成三人获释。

11月中旬，眉山成立"眉山县自卫委员会"，王徽熙为主任委员，负责战争中百姓安全。后更名"解放委员会"，负责迎接解放军进城事宜。

12月17日，中国人民解放军进城，眉山解放。

1950年

初，中国人民解放军川西北临时军政委员会指派杨玉成、胡汉平、朱山兵组成中国共产党眉山县委员会，杨玉成任书记。

年初，县人民政府划眉山县为5个工作区，分别管理38乡镇。5日，眉山县人民政府成立，胡汉平任县长。

1月3日，成立中国共产党眉山地区工作委员会，任明道任副书记。

1月6日，成立眉山地区专员公署，辖眉山、青神、夹江、丹棱、洪雅、彭山、邛崃、大邑、名山、蒲江10县（当年4月，大邑划归温江地区，新津划归眉山地区），刘震任专员。

1月中旬，民国时期的眉山末任县长蒋公辅向人民政府办理政务、财务、军械等移交手续。

1月26日，县委派工作队下乡评产征粮。

6月，夏荒，县政府采取多种方式帮助灾民度荒。

8月，眉山正式划设9个区，成立农民协会，撤销保、甲建制，村设农协分会，下设小组，镇辖居民委员会、居民小组。其中七区设尚义，辖尚义乡、象耳乡、多悦乡、白马乡；九区设秦家，辖秦家乡、盘鳌乡、晋凤乡、郑军乡。

9月5日，尚义乡农协会和剿匪自卫队成立，有3398个农协会员和36个自卫队员。

10月1日，庆祝中华人民共和国成立一周年，尚义张灯结彩，全乡5000多人参加庆祝，街上热闹非凡，史无前例。

10月21日，吴达在尚义写下《尚义农协会一月来的工作检讨》，对尚义成立农协会的工作进行总结检讨。

1951年

是年，尚义乡遭受干旱，损失黄谷2665800多斤，减产到两成以上。中心村也受到影响。

11月左右到次年2月26日，尚义展开退押工作，全乡的押金仅完成总任务的30.30%。

1952 年

2月26日，尚义乡上交《第七区尚义乡总结》，表示"整顿农协干部，清洗坏分子，培养农民骨干，健全农协组织""成立居民委员会"。

2月27日，郑军、多悦、秦家等数乡均发现麻疹传染病，患者全系12岁以下儿童。麻疹一共传染了12个村子，患麻疹者共602人，已愈397人，死亡121人。中心村亦有患者，具体人数不明确。

10月底，按照"自愿互利，等价交换，民主管理"的原则，中心村建立小型常年性互助组。

同年，尚义乡遭受虫灾，损失黄谷725万多斤，减产到五成以上（原产1503万斤）。中心村虫灾严重。

1953 年

3月2日，撤销眉山专区，所辖县分别划归温江、乐山专区。眉山属乐山专区。

3月初，眉山县尚义、白马等11乡成立治安保卫委员会。

3月26日，眉山公安局开始整顿，并提交了《眉山县尚义、白马等十一个乡整顿治安保卫委员会工作报告》。

5月中旬，秦家乡第八村的积极分子李俊良（主席，青年团员）开始组织"李俊良互助组"。互助组共5户，其中中农1户，贫农4户；共有26人——男13人，女13人；全劳力15人，半劳力3人，非劳力8人；有田50多亩。

1954 年

6月，尚义多个村落发生螟灾，是全县最重灾区，共减产面积28539亩，占总面积的90.65%，共减产黄谷7071499斤，占总产量13478787斤的52.5%，其中减产程度六成以上者12704亩，五成至六成6995亩，四至五成者4927亩，三至四成者1838亩，二至三成者878亩，一至二成者992亩。

10月19日,眉山县人民政府发布《眉山县委胡汉平同志关于尚义乡虫灾减产情况报告》,指出该乡受灾面积共8000余亩,并分析了造成如此严重灾害的原因。

1955年

8月,农村实行粮食"三定"(定产、定购、定销),3年不变。

12月,中心村开展"除四害"(消灭老鼠、麻雀、苍蝇、蚊子)的群众运动。

是年,中心村成立第一个党支部,隶属于中心乡党委,有党员3名,分别是赵海清、梅时席、龚树章。赵海清任党支部书记。

1956年

2月4日,试办的高灯、旭光、红光、骑江4个高级农业生产合作社同时召开成立大会。尔后,中心村的初级社通过升、转、并,到次年建成高级社。

12月,实行生猪派购、订购制度。

是年,贯彻群众动手普及公路的方针,采取以工代赈和民工建勤方式,新筑眉多(悦)、东(馆)万(胜)、尚(义)秦(家)等县、乡公路,中心村始通公路。尚(义)秦(家)从尚义场口折西经中店到秦家长97千米。

1957年

5月9日,县委作出《眉山县社会主义农业发展十四条简要规划(草稿)》。

6月6日,全县开展血吸虫病、钩虫病防治工作,到10月底分批治疗3万多病人,中心村十多户病人得到救治。

6月9日至11日,县委召开"跃进誓师大会",开展"坐火箭、放卫星、争先进"评比竞赛。会后,全县掀起"大跃进"热潮。

6月13日起至11月底，全县开展学习和宣传社会主义建设总路线运动。多名报告员到中心村进行宣传。

8月，开展"工业抗旱"，全村动手清缴交金属器皿、物件。

11—12月，境内脑膜炎、白喉、麻疹等病流行，政府及时控制了蔓延。

12月起，整顿人民公社，划小规模，实行"组织军事化、劳动战斗化、生活集体化"，中心乡办公共食堂十多个。

1959年

2月，彭山、青神两县与眉山合并，作区建制（1962年恢复原建制）。

是年，中心乡改为中心公社。

是年，粮食大幅度减产。

1960年

3月起，中心公社部分食堂相继断粮停火，水肿病流行，出现人口非正常死亡情况。省、地采取紧急措施，调粮、拨款，派医务人员治病，无偿支援种子、化肥、耕牛，帮助农民恢复生产。

4—8月，全县开展查治妇女病工作。

7月，开展新"三反"（反浪费、反贪污、反官僚主义）运动。

9月到是年底，建立医疗保健网。

1962年

是年，疟疾流行，医院及时组织治疗。

1963年

是年，中心村开展向雷锋同志学习的活动。

1971 年

秋，境内钩端螺旋体病流行。

1974 年

是年，中心公社大力种植枳壳柑橘。

1975 年

是年，引进杂交水稻，逐渐成规模种植，本地制种成功。

是年，中店公社太保大队联办果园成立，共 68 亩，由 8 个生产队平股投资、投劳、投土地联办，有专业人员 29 人。

1976 年

10 月，"四人帮"集团垮台。其后开展批判"四人帮"运动，清查"四人帮"余孽与清查"三种人"运动，中心村没有清查对象。

是年，建立农村广播网，中心公社广播喇叭入户率达 90%。

是年，中店公社连山一队果园共 20 亩，定植温州蜜橘 1000 株，到 1977 年年产果 400 斤，产量逐年增加。

1979 年

是年，中心村实行包产到组、联产计酬生产责任制。

1980 年

是年春，中店公社太保大队联办果园改接了 39 株九号脐橙，秋季又改接了 60 株。1982 年凡改接为九号脐橙的，每株结果 20~50 斤。

是年，中心公社小麦播种 5671 亩，撒播 1069 亩，占播种面积 18.8%，每亩施纯氮 16.7 至 22 斤。

1981 年

7月，境内普降大到暴雨，中心村受灾，损失严重。

是年，中心公社改名为中店公社。

是年，取消猪肉供应票，国家、集体、个人均可卖肉，销售价格放开。

10月4日到年底，中店公社宣讲队在党委领导下，历时两个月时间，分四个专题宣讲了《关于建国以来党的若干历史问题的决议》，发动和组织了党员、团员、干部、民兵、户主等学习讨论《决议》，贯彻执行《决议》精神。全公社实际培训骨干1304人次，日课平均326人，占90.4%；参加听讲受教育的12011人次，平均每次3002人，占91.7%，其中第一讲听讲人数3033人，占92.5%；二讲听讲人数2951人，占90.1%；三讲听讲人数2908人，占88.8%；四讲听讲人数3169人，占96.8%。

是年，全公社85个生产队，实行联产到组的22个，包产到户或包干到户的63个。办有工副业的60个队，全部实行四专。

是年，全公社小麦实播6122亩，比去年的5671亩扩大7.9%。播"川育6号"3300亩，占58.3%；"凡六"和"新选16号"1750亩，占28.5%；"绵阳11号"700亩，占11.4%；"980—16"372亩，占6.3%。撬窝点播2620亩，占42.7%；窄洪条播2866亩，占46.8%；撒播636亩，占10.5%。

1982 年

春，实施联产承包责任制，全村以生产队为单位按人口平均承包分配土地及集体财产。

11月27日，中店公社联山一队队长李光福发展柑橘生产，努力治穷致富，被中共眉山县委、县政府勤劳致富代表会议秘书组发文表扬。

是年，中店公社中心五队种油菜70亩，总产21200斤，亩平303斤。其中"西南302"50亩，占油菜面积的71.4%，总产17000，亩产345斤，总产比去年增长41.33%，人均生产油菜籽127斤，收入67元。

1983 年

是年，掀起向优秀共青团员张海迪学习、争做"四有"新人活动（有理想、有道德、有文化、有纪律）。

取消棉花、棉布凭证供应。

1984 年

1 月，人民公社改为乡（镇）人民政府。大队称村，生产队称村民小组。中店公社改为中店乡。村合作医疗站改为"村卫生站"，"赤脚医生"改称"不脱产卫生员"。

是年，中店乡一江村青年丁永东被树为全国青年致富标兵。

1985 年

9 月 10 日，庆祝第一个教师节。

是年，眉山九号脐橙获国家优质水果奖。

是年，实行财政包干到乡镇的制度，此后乡村干部的主要任务与职责一是征收公粮，二是抓计划生育。此后村民的提留款逐年增加，催收的难度与力度也逐年加大。

1986 年

4 月，学校实行分级办学，分级管理，校长负责制。

9 月 7 日，三官村养鸡能手蒲连芳养鸡致富的事迹被中店乡妇联采访报道。

12 月 20 日，中店乡妇联采访报道承包 18 亩蜜橘致富的郑淑芬事迹。

1987 年

3 月 25 日，中店乡家庭教育辅导中心在乡妇联的关怀下，召开了全校学生家长会。会上中心校主要负责同志向 370 多位家长宣传了"义务教育法""教育子女家长应尽的社会责任""参加广播父母学校的重要意义",还给家长介绍了北京市一个中学生——温红宇的成长过程。

是年年底,乡妇联主任给学校送去了 250 套广播父母学校教材。中心校借此召开了一、二年级三个班的学生家长座谈会。到会家长 150 多人,举行了广播父母学校开学典礼。

1988 年

4 月,中心学校利用召开家长会的机会,给家长上了第二课。内容是:"家庭辅导一般的五种方法"和"怎样培养儿童的自我管理能力"。到会家长 320 多人。

1992 年

9 月 9 日,县政府发出《关于印发省政府同意眉山县撤销区公所和调整乡镇建设批复的通知》,对政区进行了调整:撤销尚义、中店等 22 个乡;新设置尚义镇(治韩家场,辖原尚义、中店乡政区)等 6 镇。

11 月初,开展调整尚义、万胜两镇村建制试点工作,到年底,将尚义镇原有 27 个村调减为 14 个,原三元村、中心村合并为新的中心村。

1994 年

是年,中央实施分税制,乡镇财政包干的做法改变,中心村村民提留款逐渐降低。

1995 年

是年,开始对新生婴儿注射脊髓灰质炎防病疫苗、白喉疫苗、乙肝疫苗等类疫苗。

1996年

6—7月，中心村村民委员召开村民代表会议，通过了浆砌三面光放水沟渠、兴修亦作小二型水库的决定。

7月18日—10月，中心村村委会组织70多人的专业施工队伍，分各组承担土方工程。支部、村委干部每天轮流值班，检查质量，解决沟渠两边的树木和飞沙等矛盾问题，投工4000多个，投资15万元，修起了一条长3000米、宽1米（沟底）、高0.8米的标准化三面光沟渠，彻底改善了李善桥水库尾部灌溉3000多亩的用水难问题。

9—10月，中心村村委会组织村民修建一座六角丘小型水库，蓄水面积63.5亩，可蓄水18万立方米，整个水库将砌坝埂三根，全长167米，其中新筑一条82米的坝，动用土石3000多立方米，投工2000多个，投资14万元。

10月4日—30日，中心村村委组织村民新修中店—新四的联网路的水泥路面，全长3200米、宽3.6米、厚0.16米，投工3400多个，总投资15万元，本月底保质保量完成。

本年，中心村村委会会同三官村联合修通中心村到三官村的联网机耕道水泥路面，出资1400元，修建700米的水泥路面。

是年，村委会一班人深入农户、村民中，做深入细致的思想政治工作，调整15户的土地，搬迁3户住房和村办公室，投资4万多元，新修一条12米宽、250米长的中店新街。

12月9日，乐山市政府组织17个区、市、县领导和有关委办局长在中心村进行现场观摩，并对中心村投资48万元大搞农田基本建设给予高度评价。

12月，中心村换届选举。全村16个村民小组选举村民代表60名，其中党员代表28名，群众代表32名，妇女代表2名，平均年龄38岁。

12月，全县开展"基本单位普查工作"，尚义镇中心村村民委员会提交《依法充分发挥村委会作用，为小康大搞农田基本建设》，从三个方面对全村的工作进行了普查。

是年，李国全任中心村党支部书记。

1997 年

2月19日，眉山县各界人士采取各种形式悼念邓小平。县委、县政府发出关于学习《告全国全党全军各族人民书》等中央文件的通知。随后，中心村村委会集体学习文件，并深切悼念邓小平同志。

7月1日，香港回归，中心村通过多种方式庆祝。

7月，中心村被乐山市人民政府评为村委会建设"模范村委会"。

1999 年

12月，眉山县获农业部"中国特产之乡"颁布的"中国脐橙之乡"称号。县政府对尚义、广济等6个种植面积达万亩的乡镇授予"眉山县脐橙基地乡镇"称号。

当月，中心村采取多种形式庆祝澳门回归祖国。

同年，中央提出"退耕还林、封山绿化、以粮代赈、个体承包"的指导方针，中心村也开始执行。

2001 年

5月16日，中心村成立眉山中喜果品保鲜有限公司，法定代表人为罗喜良，注册资本400万元。

2003 年

3月，非典（严重急性呼吸系统综合征，英语SARS）作为一次全球性传染病疫潮，引起社会恐慌，受到联合国、世界卫生组织及媒体的广泛关注，等等。所有外村人员不得进村，本村在外打工返乡人员也被挡在村外，直到观察期满才能回村。

2006 年

1月1日起,《农业税条例》废止,国家免交农业税。其后陆续实施农作物良种补贴政策,推广全膜双垄栽培技术,积极推广配方肥、农机购置补贴、农牧民政策性保险保费补贴、农村户用沼气补贴、农村劳动力转移实用技术培训、种粮农民直补、退耕还林还草补助、森林生态效益补偿等项目,中心村因此受益。

是年,忠新果业成立,由蒲胜红与另外两名合伙人共同创办,最初投入资金160万元。

2008 年

5月12日,汶川大地震。中心村略有震感。其后,村里党员捐物捐款,支援灾区。

2009 年

3月31日,眉山市红源果业专业合作社成立,法定代表人为刘献红,注册资本50万元。

2010 年

是年,新型农村合作医疗覆盖面达到农村人口的80%以上。

2011 年

9月,眉山市东坡区人民政府授予中心村"第三轮区级敬老模范村(社区)"称号。

2013 年

1月,中共眉山市东坡区尚义镇委员会、中共眉山市东坡区尚义镇人民政府授予中心村"2012年度信访维稳安全工作先进集体"称号。

7月29日,四川省住房和城乡建设厅、四川省文化厅、四川省财政厅发布《关于公布第一批列入四川省传统村落名录村落名单的通知》,中心村入选。

2014年

10月31日,中共眉山市东坡区尚义镇委员会授予中心村"党的群众路线教育实践活动先进集体"称号,中共眉山市东坡区尚义镇委员会授予中心村"2013年度党建工作先进集体"称号。

2015年

7月8日,中共眉山市东坡区尚义镇授予中心村党支部"尚义镇'先进党支部'"称号。

2016年

6月30日,新华社以《四川种粮大户李相德:党组织是我们兴旺发展的主心骨》为题报道中心村村民、四川眉山市东坡区好味稻水稻专业合作社理事长、"全国种粮售粮大户"李相德的相关事迹。

9月,中共眉山市东坡区授予中心村"眉山市东坡区先进基层党组织"称号。

2017年

1月18日,中共眉山市委、眉山市人民政府授予中心村"市级四好村(住上好房子、过上好日子、养成好习惯、形成好风气)"称号。

7月1日,中国眉山市东坡区尚义镇委员会授予中心村"先进党支部"称号。

2018 年

1月，中共四川省委、四川省人民政府授予中心村"省级四好村（住上好房子、过上好日子、养成好习惯、形成好风气）"称号。

1月25日，成立眉山市果味源水果种植专业合作社，法定代表人为李孟繁。

6月1日，中共眉山市东坡区委根据《关于做好2018年"七一"表彰对象推选工作的通知》（眉东组通〔2018〕57号）文件精神，经层层推荐，拟对13个先进基层党组织、55名优秀党务工作者、29名优秀共产党员、26名优秀村（社区）主任予以表彰。中心村党支部获得"先进基层党组织"称号。

2019 年

4月12日，东坡区召开第二次乡村振兴示范村推进会。会后，区委书记朱莉、区人大常委会主任张晓勇、区政协主席李胜华等深入尚义镇中心村，现场参观学习乡村振兴的亮点、经验和做法。

5月1—4日，"2019首届尚义镇农耕文化节"在眉山市东坡区尚义镇中心村举办。

6月24日，中心村党支部被中共眉山市委组织部授予"先进党组织"称号。

7月5日，中共眉山市委公布《中共眉山市委关于表彰眉山市优秀共产党员、优秀党务工作者、先进党组织的决定》，其中，尚义镇中心村人，眉山市好味道水稻专业合作社党支部副书记、理事长李相德获得"眉山市优秀共产党员"，东坡区尚义镇中心村党支部获得"眉山市先进党组织"。

8月20日，四川省文化和旅游厅组织专家来到东坡区，对创建天府旅游名县工作进行检查指导。区委常委、宣传部部长李维义，副区长张妍，区文广旅局及区级各乡镇有关部门负责人陪同。专家组一行来到尚义镇中心村极乐寺进行检查，并进行了详细指导。

9月16日，眉山市应急管理局副局长洪卫刚，带领6个区县应急管理局分管领导、相关股室负责人和市应急管理局综合减灾救灾科工作人员一行15人，对东坡区土地乡永光村、尚义镇中心村创建全国综合减灾示范社区进行检查评比。中心村围绕社区防灾减灾组织管理、灾害风险评估、应急预案、宣传教育培训、减灾设施和设备、居民减灾意识与技能、社会多元主体参与、日常管理与考核、创建特色等方面进行了汇报，并听取了检查组的建议和意见。

10月2日，尚义镇中心村举办的"首届秋收文化节"开幕。

11月25日，按照省委农村工作领导小组和市委关于乡村振兴战略先进区县、先进乡镇、示范村和星级现代农业园区、农民增收书记县长负责制、农村改革工作先进区县工作安排部署，经市委农村工作领导小组审议通过，中共眉山市委农村工作领导小组办公室公布《2019年全市乡村振兴先进示范等四项考评工作先进名单》，尚义镇中心村入选"示范村（社区）"。

12月，全国发生新冠疫情，按照市、区、镇的要求，中心村积极开展疫情防控。

2020年

5月29日，东坡区人民政府发布《关于同意尚义镇等13个镇村级建制调整改革方案的批复》，同意将中心村、李店子社区、马庙村、三官村合并，设立中店社区，下辖居民小组21个，居委会驻原中心村村委会。

11月7日，眉山市精神文明建设办公室发布《关于拟命名2018—2020年眉山市文明村镇、文明单位名单和拟复查确认眉山市文明村镇、文明单位名单的决定》，东坡区尚义镇中心村被确认为"拟继续保留眉山市文明村镇称号单位"。

是年，国家减灾委员会、应急管理部、中国气象局、中国地震局授予中心村"2020年度全国综合减灾示范社区"称号。

概　述

眉山市东坡区尚义镇中心村，位于四川省眉山市区以西16千米处，距尚义镇6.8千米，西与秦家镇接壤，北邻多悦镇，东靠万冲村，南接新进村。全村辖区面积456.88公顷，辖8个村民小组，总户数1071户，总人口3376人。中心村村庄位于村域北部，省道鹤尚路由东向西，穿越村庄过境。现有水田3137亩、果园2600亩、其他500亩，人均耕地面积2.1亩。劳动力总数1680人，其中农业700人、副业300人、外出务工680人；全村年家庭总收入836万元，全年人均收入10760元。

中心村经济结构单一，以第一产业为主导，目前主要产业为水果种植、生猪养殖、优质水稻制种等。第二产业主要以水果的包装加工为主。第三产业主要为集镇的商贸服务业，近年来大力发展旅游业。中心村商场、超市、旅店、餐饮店、中学、小学、幼儿园、卫生院、信用社等配套设施完善。先后获得"省级历史文化名村""市级文明单位"等荣誉称号。中心村历史悠久，具有丰富的文化底蕴，拥有优良的人文资源，村内有极乐寺、李店子老街、老建筑、古桥等历史景点。村内水资源丰富，有池塘200多亩，围绕旅游核心区极乐寺周围自然分布，秦家河贯穿其中。围绕着村里的主导产业——种植果树为主，现已建成采摘认领家庭农场10家，开心农场1家，特色农家乐3家，主题民宿1家。

中心村的历史，可以追溯到清朝嘉庆五年（1800），最早以"李店子"为中心，逐渐发展壮大。店子，是商店、旅店、客店等的统称。据说此地原是个小集市，一条街，上段多姓集居，有焦、伍、梅等姓，取名中心场；下段全是姓李的，取名李店子。清朝隶属于崇仁乡。民国时期为秦家乡辖地。

1952年从秦家乡划出市村、三官村、马庙村、观音村、万冲村，太宝村置中心乡，乡政府驻地中心场。1959年建中心公社，1981年更名中店公社，以中心场及李店子各取一字得名。1984年改建为中店乡。1992年11月，中店乡合并尚义乡，成为尚义镇，三元村与中心村合并为中心村，中心村是原中店乡政府所在地，分管27村，其间分管16组，辖人口2400余人。2007年4月，16组合并为8个村民小组。2019年，中心村8个村民小组合并到中店社区，属于尚义镇。

中心村已有220年的历史，在这漫长的历史长河中，祖先们在这片热土上艰苦创业、代代相传、历经苦难，用他们的勤劳与智慧、坚韧不拔，谱写了一曲曲动人的乐章。

新中国成立前，四川政权更替频繁，官员名号不断变化，任职者如走马灯一样"你方唱罢我登场"，战争频仍，流氓土匪横行，自然灾害不断，瘟疫疾病时有发生，人民在饥饿线上挣扎，朝不保夕。

新中国成立后，全村人民翻身做主人，耕者有其田，衣食无忧，村里呈现出欣欣向荣的局面。经过几十年的发展，特别是党的十一届三中全会以来，迎着改革开放的春风，中心村经济迅速发展，村民富裕起来。勤劳智慧的中心村人用他们的双手发展农业，结合当地的气候、地理、土壤特点，广泛种植柑橘等水果，同时引进资源，建立水果加工包装厂，搞养殖，促发展。1992年以来，在村党支部和村委会的带领下，全村人民拧成一股绳，劲往一处使，集资修路、整修渠堰，先后建成或修复了通达周围各村的水泥马路，交通更为方便。物质生活不断提高的中心村人还不忘精神生活质量的提升。在上级有关领导的大力支持下，中心村于2019年5月、10月先后举办了春耕文化节、秋收文化节，不仅提高了本村在省内外的知名度，还为新农村的发展建设提供了新思路。

在发展经济的同时，中心村也注意传统村落的保护。中心村历史悠久，具有丰富的文化底蕴，拥有优良的人文资源。不仅有极乐寺、三元桥等现存遗迹，同时村中也流传着许多突显孝德文化的古老传说。极乐寺始建于清末，有百年历史，原来叫麻依禅院，或称麻依院，为一陈姓住宅改建而成。寺院现有僧尼20余人，总面积80多亩，建筑面积15000平方米，可供上千游客食宿。现今保存完整的有大雄宝殿、观音殿和山门，极乐寺属比丘尼寺院。极乐寺为中国西南部农村寺庙之最，是眉山市最古老的集旅游、观光、休闲为一体的综合性寺院。其2006年被东坡区定为"文物保护单位"，现正在申请省市两级文物重点保护单位。极乐寺属历史悠久的古建筑群中最具影响力的佛教圣地，以观光旅游、佛教文化为一体，对佛教文化的传承有着十分重要的作用，具有较高的历史、文化、艺术和科学价值。

21世纪以来，中心村在上级政府的领导和支持下，在基层党组织的带领下，实施三项工程，为新农村建设奠定基础；如火如荼地开展新农村硬件建设，大力推进"水美新村"建设，村容村貌焕然一新；注重村民教育，优化村民的素质结构，培养新农村建设的新型村民，形成文明村风。相信在党的十九大提出的乡村振兴战略的指引下、在上级有关领导的带领下，中心村一定会实现农业发展、农村变样、农民受惠，最终建成"看得见山、望得见水、记得住乡愁、留得住人"的美丽乡村。

基本村情

建置区划

【区位】 眉山市东坡区尚义镇中心村，位于四川省眉山市区以西16千米处，距尚义镇6.8千米，西与秦家镇接壤，北邻多悦镇，东靠万冲村，南接新进村。全村辖区面积456.88公顷，辖8个村民小组，总户数1071户，总人口3376人。中心村村庄位于村域北部，省道鹤尚路由东向西，穿越村庄过境。现有水田3137亩、果园2600亩、其他500亩，人均耕地面积2.1亩。劳动力总数1680人，其中农业700人、副业300人、外出务工680人；全村年家庭总收入836万元，全年人均收入10760元。中心村经济结构单一，以第一产业为主导，目前主要产业为水果种植、生猪养殖、优质水稻制种等。第二产业主要以水果的包装加工为主。第三产业主要为集镇的商贸服务业。中心村商场、超市、旅店、餐饮店、中学、小学、卫生院、信用社等配套设施完善。中心村先后获得"省级历史文化名村""市级文明单位"等荣誉称号。中心村历史悠久，具有丰富的文化底蕴，拥有优良的人文资源，村内有极乐寺、李店子老街等历史景点。

【沿革】 唐代，乾元元年（758）通义县领20乡。

宋代，太平兴国元年（976）眉山县领20乡及龙安（今东坡区太和镇龙安村）、多悦、鱼蛇（今东坡区复兴镇）、石佛（今东坡区永寿镇石伏村）、思蒙、金流（今夹江县三洞镇）6镇。**中心村属多悦镇**。

明初，眉州划21里，下辖甲，后改乡、里二级。

清康熙十二年（1673）设10甲。嘉庆五年（1800）划19乡，**中心村属崇仁乡**。道光末年编24乡，同治时为25乡，下设牌、里。光绪二十四年（1898）改牌、里为保、甲。中心村亦随崇仁乡的变化而变化。

民国初年，眉山设城区、永寿、思蒙、万胜、太和5镇，金花、修文、白马铺、多悦4乡，下辖155保，**中心村属白马铺乡**。1909年改设9区、字保、甲三级。其中白马铺区辖白、韩、秦、五里4字保，**中心村属秦字保**。1919年，区名改数序排列，字保改称团，下辖甲、牌。1923年，改区、团、甲、牌四级建制为镇（乡）、闾、邻三级。第一区更名城镇，辖城镇8区，二区更名永寿镇，三区更名金花镇，四区更名思蒙镇，五区更名修文镇，六区更名万盛镇，七区更名白马镇，八区更名太和镇，九区更名多悦镇。除城镇外，各区下辖团改称乡，**中心村属秦家乡**。1924年11月改设区、联保、保、甲四级，共5区36联下辖549保，其中，四区辖万胜镇、尚义镇、盘鳌乡、晋王乡（万胜、盘鳌划出12保置）秦家乡、白马乡、伏龙乡、广济乡8联保，**中心村属秦家乡**。1929年8月联保改称乡（镇），有4区36乡镇（三等乡镇7、四等乡镇29）577保、5488甲，**中心村属秦家乡**。1931年撤销区级建制，设7个指导区，保留乡（镇）、保、甲三级，眉山县共有38乡镇（镇11、乡27），下辖564保5686甲。五区为万胜镇、盘鳌镇、广济镇、晋凤乡、秦家乡，**中心村属秦家乡**。1935年调设4个指导区，三指导区辖城西镇和秦家、万胜、广济、白马、盘鳌、象耳、伏龙、尚义、晋凤9乡，**中心村属秦家乡**。

1950年初，县人民政府划眉山县为5个工作区，分别管理38乡镇。8月正式划设9个区，成立农民协会，撤销保、甲建制，村设农协分会，下设小组，镇辖居民委员会、居民小组。其中七区设尚义，辖尚义乡、象耳乡、多悦乡、白马乡；九区设秦家，辖秦家乡、盘鳌乡、晋凤乡、郑军乡。1952年**从秦家乡划出李市村、三官村、马庙村、观音村、万冲村、太宝村置中心乡**。乡政府驻地中心场。年底撤农民协会建制。1955年11月，撤销九区，**将中心乡划归七区**，秦家乡归八区。1956年4月，**七区中心乡并入尚义乡**。1958年

10月，撤销乡（镇）建制，成立人民公社，下辖管理区、生产队。原尚义、白马两乡合并为尚义公社，**中心村属尚义公社**。1959年7月，**尚义公社分为尚义、白马、中心3公社**。中心公社，下辖十一大队，分别为兴无、团结、反帝、反修、灭资、友爱、一江、丰收、抗美、援越、灯塔。1977年9月撤区和社级镇，尚义、白马、中心并为尚义公社。公社所在地李店子，又名中心场。

1980年又分出为中心公社，1981年改为中店公社。1984年1月撤销公社，恢复乡建制。原公社称乡，大队称村，生产队称村民小组，尚义公社改称尚义乡，中心公社为中店乡，将所辖十一大队改为十一村，其中，兴无大队改为中心村。1987年区乡设置是：多悦区辖多悦、正山口、尚义、海珠、中店、郑军6乡和多悦镇，下属64村459组3居民委员会。中店乡幅员22.018平方千米，有11村85组，3049户，13224口人，非农业人口242户，耕地面积合计15080亩。

1992年11月，中店乡合并尚义乡，成为尚义镇，三元村与中心村合并为中心村，中心村是原中店乡政府所在地，分管27村，其间分管16组，辖人口2400余人。2007年4月，16组合并为8个村民小组，人口2499人。2019年，中心村8个村民小组合并到中店社区，属于尚义镇。

【村名来历】 中心村是在"李店子"的基础上逐渐发展成村庄的。店子，是商店、旅店、客店等的统称。（民国）《眉山县志》即载有"李店子"，属于白马乡。据说此地原是个小集市，一条街，上段多姓集居，有焦、伍、梅等姓，取名中心场；下段全是姓李的，取名李店子。1952年建政时名为中心乡，1958年取名中心公社，同年秋与尚义、白马两公社合并为尚义公社，1962年分出，仍为中心公社，1977年撤区并社时与白马、尚义两公社合为尚义公社，1980年又分出为中心公社，1981年因重名，改为中店公社，由"中心"与"李店子"各取一字而得名。

自然环境

自然资源

【地形地貌】 地质构造单元处于川西台陷龙泉褶皱车与川中台拱、威远穹隆的接合部位。龙泉山自东北向西南斜贯，背斜以西基底属川西台陷熊坡——盐井沟雁行带，东南广大地域属川中台拱，南端为威远穹隆构造。中心村位于总岗山与龙泉山之间，眉彭大向斜上，地势西北高，东南角低，西北的盘鳌、郑军等乡镇的大部分地域在海拔550米以上，处在总岗山脊的在800米以上，眉山市最高点为万胜镇的梧山，海拔948.5米，最低点为罗平镇境内岷江的筏子渡河心，海拔391.4米，其间相差557.1米。市境地貌有5种类型：平坝、阶地、浅丘、深丘、低山。中心村属典型的眉山地区岷江冲积平原地带，呈平原浅丘地貌，地势北低南高，中心村60%属于平原，40%属于山地。

【山脉河流】 眉山市过境山脉有五：一是象耳山脉，二是蟆颐山脉，三是文家坳山脉，四是长楸山脉，五是三峰山脉。其中楸山脉一支从丹棱县龙鹄山入境，沿眉丹（棱）、眉蒲（江）、眉邛（崃）边境环绕，经广济、晋凤、万胜、盘鳌、秦家、白马铺、松江、张坎、莲花9乡镇，于莲花乡进入青神，长30千米。中心村即处于楸山脉分支上，村域内水系较丰富，境内秦家河从村域北侧由西至东穿过，水系多为田间细流，村域范围内堰塘较多。

【土壤植被】 中心村土壤母质大部分为第四系黄色老冲积再积物，有深、浅脚白鳝泥、黄泥、黄紫色半沙半泥、黑泥等类型。中心村属亚热带常绿植被地区，是川中散生林区之一。全村植被类型不多，林相比较单纯，主要是马尾松、柏、杉。中店公社时期有宜林山地520余亩，其中成林面积255亩，主要树种是松树。近几年来，为了发展经济林木，新开茶园11亩，种植了以柑橘为主的果树14900余株。在市委、市政府"全面绿化，再创山川秀美新眉山"目标的指导下，中心村落实造林绿化任务，开展义务植树，遏制乱砍滥伐林木现象，保护名木古树。

气 候

【概况】 中心村属亚热带湿润季风气候区，气候温和，热量丰富，雨量充沛，四季分明，冬无严寒，夏无酷暑，霜雪少见。年平均气温为16.1℃，年降雨量800毫升左右，年平均日照1134小时，多集中在7—8月，日照最少时间是10月和11月。风力一般为3~4级，夏季风力较强，可达6级，无霜期290天，主导风向为东北风。

【气温】 年平均气温为16.1℃；年际变幅在16.3至18℃，常年最热月为7—8月，月平均温度分别为26℃和25.9℃；最冷是1月，平均温度6.6℃。年内平均温差19.4℃。按照平均气温划分的四季历期为：春季81天（3月1日至5月20日），气温10至22℃；夏季116天（5月21日至9月13日），气温22℃以上；秋季76天（9月14日至11月28日），气温10至22℃；冬季92天（11月29日至2月28日），气温10℃以下。

【降水】 降水季节明显，降水主要集中在每年的7—8月，平均年降水量800毫升左右。夏季（6至8月）雨量集中，平均降水643.1毫升，占全年总降水量的61%。其中又以7、8两月为多，7月平均255.1毫升，8月平均240.5毫升。冬季（12至2月）降水最少，总量为35.3毫升，占全年降水量的3%；

其中以12月和1月最少，平均降水分别为10毫升。春季（3至5月）总量为175.2毫升，占全年16%，秋季（9至11月）平均为217.1毫升，占全年20%。

【日照】 全年中8月日照数最多，平均为174.9小时；12月最少，平均为50.4小时。四季中，夏季占全年日照小时的39%，冬季占15%；日照百分率（太阳实际照射时数与可照时的百分比）较小，全年8月比率高，占43%。最高年份占到59%；最少的是12月，占16%。全年平均总辐射能9094卡/m²，低于同纬度地区。生理辐射比重大，占总辐射量的32%。

灾 害

【低温】 春季低温 低温多发生在3月下旬、4月上旬，每次降温，持续时间至少4天，降温后的日平均温度在12℃以下。持续春季降温，给水稻育秧造成困难，已播种的，发生烂种、烂秧现象。

秋季低温 历年发生在9月中、上旬，持续3天以上，日平均温度低于22℃，造成水稻不能正常抽穗扬花。

寒潮 寒潮季节分布，冬季占48%，春季占40%，秋季占12%。每次日平均气温连续下降达6℃或8℃。

【干旱】 中心村常年多云雾，光照集中在春夏两季，秋冬季多阴雨天气，盛夏降水量大，易发洪涝灾害，初夏易生干旱。新中国成立后，中心村干旱严重的年份主要在20世纪60—70年代，共有9年。其中，1968年先出现两段夏旱，又发生两段伏旱，水稻生产受到危害性影响。1971年4月，雨量仅11.9毫米，比历年平均偏少80%；春旱后接着发生两段夏旱，从5月4日起至6月28日，分别出现27天和25天的连续干旱天气；之后，又发生了伏旱和冬干。当年大春粮食作物单位面积产量比头年减少。1979年，在5月1日至7月1日的62天内，总降雨量为62.3毫米，日平均为1毫米，部分村组发生人畜用水困难，大春生产遭到危害，为新中国成立后持续时间最长的夏旱。

冬干 发生在12至次年2月，1至2月雨量偏少30%~50%。

春旱 发生在3—4月间。3月总降水量小于20毫米，或2月下旬至4月下旬，降水量连续偏少50%以上，对小麦后期生长造成危害。

夏旱 发生在5—6月，连续20天降水量小于30毫米，或5—6月间的月降水量均偏少30%以上，造成部分丘陵区等水栽秧误农时，旱地作物不能正常生长。

伏旱 发生在7—8月间，总降水量在20天以上小于35毫米。时值水稻抽穗扬花，缺水地区大都减产。

【洪涝】 古来洪涝就是主要灾害性天气。新中国成立后，兴修水利，治理江河，减轻了灾害，但年年仍程度不同地发生。据1960年至1987年的统计，洪涝出现时间多在6、7、8三个月，个别年份发生在9月（1966、1982）和10月（1976）[1]。每次洪涝，一是大暴雨（日降水量100毫米以上）引起，一是连续性暴雨造成。

中心村历年洪涝灾情一览表

时间	成因	强度	区域	灾情
南宋乾道六年（1170）八月	大雨	洪水		洪水淹没民房，冲毁农田甚多。
清雍正十年（1732）		大水	眉州辖县	
乾隆九年（1744）六月		大水	眉州辖县	淹死居民，冲毁农田、房舍甚多。
民国三十六年5月12至15日	连降大雨	山洪暴发	全县	8月11日再次水患，全县两次水患共死亡138人，毁农田13万亩，毁房屋不计其数。中心村亦受灾严重。
1980年6月28至30日	连降暴雨	总降雨量297.3毫米，山洪暴发	全县	中心村受灾严重，死伤牲畜数头，毁农田百亩。

---

[1] 四川省眉山县志编纂委员会编：《眉山县志》，四川人民出版社，1992，第99页。

【冰雹】 中华民国六年（1917）以来的较大冰雹灾害大都在 3 至 8 月，其中又以 6 月、7 月、8 月三月多见，每次降冰雹，都伴有大风和暴雨。

中心村历年冰雹灾情一览表

发生时间	强度	发生区域	灾情
民国十一年 3 月	胡豆大	多悦乡	
民国二十四年 6 月	拇指大	尚义乡	
民国三十八年 3 月	胡豆大	多悦乡	打坏麦苗，打烂秧田
1968 年 6 月	拇指大	多悦乡	打烂红苕叶、芋荷叶
1972 年 4 月 19 日	胡豆大	多悦乡	油菜损失严重
1983 年 4 月 25 日	直径 6 毫米	全县 26 乡	农作物、民房损失惨重

【大风】 瞬间风速大于 17 米/秒，风力大于或等于 8 级的风称为大风，3 至 10 月均可出现，常见在 7 月间，风向不定。丘陵区多以山谷走向，平坝以偏北风为多。年均发生 1.3 次。

【病虫害】 农作物病虫害种类繁多，境内水稻虫害有 30 余种，危害大的有螟虫（三化螟、二化螟、大螟）、飞虱、叶蝉、稻纵卷叶螟、稻蓟马、稻苞虫；病害有 20 余种，危害较大的有稻瘟病、纹枯病、小球菌核病，白叶枯病、赤枯病。玉米虫害有 20 余种，危害大的有大螟、玉米螟、地老虎（土蚕）；主要病害有纹枯病、大小斑病、花叶病。红苕虫害有 10 余种，危害普遍的有甘薯夜蛾、金花虫、旋花天蛾、龟纹叶蝉；病害以黑斑病、软腐病、青霉病为主。小麦虫害以麦蜘蛛危害较严重，局部地区有麦叶蜂危害；病害以白粉病、锈病、纹枯病、赤霉病影响产量较大。油菜虫害以蚜虫、菜青虫、黄条跳甲、千叶蝇危害普遍；病害有白锈病、霜霉病、菌核病、病毒病。花生虫害以蛴螬（老母虫）、蝼蛄（土狗子）、豆蚜为主；病害有叶斑病、根结线虫病。烟叶虫以烟蚜、烟青虫危害最盛；病害有黑胫病、炭疽病、猝倒病、白粉病、青枯病、普通花叶病。甘蔗虫害有棉蚜、蔗螟、蔗龟；病害有黑穗病。蔬菜虫害有蚜虫、菜青虫、跳甲、小菜蛾、猿叶虫、黄守瓜、棉铃虫、黄巢螨、附线螨；病害有瓜类霜霉病、白菜软腐病、炭疽病。桑树虫以桑叶甲、桑毛虫、桑木虱、桑天牛危害普遍；病害有白粉病、膏药病、赤锈病、紫纹羽病。柑橘虫害有 10 余种，危害普遍的有千叶蛾、吸果夜蛾、凤蝶、红黄蜘蛛、蚧类；病害有炭疽病、黑腥病、树脂病、疮痂病、脚腐病。茶树虫害有毛虫、梢蛾、蓑蛾、小绿叶蝉、二叉蚜、螨类；病害有茶饼病、云纹叶枯病、茶疽病等。

新中国成立前农业发生病虫害，民间有设坛祭天、贴符念咒语、扬幡驱邪者，自然无济于事。民国三十一年省政府训令以省农改所、县农推所为主，组织治螟督导团，县府颁发《保甲人员及农民治螟奖励办法》；中华民国三十四年（1945）5月又制定治螟实施办法，县、乡设治螟总团和分团，由保甲长和小学校长率领农民和学生下田捡除稻桩、捕捉螟蛾、采集卵块，拔枯心苗集中烧毁。执行中多流于形式，收效甚微。新中国成立后人民政府重视农作物病虫防治，从组织制度、技术等方面采取一系列措施，使植物保护不断完善。

1952 年尚义乡发生螟灾，中稻白穗率 59%，粮食减产 50% 以上，为全国罕见。1953 年县建设科在尚义乡水兴村建立螟虫测报站，以尚义乡为中心，周围包括悦兴 5 个村、象耳 6 个村、白马 3 个村、多悦 3 个村为测报防治重点。1956 年在县农场设县测报站，固定专业人员联络各区农技站，组成病虫情报网，定期向省、地、县书面报告。1959 年县里举办病虫测报培训班，为各公社培训 2 至 3 名技术骨干，相继建立公社测报站。1971 年 3 月重新组建公社病虫测报站，确定 48 名测报员，至 1973 年，21 个公社测报站安装了黑光灯，20 世纪 80 年代因体制和经费原因，除县测报站外，保留了光华、中店、白马铺乡 3 个测报点。

【地震】 地震主要受马边与峨边地震区，龙泉山断裂地带和总岗山至柳江断裂地层带影响。国家地震局 1976 年划定眉山一带的地震烈度为 5 度，属弱震区，据记载：

宋朝大中祥符四年（1011）六月，"眉州地震"。

1917 年 6 月 12 日，"地大震，由南而北，屋瓦为倾"。

1933年叠溪地震，波及原眉山县境，房屋门窗为之震动。波及中心村，房屋门窗为之震动。

1968年3月8日地震，震级3.3度。波及中心村，房屋门窗为之震动。

1983年5月24日凌晨3时57分23秒，青神、眉山、仁寿之间（北纬29度54分，东经103度56分）发生地震，震级2.5度。

1986年5月23日16时9分29秒，原眉山县境内西北部（北纬30度06分，东经103度32分）发生地震，震级2.5度。波及中心村，房屋门窗为之震动。

2008年5月12日14时28分4秒，汶川地震，震中位于四川省阿坝藏族羌族自治州汶川县映秀镇（北纬31.0度、东经103.4度）。波及中心村，房屋门窗为之震动。

2013年4月20日8时02分，四川省雅安市芦山县（北纬30.3度，东经103.0度）发生7.0级地震，震源深度13千米。波及中心村，房屋门窗为之震动。

2021年4月18日8时11分，四川省雅安市芦山县（北纬30.37度，东经102.96度）发生2.8级地震，震源深度15千米。波及中心村，房屋门窗为之震动。

基础设施

【公路】 中心村境内秦家河从村域北侧由西至东穿过，主要是农田灌溉，因此中心村历来无水运。20世纪50年代以前，外出及运输只能走陆路。1956年贯彻群众动手普及公路的方针，采取以工代赈和民工建勤方式，新筑眉多（悦）、东（馆）万（胜）、尚（义）秦（家）等县、乡公路，中心村始通公路。尚（义）秦（家）从尚义场口折西经中店到秦家长97千米。1950年秋由尚义、中店、秦家3乡按辖区修筑连线。1953年整修加宽至4.5米。1957年加固为5米宽的泥结碎石路面，通行汽车。1984年起国家先后投资2万元扩宽路基，铺筑路面，排障改道。该路属眉蒲路中段。1984至1987年按四级公路要求，国家投资37万元，乡村自筹4.5万元，建勤投工50多万个，新修、改建乡村连网路和断头路18条，11.7千米。修造涵洞695处，总长5540米。其中新四到中店的连网路长8.8千米。1996年10月，新修中店—新四的联网路的水泥路面，全长3200米、宽3.6米、厚0.16米。1992年、2000年、2017—2018年，先后修建极乐寺外宽12米、长5.43千米的柏油公路，总计花费计3000余万。中心村现状道路系统由一条县道和5条同村道路组成，县道穿过中心集镇，连接尚义镇与秦家镇。中心村通过村道分别与三官、太宝、马庙、古新村相连接，路面已硬化，为4米路宽的水泥路。

境内主要道路情况一览表

道路名称	道路起点	道路终点	里程（米）	道路级别（县/乡/村道）	路面类型（水泥/米，砂石/米）	桥梁数（座）	备注
中心—新四路	中店新街	中心7组与新四交界	2170	022乡道	水泥路		
中心—太宝路	中店路	中心5组与太宝交界	1070	村道	水泥路		
中心—三官路	眉秦路	中心4组与三官交界	800	022乡道	柏油路	1	秦家河桥
中心—马庙路	眉秦路砖厂口	中心3组与马庙交界	400	村道	水泥路	1	秦家河桥
中心1组组级道路	中心3组眉秦路	中心1组马克贵	800	组道	水泥路		
中心3组秦家河道路	中心3组眉秦路	中心4组	2380	村道	水泥路		
中心7组组级道路	中心7组新四路	中心1组	1140	组道	水泥路		
中心5组组级道路	中心5组太宝路	中心5组	880	组道	水泥路		
中心8组组级道路	中心7组新四路	中心8组	950	组道	水泥路		
中心6组组级道路	中心2组新四路	中心6组	1150	组道	水泥路		
尚乐路	极乐寺	太宝村	800	县道	柏油路	1	秦家河移民桥
眉秦路	红源停车场	秦家交界处	1300	县道	柏油路		

【桥梁堰渠】　　中心村村域内水系较丰富，境内秦家河从村域北侧由西至东穿过，水系多为田间细流，秦家河修建有大桥5座，小桥30余座。村域范围内堰塘较多，1956年兴修了解放渠，贯穿本社东部，1966年修建了万冲、友爱等提灌站9处。20世纪50年代初沿用龙骨车、筒车、簸箕戽水。1958年始用柴油机抽水。1964年建水轮泵。70年代修建中心村灌溉水渠，全村修建3条灌溉水渠，中心支渠1.49千米，马山支渠950米，三元支渠3.46千米。1975年兴修了两河口水库，灌溉三元、马庙子、兴无等大队，保灌面积达水田面积的95%，基本解决了缺水的困难。1988年翻修水渠，采取石砌。1996年7月，投工4000多个，投资15万元，修起了一条长3000米，宽1米（沟底）、高0.8米的标准化三面光沟渠，彻底改善了李善桥水库尾部灌面3000多亩的用水难问题。秋收后，修建了一座六角丘小Ⅱ型水库，蓄水面积63.5亩，可蓄水18万立方米，整个水库浆砌坝埂3根，全长167米，其中新筑坝一条82米，动用土石方3000多立方米，投工2000多个，投资14万元。2019年修建防洪沟渠共计17千米，10千米道路修缮工程，总计花费940余万元。2020年将灌溉沟渠重新修建。

中店古桥一览表

桥名	所在地	建造年代	桥型	桥体情况	其他
登瀛	中店中心	清光绪初	石平		1982年水毁
二元	中店三官	清光绪年间	石平	长3.5米，宽1.5米，高1米，孔1，跨1.5	1975年改造
三元	中店三元	清光绪年间	石平	长3米，宽1米，高1米，孔1，跨1	
新桥	中店一江	清光绪年间	石平	长15米，宽4米，高1.5米，孔3，跨3	

【给水】　　原村域内多为居民自行打井，抽取地下水。2006年依靠深井为水源，村里建成村营自来水公司，一户出资1980元，自主管理收费，供应集镇和周边部门村（三官村）。2017年，关闭村自来水厂，采取国家补助与村民出资的方式，由国企自来水公司——易民公司负责。2018年完成自来水工程，达到户户通。

【排水】 现无排水系统，居民大多自由排放生活污水，主要排入周边荷塘、水渠及化粪池中；雨水通过道路边沟或随地势排入周边农田。

【燃气】 中心村原无天然气，村民主要依靠柴草、煤炭烧火做饭。2017年开始通天然气工程，该工程与自来水工程同时进行，天然气用户一户出资6200元，由中仁天然气公司负责。现集镇已通天然气，村域其他地区居民采用沼气、柴草等燃料。2018年完成天然气工程，达到户户通。

【供电】 中华人民共和国成立前，全村并不通电。新中国成立后，眉山先后建立水力发电站。20世纪70年代末至80年代初，中心村先后多次安装有关设备，最终实现全村通电。1998年以来，国家电网进行大规模农网建设与改造，推动农村电力建设实现历史性跨越。2006年，实施"户户通电"工程，提出了"新农村、新电力、新服务"农电发展战略。2012年左右，中心村实施"农网改造"工程，改造之后，电力供应充足，用电安全性大大提高，资费也有所降低。目前，中心村用电由尚义镇10千伏送电线接入，通过村内变配设施输送至各户，全村无变电站。

【邮政电信】 20世纪50年代以前，村里无邮政代办所，民间信件靠人力步行或马力投递，由县邮电局专门的邮递员走路顺一定的路线传递，一般一周来往一次。50年代以后，区镇邮电所建立，所里有邮递员每天走路传递邮件到各乡，由乡政府办公室人员负责分发给各村来开会、办公事的干部，再由其转送到收信人手中。60年代，区镇上成立了邮电支局。80年代初，村里开始陆续安了电话。1999年，邮电支局分为邮政支局和电信支局，分开经营，开展业务。目前，中心村有一处邮政分社，通光纤数字电视，电信实现现代化。

村级组织

中共中心村支部委员会

【组织沿革】 中心村第一个党员是赵海清。1955年，中心村成立第一个党支部，隶属于中心乡党委，有党员3名，分别是赵海清、梅时席、龚树章。中心村历任支部书记名单如下：

第一任：赵海清（1955—1961），隶属于中心乡党委。

第二任：中心大队、兴无大队合并，中心村赵海清、兴无大队龚树章，隶属于中心乡党委。

第三任：邓汝尧（1966—1976）、李志文（1966—1975），隶属于中心公社党委。

第四任：何福全、蒲贵方（1975—1978），隶属于中心公社党委。

第五任：李光乔、赵正江（1978），隶属于中心公社党委。

第六任：马水清（1979—1992）。先后隶属于中心公社、中店公社党委。

1992年合村后：

第一任：赵光贤（1992—1996），隶属于尚义镇党委。

第二任：李国全（1996—2001），隶属于尚义镇党委。

第三任：李建川（2001—2006），隶属于尚义镇党委。

第四任：刘志强（2006—2010），隶属于尚义镇党委。

第五任：李国全（2010—2020），隶属于尚义镇党委。

治安调解员由村主任担任。

【党支部工作】 村支部委员会是党在农村最基层的组织，是本村各种组织和各项工作的领导核心，是团结带领广大党员和群众建设有中国特色社会主义新农村的战斗堡垒。《中国共产党农村基层组织工作条例》规定，村党支部的主要职责是：

1. 贯彻执政党的路线、方针、政策和上级党组织及本村党员大会的决议。

2. 讨论决定本村经济建设和社会发展中的重要问题。需由村民委员会、村民会议或集体经济组织决定的事情，由村民委员会、村民会议和集体经济组织依照法律和有关规定作出决定。

3. 领导和推进村级民主选举、民主决策、民主管理、民主监督，支持和保障村民委员会依法开展自治活动。领导村民委员会、村集体经济组织和共青团、妇代会、民兵等群众组织，支持和保证这些组织依照国家法律法规及各自章程充分行使职权。

4. 搞好支部委员会的自身建设，对党员进行教育、管理和监督。负责对要求入党的积极分子进行教育和培养，做好发展党员工作。

5. 负责村、组干部和村办企业管理人员的教育管理和监督。

6. 搞好本村的社会主义精神文明建设和社会治安、计划生育工作。

村民自治组织

【沿革】 "村民自治"的提法始见于1982年我国修订颁布的《宪法》第111条，规定"村民委员会是基层群众自治性组织"。简言之，就是广大农民群众直接行使民主权利，依法办理自己的事情，创造自己的幸福生活，实行自我管理、自我教育、自我服务的一项基本社会政治制度。村民自治的核心内容是"四个民主"，即民主选举、民主决策、民主管理、民主监督，因此，全面推进村民自治，也就是全面推进村级民主选举、村级民主决策、村级民主管理和村级民主监督。

【村民会议和村民代表】 村民自治民主决策的组织主要形式有：村民会议、村民代表和村民委员会。

一、村民会议

（一）村民

1. 凡永久居住在本村范围内，拥有本村户口，为本村村民。

2. 村民享有宪法、法律规定的一切权利，并履行相应的义务。

3. 本村1/5以上有选举权的村民联名，可以要求罢免村民委员会成员，罢免村民委员经有选举权的村民过半数通过。

4. 村民小组设小组长，小组长由村民小组会议选举产生，可以连选连任。

5. 村民会议由年满18周岁以上的村民组成。

6. 召开村民会议应由全村年满18周岁以上村民的过半数或者有本村2/3以上的户的代表参加方可举行。

7. 村民会议所作决定应当经到会人数的过半数通过，方有效。

8. 村民会议一般每年召开两次以上，由村民委员会主持召开，有1/10以上的村民提议，应当召开村民会议。

（二）村民会议职责

1. 制定、修改村民自治章程和村规民约；

2. 审议村民委员会年度工作报告，评议村民委员会成员的工作；

3. 选举村民委员会主任、副主任、委员；

4. 罢免村民委员会成员；

5. 决定涉及全村村民的重大事项；

6. 授权村代表会议决定的事项；

7. 选举村务公开监督小组组成人员；

8. 村民会议认为应当或者依法应由村民会议讨论决定的涉及村民的其他事项；

9. 召开村会议应当在召开会议前10日将会议内容公告村民，会后公告结果，接受村民监督。

二、村民代表会议

1. 本村年满18周岁的村民可参加村民代表的推选，但是依法被剥夺政治权利的人除外。

2. 村民代表由村民小组召开本组村民会议推选产生，每个小组推选3名村代表，其中至少有1名女代表。

3. 村民代表会议由村民委员会主持召开，村民代表会议召开应有应到会的2/3以上代表到会，会议所作决定应当经到会人员的过半数通过，方有效。

4. 村民委员会应当在召开会议前10日将会议内容公告村民，会后应公告结果，接受村民监督。

5. 村民代表会议的职责：依村民会议授权决定本村重大事项。

6. 村民代表出席村民代表会议，会前应充分征求所在村民小组村民的意见、建议。

【村民委员会】 村民委员会是自我管理、自我教育、自我服务的基层群众性自治组织，实行民主选举、民主决策、民主管理和民主监督。

一、村民委员会由主任、副主任和委员若干人组成，由本村年满18周岁以上有选举权的村民担任，村民委员会成员中应有妇女参加，其选举程序严格按照《中华人民共和国村民委员会组织法》规定进行。

二、村民委员会向村民会议负责并报告工作，其成员接受村民会议的评议。

三、村民委员会的职责：

1. 依照宪法和法律，在村党支部的支持和保障下组织村民开展自治活动，直接行使民主权利。

2. 办理本村公共事务和公益事业。

3. 调解民间纠纷，协助维护社会治安。

4. 向上级人民政府反映村民的意见、要求和提出建议。

5. 支持和组织村民发展生产，尊重和保障村民合法权利和权益。

6. 管理村级土地和公共财产，保护和改善生态环境。

7. 协助有关部门，对被依法剥夺政治权利人员进行教育、帮助和监督，对刑释改教人员进行安置帮教。

8. 宣传宪法、法律、法规和国家政策，教育和推动村民履行法定的义务，爱护公共财产，维护村民的合法权益，发展文化教育、普及科技知识，维护民族团结，开展多种形式的社会主义精神文明建设活动。

四、村民委员会下设人民调解、综合治理、计划生育等委员会，村民应积极支持他们开展工作。

对治保会作出的治安部署如巡逻防控等，村民要大力支持。

在人民调解委员会组织调解的过程中，双方当事人在合法自愿的基础上达成的协议具有法律约束力，双方当事人应自觉履行。

五、村干部应自觉带头执行党的路线方针政策，模范遵守国家法律，抓好经济文化、公益事业、社会治安、计划生育、生产安全、普法依法治理、人民调解等工作。

【村民自治管理】 包括村务公开、财务公开、决策公开等。

一、村务公开

村务公开是指村民委员会组织把处理本村涉及国家、集体和村民群众利益的事务的相关情况，通过户外宣传栏等一定形式和程序告知全体村民，并由村民参与管理、实施监督。具体方法如下：

1. 凡涉及村民利益的大事、村民要求公开的事项都要予以公开。其范围包括村务决策、办理过程和办理结果。

2. 村务公开的内容包括：财务公开，包括救灾救济款物的发放情况；农民负担公开，包括国家补贴农民、资助村集体的政策落实情况；集体经济项目承包公开；计划生育情况公开，包括新型农村合作医疗情况；征用土地公开；各项项目实施公开等。

3. 村务公开形式遵循"实用、方便、明确、节俭"的原则，设立规范的固定公开栏。

4. 村务公开的内容必须真实可靠。公布前，必须按照项目责任人拟定，村委主任、党支部书记先后审核，必要的事项须经村民代表会议的程序公布。

5. 财务公开时间原则上服从乡统一规定，其他项目的公开要做到随时、及时。

二、财务公开

为了加强财务的工作管理，增强财务工作的透明度，提高干部群众理财的主人翁意识，使有限的资金发挥最大经济效益，特制定相关财务公开制度：

1. 认真贯彻执行国家的经济方针、政策、法律、法规及财务收支制度。

2. 年终将各项经济计划和财务收支情况，以报表形式向乡（镇）政府汇报，并在村民会议或村民监督委员会议上公开，接受乡（镇）政府领导班子、村民代表的监督。

3. 严格遵守财务管理制度。实行"收支两条线"和村财"乡管村用、报批、核销"的管理制度；做到日清日结，收支相符。

4. 各种费用的开支必须由全体村干部签字，村委会主任不得兼会计、出纳。

5. 财务人员要忠于职守，对财务公开内容及数额必须实事求是，不隐瞒、不扩大，坚持原则，按规定办事，按要求处理财务。

6. 村级财务每季度公开一次，公开数目必须真实。

7. 及时公开全村经济收支情况和村民上缴的各种款项及开支去向情况。

8. 大额支出先经村民代表大会研究通过，然后经村委会会议集体研究决定，由村主任具体实施。

9. 专项下拨资金本着专款专用原则，在村民监督委员会的监督下由村主任具体实施。

10. 对财务公开的资料必须有存档，并妥善保管。

11. 公开公布之后，群众对公开的每项内容所提出的批语和建议，由监督委员会收集后反馈给村委会，以便加强管理力度。

12. 财务公开必须做到真实、及时、规范、通俗、易懂,公开内容完整。

三、决策公开

村级民主决策重大事项,在村党组织的统一领导下,按照"四议、两公开、一监督"的程序组织实施。

1. 村党组织提议。村党组织听取意见、调查论证、集中研究后,提出初步意见和方案。

2. 村"两委"商议。村"两委"班子成员对村党组织提出的初步意见,充分讨论、发表意见,按照民主集中制的原则形成商议意见。

3. 党员大会审议。党员大会对村"两委"商定的重大事项讨论审议。村"两委"认真吸纳党员的意见和建议,修订完善方案,组织党员深入农户做好方案的宣传解释工作。

4. 村民会议决议。在村党组织领导下,召开村民会议或村民代表会议,对党员大会通过的事项进行讨论表决。讨论事项经到会或全体村民代表半数以上同意方可决议通过。必要时,可邀请驻村企业、事业单位和群众组织派代表列席村民会议。

5. 决议内容公开。经村民会议或村民代表会议决议通过的事项,须在村级活动场所和村民小组村务公示栏公告7天以上,并设立意见箱。公告期间,如发现决议存在不符合法律法规及其他重大问题的,按程序修改完善,重新进入决策程序。

6. 实施结果公开。决议事项在村党组织领导下由村委会组织实施,并定期向党员、村民代表、村务监督小组、民主理财小组通报决策执行的进度、账务等;对在实施过程中遇到特殊问题需变更方案的,须及时向党员大会和村民代表会议通报,变化较大的再次提交村党组织按民主决策程序解决。

7. 民主评议监督。设立由村"两委"班子成员及其直系亲属以外的村民组成的村务监督委员会,负责对决策、实施进程进行全面审核审查评议,并将评议结果向全体村民公布,作为每年民主评议村"两委"班子成员的重要依据。村级民主自治决策的重大事宜,同时接受上级党委监督。

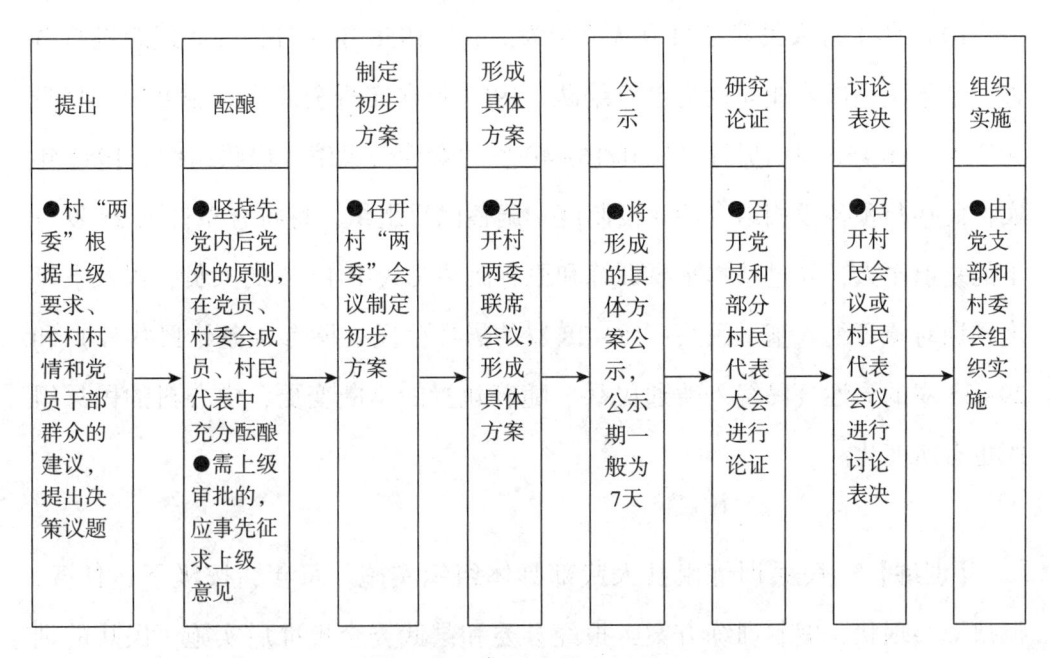

提出	酝酿	制定初步方案	形成具体方案	公示	研究论证	讨论表决	组织实施
●村"两委"根据上级要求、本村村情和党员干部群众的建议，提出决策议题	●坚持先党内后党外的原则，在党员、村委会成员、村民代表中充分酝酿 ●需上级审批的，应事先征求上级意见	●召开村"两委"会议制定初步方案	●召开村两委联席会议，形成具体方案	●将形成的具体方案公示，公示期一般为7天	●召开党员和部分村民代表大会进行论证	●召开村民会议或村民代表会议进行讨论表决	●由党支部和村委会组织实施

村级重大事项决策公开流程

民兵组织

【建制】 中华民国十六年（1927）在中共蒲江县党组织领导下，西山（今晋凤、盘鳌、五峰等乡一带）农民运动蓬勃发展。同年冬晋凤乡太清观农民协会成立，随之建立农民协会武装队（简称武装队），以自保为单位设支队，甲设分队。队员平时务农，有事集中，使用火枪、抬炮、大刀、长矛或羊角叉等兵器警卫农协会。打土豪、抗捐税、抗击反动军队镇压，是农民运动的中坚。民国十八年（1929）武装队被驻军镇压。

新中国成立初期，县里吸收18~40岁的贫雇农组建人民武装自卫队，乡设队部，编制正乡队长、副乡队长、政治指导员和副指导员各1人。村建中队，8~15人编一小队，2~5小队编一分队，2~5分队编一中队。1950年秦家乡建立武装队，队长赵子承（1933—2019），1962年后赵子承担任团结二队队长（1962—1969），配备中正式步枪，归村上管理。武装部存在10余年时间，每年训练一次，1962年不允许带枪，至1970年取消民兵。

1953年1月人民武装自卫队改名为民兵。1956年9月，民兵组织进行调整，基干民兵以农业联社为单位编队。1959年在实行全民皆兵制度中，将身无残疾、16~50岁的男性公民和16~40岁的女性公民编入民兵组织。1981年实行民兵与预备役相结合的兵役制度，调整民兵组织，将符合条件的28岁以下的复退军人，经过基本军事训练和原有武装民兵中17岁的人员，以及下年度预训对象等编入基干民兵；18~28岁的男性公民（除参加基干民兵外）和29~35岁的男性公民编入普通民兵。随着建置的不断变更，中心村的民兵组织也有所变化。

【训练】 民兵训练由县人武部具体组织实施。每年，按级下达任务，调研民兵现状，编制训练方案，报经县委和县武委会批准后实施。民兵的训练主要包含两个方面：①政治教育。民兵政治教育主要由区乡（镇）党委、政府和民兵组织负责实施。时间：一是在每年军事训练时间中划出不少于10%的政治学习时数；二是在基干民兵中建立每月（1985年后改为每季度）一次政治课制度；三是结合民兵整组、征兵、节假日活动进行政治教育。包括民兵基本知识教育、时事政策教育和民兵带头作用教育。②军事训练。民兵干部（连以上）和民兵小教员的训练由县人武部组织实施，基干民兵的训练由区、乡、厂矿人武部组织实施。训练的主要内容有：步枪、手榴弹各部分名称、武器校试及保管、卫兵职责、队列基础训练、民兵勤务、射击、投弹、刺杀、爆破战术、兵器知识、单兵战术射击、步枪、冲锋枪、六〇炮使用、有线、无线通信等。

【参军入伍】 新中国成立初期，兵员征集由县扩军委员会领导，设办公室具体办理。每年按上级征兵任务召开各级干部会、妇女代表会、民兵代表会等，广泛宣传动员。应征青年自愿报名后，经政治审查、体格检查、张榜公布、群众评议等环节，将预定征集名册送交县扩军委员会批准实施。1955年开始实行义务兵役制，兵员征集工作由县委、县人民政府、县兵役局

（人武部）及县属有关单位组成的征集办公室（后改称征兵办公室）负责办理。经过宣传动员、报名目测、体格检查、政审定兵和张榜公布等项程序，确定当年应征入伍青年名单，部队接兵人员来县接收。1984年，送接兵制度改革，应征入伍青年经县编队和进行旅途教育后，由县人武部派员护送到接收部队驻地报到。中心村退役、现役军人约有90人，具体参看《人物·中心村退役、现役军人统计表》。

妇女组织

【农村妇女代表会】 农村妇代会由本村年满18周岁的妇女民主选举若干代表组成，代表人数根据行政村的规模和各经济组织妇女人数而定。代表推选主任1人、副主任若干人，负责日常工作。也可召开由本村年满18周岁的妇女或妇女代表参加的妇女大会或妇女代表大会，选举产生主任一名、副主任若干名和代表若干名，组成本村妇代会。农村妇代会每3年换届一次，换届工作与村民委员会换届同步进行。换届情况报乡镇妇联备案。

【历届妇女主任名单】 代华莲（1992—1997）、杜英（1997—1999）、刘丽蓉（1999—2004）、蒲晓娟（2004—2007）、赵雪如（2007—2020）。

【职责及工作】
1. 贯彻执行上级妇联组织及同级妇女代表大会决议。
2. 指导所辖农村妇代会开展妇女工作。
3. 加强与乡镇内单位及其妇女组织的联系与合作，培育以妇女为主体会员的协会、联谊会和农村经济合作组织等基层群众组织，推进乡镇妇女工作的社会化。
4. 加强乡镇妇联自身建设，提高乡镇妇联干部的学习能力、创新能力和服务能力。

5. 宣传、贯彻党和政府在村的方针、政策，引导村妇女增强自尊自信、自立自强精神，使其成为有理想、有道德、有文化、有纪律的社会主义新居民。

6. 组织村妇女参加"文明家庭"和拥军优属等活动，提高村妇女文化科技水平，帮助村妇女增收致富，弘扬社会公德职业道德和家庭美德。

7. 维护妇女儿童合法权益，反映妇女的意见、建议和要求，代表妇女参与村民的决策，发挥民主参与、民主管理、民主监督作用，推进男女平等基本国策的落实。

8. 宣传普及有关妇女儿童的法律法规知识，抵制封建迷信和陈规陋习，配合有关部门打击拐卖儿童、嫖娼、卖淫、赌博、吸毒等社会丑恶行为，推进依法治村。

9. 协助党组织做好培养妇女入党积极分子工作。

10. 因地制宜建立妇女儿童活动阵地，建立和完善学习培训、工作会议、代表联系户、检查考核评比表、尊师爱生等工作制度。

共青团组织

【共产主义青年团】 中华民国十七年（1928）9月，共产党员丁华到眉山国民师范学校任教时，请求中共川西特委派共青团员罗玉冰来校，以教书为掩护从事青年工作，发展团员。是年成立中国共产主义青年团（简称共青团）眉山县支部，罗玉冰任书记。1950年4月，成立中国新民主主义青年团眉山县工作委员会，曾光烈任副书记，在部分机关、学校开始建团工作。1952年各区成立团区工委，大部分乡建立团支部，同时建机关团支部17个、工厂团支部8个、小学教师团支部1个。当时中心乡建立团支部，李素芬任支部书记。主要工作是在清匪、反霸、减租、退押四大任务及土地改革中，带领团员和青年积极参加人民武装自卫队，站岗放哨，守护国家财产。1952年将"爱国增产、互助合作"作为团的主要工作，发动农村青年积极参加互助组，中心乡部分团员和青年当了互助组长。1955年农业合作化高潮中，中心村团员和青年积极学习和宣传党的方针政策，不少团员成为农业合作社的骨干。至1956年8月大部分团员和青年加入半社会主义性质的农业合作社，还有不少青年担任生产队队长和组长。

1957年7月，中国新民主主义青年团改称为共产主义青年团（简称共青团）。1966年6月，全县共建公社团委47个、总支12个、支部724个，有团员22438人（占青年总数的32.3%）。此时中心公社建有公社团委1个，团支部书记李志明，公社有团员20名左右。时逢"大跃进"，中心乡团委组织青年突击队（组）大炼钢铁，大搞水利建设、高产试验田和技术革新。20世纪60年代初开展学雷锋活动，采用报告会、故事会、实物和图片展览方式，教育青年学习英雄模范人物的高尚情操。各单位组织学雷锋活动小组和为人民服务队，为群众免费修理手表、收音机、自行车，义务理发，为烈军属及孤寡老人担水、洗衣、打扫卫生等。1964年响应"农业学大寨"号召，中心乡组织团员和青年开展农田水利基本建设。1967年春，青年工作瘫痪，但中心公社绝大多数青年在"抓革命，促生产"的号召下，仍然坚守岗位。1972年组织恢复活动后，号召各行各业青年为农业生产服务，把改变农业生产条件作为学大寨的主要目标。1978年后，围绕经济建设中心，号召青年掌握科学技术，争当新长征突击手。中店公社中心五队油菜育苗、中店公社连山一队科学种果早产高产、中店公社太保大队联办果园、中店公社联山一队队长李光福发展柑橘生产致富等先进事迹均被县委、县政府作为1982年9月的工作会议，予以发文介绍（具体参看后文《艺文·政府公文》）。1982年中店一村青年丁永东，苦心钻研，能制造多种农药及饲料，被誉为"制药土专家"，1984年被团中央、中国科协、农牧渔业部评为全国学科学、用科学标兵。1984年6月，团县委联合县科协、农业局等单位，组织青年成才致富报告团，中店公社李光福、丁永东等人入团，介绍致富经验，并带动不少团员和青年勤劳致富、科技致富。

1988—2000年，县里把发展团员的重点放在农村，把中学作为发展团员的源头。中店乡中店中学的近百名学生成为发展的重点对象。李国权（1982—1992）、李建川（1992—2001）先后任团支部书记，发展团员40多人。共青团的政治理论学习按照县委和上级团委的部署进行安排。1988—1993年，贯彻党的十三大、团的十二大精神，突出建设有中国特色社会主义理论教育爱国主义、集体主义和社会主义思想主题教育，引导青年解放思想，树立与发展社会主义市场经济相适应的新观念。1994年4月，眉山成立爱国主义教育领导小组，建立三苏博物馆和象耳烈士陵园两个爱国主义教育基地。尚义镇、中心村、中店中学等在团支部书记的带领下，组织团员青年建立"马列学习小组""党的知识学习小组"和"学雷锋小组"等。1997年5月，为迎接香港回归，在中心小学、重点中学先后展开和香港有关的主题演讲比赛。

农民协会

【成立历史】 中华民国十六年（1927）冬，农民协会在太清观正式成立，眉山县的晋凤、盘鳌、天池、郑兴、广济、秦家、多悦等乡镇农民数千人参加大会。推选邹晓廷为主席，王少云负责武装，周方庭、刘四娘负责宣传。在各甲设基层小组和自卫武装分队。会员平时耕种，团锣一响，听到"农协会走了"的喊声，即放下农活集合。每逢各乡镇场期，由武装队员进行革命宣传。宣传队伍以农协会大旗为前导，武装队员扛火枪、抬土炮紧随，会员二三百人殿后，进入场镇，先游行示威，高呼"打倒军阀官僚、打倒土豪、打倒官府差狗子""废除苛捐杂税""实行联合阵线"等口号，然后宣传员登台宣讲演唱，同时沿街张贴标语，号召农民组织起来（后附《农协会歌》）。武装队员守隘口、断交通、保卫会场。凡宣传过的场镇，很快掀起农民运动，兵丁不敢催征烟税，土豪不敢公开嚣张。农协会一时声势浩大。农民运动震惊军政当局，急派兵镇压。民国十八年春，驻眉二十四军六旅旅长高育琮和县长沈子才惶惶不安，请调重兵围剿。农协会及其武装在当局的镇压围剿下解体。

附：

农协会歌

农友们，快联合，若不联合受剥削。
农友们，快心转，联合起来拼命干。
联合起，有势力，从此不受恶人欺。
若不信，请你看，广东湖南和武汉。
许多省，都在办，只有我们四川难。
军阀多，胡乱干，一年四季打内战。
打起仗，就拉夫，奸淫估霸都不管。
放委员，安县官，乌七八糟一摊摊。
整农人，提公款，苛捐杂税说不完。
还有些，当公事，沾点公事心肺烂。
给军队，当走狗，伙倒伙倒大家吼。
大绅粮，大地主，拥有佃客几十户。
遇天干，逢水旱，租谷不让一升半。
倘若你，交不够，房子猪牛保不住。
啊呀呀，天呀天，穷苦之人苦连连。
农友们，快起来，团结斗争不怕难。
只要你，敢斗争，将来一定会翻身！

（根据解长顺、傅耀光口述）

新中国成立后，为迅速开展农村工作，实行土地改革，根据川西人民行政公署指示，1950年8月集训农民干部，发展农民协会会员。9月，全县建区农协会7个、乡农协会37个、村农协分会511个、农协小组5571个，拥有会员82582人。

【尚义农协会】 据吴达1950年10月21日所写《尚义农协会一月来的

工作检讨》可知，尚义乡农协会和剿匪自卫队成立于1950年9月5日，有3398个农协会员和36个自卫队员。

在农协会正确的领导下，除代替了旧统治的乡保政权，推动了日常的工作任务外，还展开了对封建势力进行激烈的斗争，战胜了在工作中所存在的困难。在这一月来的工作中，主要有以下成绩。

1. 调解农民间的纠纷问题，增进农民的团结。自农协会建立后，共计解决了30多件关于农民间的纠纷问题。有很多在旧政权不能解决的问题，但在农协会中都给合理地解决了，所以群众都反映着说："从前乡保长不愿给我们解决的事情，到今天农协会给我们解决了，真是和从前大不相同了。"并且农协会替农民解决纠纷问题的时候，完全是应用说服和劝告的方式，使农民双方利益都不受到损失，以增进农民间互相的团结。

2. 继续肃清残匪，彻底禁绝烟毒。在相保政权时代，一般相保人员的弱点太多，而且工作又不踏实、不负责任、不深入、顾情面等，故对清匪禁烟的事情根本就做得不彻底，各保都有隐藏自新土匪、和尚继续开设红灯烟馆的事。在农协会成立后，群众觉悟提高了（尤其妇女最痛恨她的家人吃烟），大家都一致要求清匪、禁烟，巩固农村社会秩序，尽量劝告土匪自新，收抢保内红灯烟馆。所以，自新土匪、和尚中还在开设烟馆的人，在人民群众严正威力的监督下，都纷纷到有关机关去办理自新手续，计有邹福才、邹淑林、任树、罗少明等14人。开设烟馆的人都自动把烟枪、烟具缴到农协会，并且自愿盟誓具结，今后不再贩售烟毒。共计收到烟具40多件。

3. 抢修道路，整修街道，解除运输困难。尚义的街道和场外的道路，据说十多年来未加修整，一遇下雨，则泥泞不堪，包括部队辎重营来尚义负责运粮任务，都感到运输的困难。农协会见此情景，便积极地发动各保分会，在一天以内动员民工2000多人，实行抢修。农协会主席亲自下乡勘察，督促指导，各保分会代表、委员都积极地起模范带头作用，拿自己的劳动效率去感召群众。一个中年农民说："从前乡保长叫我们修路，他只是站在侧边看，今天主席也亲自参加劳动，这社会真是难得啊！"各保都有比赛竞争的情形，一定要把工作任务完成后才能休息，所以这条道路在群众热情的抢修下，终于在两天内全部完成了。街保的群众看见乡下农民抢修道路时，情绪那样高，于是大家便一致动员起来，要把街道整修好，用石子铺底，河沙盖面，在一天时间内，便造成了一条很平坦而又整齐的街道，这样就解除了运输上的困难。

4. 广泛深入宣传减租退押，兴修堤堰，选购品种，提高农民生产情绪。全乡农民在减租退押的号召下，为响应提高生产效率的要求，各保分会便动员全体农民兴修堤堰，如足跟堰、张堰的修复等。还有在土匪混乱时，农民曾遭受损失，值此小春行将播种之时，各保主张集体选购品种，提倡自由借贷，有借有还，尽量深入宣传，揭破匪特的谣言，把农民思想中所存在的顾虑消除了，大家都为自己的利益进行斗争，于是提高了农民生产的积极性。

5. 热烈筹办庆祝国庆纪念。国庆纪念加深了农民的思想认识，提高了他们的政治水平。在筹办国庆的过程中，全乡各分会都在热烈地进行筹备，也就象征着农民们对国庆纪念的意义有了相当的认识。如十一保主席号召农民说："我们穷人要准备开始减租退押了，大家应在自己的国庆日里，起来欢喜才对。"所以国庆中，人力动员在1000人以上，经费的支出将近100万元，街上的牌坊有40多座，红灯有500多盏，还有各种保龙灯、狮灯、花灯、鞭炮、秧歌、漫画、歌咏等，大肆地举行庆祝，以点缀充实大会的内容。在开大会时，全乡参加的人数在5000人以上，街上挤得水泄不通，几乎人满为患。尤其在整队游行时，火光冲天，红蛇蜿蜒，呼声响彻云霄，真是热闹得惊天动地。这完全表现出人民力量的伟大，一个70多岁的老头子说："韩家场（尚义）在几十年来从没有这样热闹过。"真的，这是尚义有史以来最热闹的一次。1952年4月全县土改结束，乡人民政权正式建立，农协会建制结束。

农　业

农业生产

【种植业】　　主要有水稻、玉米、红苕、小麦、大麦等。

水稻　水稻为草本稻属的一种，禾本科植物，单子叶，性喜温湿，成熟时有1米到1.8米高。水稻分为粳稻、籼稻、糯稻三种。中心村20世纪60年代以前以种植普通粳稻、籼稻为主，糯稻产量较低，但抗倒伏力强，又是制造醪糟、糍粑的好原料，因此也有少量种植，一般种植在较肥沃的田里。水稻按种植时间可分为早稻、中稻、晚稻三种，以中稻最为普遍，占90%以上，晚稻次之，一般在小春油菜、小麦收获之后种植，70年代曾经试行过早晚两季稻，但效果不佳，很快终止。中稻生育期介于早稻和晚稻之间，生产期125~150天，一般在早秋季成熟，产量较为稳定。稻子的栽培程序包括整田（犁耙水田）、育苗、插秧、除草除虫、施肥、灌排水、收获等。其中最重要的程序为四道：一是整田（犁耙水田）。80年代以前一般都三犁三耙，即犁耙板田、犁耙冬田、犁耙插秧田，此后因为劳动力不足以及肥料充足等原因，简化为犁耙板田与犁耙插秧田，甚至干脆简化为犁耙插秧田。二是育苗。育苗技术性强，能否育出育好秧苗是收成好坏的关键性环节之一。80年代以前全部是水田育秧，此后有旱地育秧。三是插秧。70年代以前全部是人工插秧，其后有过机器插秧，但应用不普遍。四是收割。60年代以前全部是人工收割与脱粒，四五个人一架拌桶打谷，劳动量很大，其后有手摇铁制打谷机，90年代以后使用电动打谷机。其他环节还有除草，一般只除一次，既除草又用脚搅动秧苗附近的泥土，使秧苗根部土壤疏松，俗称为薅秧。除虫则有虫即除，50年代以前无农药，多是人工撒草木灰，60年代以后则用喷雾器喷洒农药。施肥分为施底肥与施追肥，以施底肥较多。60年代以前，普通人家一般不施肥，80年代以后则大施化肥。灌排水，以灌水为主，60年代以前靠龙骨水车人工车水与戽篼戽水，贫困人家则只能靠天吃饭，70年代以后普遍使用抽水机抽水，效率大大提高，龙骨水车则被迅速淘汰。

中心村稻谷种植面积大，亩产量、总产量比较高。中店公社时期，全社耕地面积15769亩，主产水稻、小麦。新中国成立初期粮食总产为445万斤，水稻亩产320斤，小麦亩产72斤，人均产粮430斤，以后由于改进了耕作技术，推广优良品种，不断挖掘生产潜力，产量逐渐提高。20世纪60年代以前以种植普通高秆稻为主，亩产量200~400斤，其后矮秆稻逐渐推广，亩产量可达300~500斤；70年代末以后则全部种植杂交水稻，亩产量高达500~800斤。1988—2000年，制种技术不断完善，杂交水稻制种步入高产稳产阶段，并逐步形成了"公司+农户"的种子产业化模式。1990—1995年，制种面积锐减，生产经营混乱。1996年起，县委、县政府规范制种生产布局，提高种子质量，完成了杂交水稻第三次品种更新换代，开始了第四次更新换代，1990—1992年用冈优12、冈优22、辐优130等品种替换了汕优63、D优63等当家品种；1999年起，开始用产量更高、抗性好、米质优的冈优527、D优527、Ⅱ优162等作为主推品种，替换冈优22、冈优12等品种。

玉米 学名玉蜀黍，北方称棒子，当地名苞谷，禾本科、玉蜀黍属一年生高大草本，高1~2.5米。秆直立，通常不分枝。原产于美洲，明朝时从海路引种到中国，中心村种植时间很长，为重要农作物之一。20世纪50年代初沿用地方品种，肥地种"黄马牙""白马牙""大金条"等迟熟种，一般地种中熟"二金条""滚豆子""七皮草"，孬地有间套种"小金条""五皮草"的。山丘瘦薄地种"乌玉米"，搭配种植"糯苞谷"，菜地周围种"刺苞谷"。50年代后期引进的"金皇后"穗大、粒长、产量高。60年代初引进"维尔42""双跃3号""匈牙利双交"等杂交种，头年增产20%~30%，后植株变异，产量不及本地玉米。1972年大面积示范"成单一号""新单一号""新双一号"等杂交玉米，单产69.75公斤，增产1.72倍。80年代引进新自交亲本，"成单四号""中单二号""丰单一号""成黄双交"等在中心村基本普及。

红苕 又叫红薯、甘薯等，原产于热带美洲，明万历年间传到中国。红薯属管状花目，旋花科，一年生草本植物，藤长2米以上，平卧地面。从根块色彩的角度可分为红薯与白薯，红薯口味较好，白薯产量较高。中心村新中国成立前普遍栽种沙埂子、二红苕、广东苕和蛮苕，都藤蔓细长、苕块食味好、耐贮藏，但产量不高。中华民国三十六年县农业推广所引进美国南瑞苕繁殖推广，藤蔓分枝多，粗短茂盛，苕块呈纺锤形，白皮红心，干物质含量高，食味好，产量高于本地种30%~50%，是中心村50年代当家品种。60年代初县里引进湖南苕（万斤苕）、"胜利百号"、"红皮早"，产量高于南瑞苕，但藤蔓少、食味差。70年代引进"川薯27""67-8""徐薯18"，中心村大面积种植。1979年"宿芋一号"是中心村80年代增种秋红苕的当家品种。

小麦 禾本科植物，一年生草本，高30~120厘米。民国时期普遍种黄花麦、白花麦、光头麦。20世纪40年代后期，县农推所引进"金大2905""南大2419"和"矮粒多"，直到50年代前期，这些品种都是中心村当家品种。50年代后期引进"五一麦""川大101"等品种。60年代以种植"阿波"为多。70年代种植"绵阳11号"为多，该品种易脱粒、产量高。1983年县里引进"绵阳"15号和19号、"川麦20号"、"81-5"等，中心村普遍种植。

大麦 20世纪50年代前一直种植，品种有"米大麦""鱼鳅麦""沱沱麦""黑大麦"等，不耐肥、易倒伏、产量低，到60年代种植减少。70年代初尚义公社新华大队引进"早熟三号"，也因植株偏高、易倒伏、低产，未推开。1984年引进啤、饲兼用矮秆大麦"苏啤一号""浙啤一号""北京大麦"等，1987年部分农户种植，平均单产225公斤，略高于小麦产量。

【经济作物】 主要有油菜、花生、甘蔗等。

油菜 油菜又叫油白菜，属十字花科，一年生草本，十字花科、芸薹属植物，原产我国，其茎颜色深绿。油菜是喜冷凉、抗寒力较强的作物，生育期长，营养体大，因而所需水分与肥料都较多。20世纪50年代初主要种传统的白菜型"一笼鸡""大叶子""小叶子"油菜。河坝地区种芥菜型（苦菜籽）"牛尾巴""马尾丝"油药菜子。1957年引进白菜型"七星剑"等10多个品种取代传统品种。60年代引进甘蓝型中迟熟品种"川油二号""川农长角"，早中熟品种"泸州五号""矮架早"。70年代引进甘蓝型早中熟品种"川油花叶""矮花一号"，中迟熟品种"川油九号"等。1976年瀔滩新民农科队从"川油九号"中选出优良单株经几年选育成"大黑棒"油菜，中熟偏早，长势旺盛，茎粗抗倒，产量较高而稳定，村域内大面积种植。80年代以引进的中早熟品种"江油19选"当家。

花生 花生是富含多种营养的油料作物。20世纪50年代主要种"鹰嘴"花生、"二洋"花生、"小鹰子""泡壳子"，藤蔓匍匐，生长期长，收挖迟。1957年引进南充"扯筇子"、金堂"深窝子"，藤蔓直立，果实集中，熟期早，收挖省工，河坝种植较多。70年代初引进山东伏花生和油果花生，熟期早、籽粒大、产量高，河坝区收后利于抢栽晚稻和其他晚秋作物。80年代引进"天府三号""海花一号"等，其中"天府三号"外壳光滑美观，籽粒饱满均匀，果实集中，便于收获，成为当家品种。

甘蔗 新中国成立前，种植面积不大，主要种植芦蔗和白甘蔗，20世纪60年代引种印度"290"，70年代"58-80"，种植较广。眉山县糖厂建立后，甘蔗面积扩大，先后引进并种植"川蔗"6、8、10号以及"67-323""71-710"。

【蔬菜】 以季节分为冬季蔬菜与夏季蔬菜，冬季多叶类，夏季多瓜类。

冬季蔬菜 冬季蔬菜主要有白菜、菠菜、青菜、莴笋，以及白萝卜、红萝卜、胡萝卜。

白菜 因其色白而命名，主要有瓢儿白、小白菜、大白菜。

青菜 因其色青而命名，产量很高，收获期很长，可以食用，也可以做泡菜或者加工成榨菜。

莴笋 又称莴苣，主要食用肉质嫩茎，可生食、凉拌、炒食或腌制，嫩叶也可食用。

白萝卜与红萝卜 白萝卜与红萝卜都是冬季主要蔬菜，产量很高，主要食用其硕大的块根。其中白萝卜炖、煮、炒、凉拌均可，而红萝卜主要用于做泡菜。另外还有大头菜、韭菜、芹菜等。

胡萝卜 胡萝卜别名红萝卜、丁香萝卜、黄萝卜等，是伞形二年生草本植物，以呈肉质的根作为蔬菜来食用。胡萝卜每100克鲜重含1.67~12.1毫克胡萝卜素，含量高于番茄的5~7倍。可抗癌，有地下"小人参"之称。可炒食、煮食、生吃、酱渍、腌制等，耐贮藏。因其产量高，且较白萝卜耐饥饿，因此中心村种植得较多。

夏季蔬菜 夏季蔬菜包括南瓜、冬瓜、黄瓜、苦瓜、丝瓜等瓜类，豇豆、四季豆等豆类，以及茄子、辣椒、番茄、莲藕、藤藤菜等。

南瓜 主要种植在地边上，其藤蔓则蔓延于地边陡坡，以提高光合作用。产量很高，瓜肉可以做蔬菜进行炒炖煮蒸，还可以混合稻米做成南瓜干饭或稀饭，混合玉米面、豌豆面做成搅团，是普通人家的主食。瓜子含油量高，营养丰富，是不错的零食。

冬瓜 因其耐储藏可以越冬而命名，与南瓜一样，主要种植在地边地坎上，其藤蔓则蔓延于地边陡坡，以提高光合作用。产量很高，瓜瓤、瓜肉可以炒炖煮蒸，但其充饥不如南瓜，因此种植量远不如南瓜多。

黄瓜 因其色黄而命名，20世纪50年代以前种植较少，属于较为娇贵的蔬菜，而今则很普遍。产量很高，瓜瓤瓜肉可以炒与凉拌，还可以腌制。

苦瓜 因其味道略苦而命名，多种植于地边地沟，需要搭架，或者与玉米等高秆作物套种，是夏天消暑去热的优质瓜类菜。食用方法主要是炒与凉拌，也可灌入肉与面粉蒸熟后吃，俗称"灌苦瓜"。

丝瓜 因瓜老后里面有丝络而命名，可以搭架牵引，也可以种植在地边地坎上，任藤蔓蔓延于地边陡坡，还可以与玉米等高秆作物套种，产量很高，瓜体可以炒或者做汤。

豇豆 藤本豆类蔬菜，20世纪80年代以前主要与高粱、玉米等高秆作物套种，也可搭架种植，采摘时间较长。其嫩荚可以或炒或煮，或煮后凉拌，或做泡菜，其种子可以炖着吃，营养丰富。

四季豆 学名菜豆，又名豆角、扁豆、芸豆、刀豆。一年四季都可种，故名四季豆。一般专门种植，需要搭架牵藤，采摘时间较短，其嫩荚可以炒或者煮，或煮后凉拌，或做泡菜，其种子可以炖着吃，营养丰富。

茄子 当地种植历史很长，产量较高，可以炒，或者烧熟蒸熟后凉拌。20世纪60年代以前种植较少，80年代引进新品种以后迅速增加。

辣椒 当地经济价值较高的蔬菜，原来的品种较为单一，多是长而尖的"牛角尖球椒"，味道较辣，主要用来做辣酱或者辣豆瓣，干辣椒可做辣椒面。后来引进了非常辣的"朝天椒"，菜椒引进则更晚。

番茄 番茄过去俗称洋辣椒，属近代引入的美洲品种，20世纪60年代以后引进中心村，但很少种植，如今种植普遍。

莲藕 当地种植较多的水生蔬菜，多种植在肥沃的水田或者较浅的水塘里，产量较高，经济价值也较高，可以生吃，也可以炒炖及凉拌。中心村20世纪50年代以前种植很少，集体化时期亦然，80年代以后因其经济价值可观而种植较多。

另有佐料葱、姜、蒜，当地也称香料，葱、蒜种植较多，几乎每家都种一些，应用较为普遍，用时才去采摘，而姜的种植则需要较强的技术性，因此主要由专业户种植。

【养殖业】

养猪 中心村第一养殖业。因务农必须养猪。种植业重要的条件是有肥料，肥料越充足越好，猪食用剩饭剩菜、废弃蔬菜与红薯藤叶等废物与红薯玉米等类粗粮，而后产生肥料。这是南方农家最重要的肥料，占总用肥量的

60%以上。养猪分为几类与几个阶段：养母猪（包括公猪，即种公猪）、育小猪、吊架子猪、育肥猪。一是养母猪，母猪为养猪之本，因此要精心选育母猪品种，耐心饲养母猪，平时喂粗饲料，乳育期间多喂精饲料，如此则小猪繁育数量多，生长良好，优良猪种也不断产生。二是育小猪易生病死亡，因此要精心照料，喂养精饲料，才能健壮无病。三是吊架子猪，断乳的小猪养育到几十斤、上百斤，这一阶段称为吊架子猪，主要喂养青饲料、粗饲料。四是育肥猪，将上百斤的架子猪喂养精饲料，迅速养成肥猪而后宰杀或出售。饲养方法分为野放与圈养两种，小猪野放比较多，小架子猪也可适当野放，其后则采取圈养，北方多用干燥的土圈，南方则多用木制猪圈，下面为有水的深坑，容纳猪的粪尿，称为粪凼，其肥料称为水肥或者水粪。猪饲料分为青饲料、干饲料、粗饲料、精饲料几种。青饲料即野外采摘的绿色饲料，包括蔬菜的下脚料、红薯藤与叶，以及其他猪可吃的野菜与野草，因此，农家儿童最重要的工作便是打猪草或者割猪草。现在多采用工厂饲料与农家饲料结合的喂养方式。现今，中心村采用大户承包的方式，实行专业合作社制度。2015年，濮朝刚兴办养猪场，养猪场占地面积计170多亩土地，养猪数量计3000~5000头，年收入近1000万。猪场猪粪循环处理，是天然农家肥，猪粪提供肥力，养殖业的兴盛提高了种植业的产量，形成了互补型发展。除濮朝刚外，中心村人伍玉珍采用集中养殖的方式发展养猪业。中心村大学生毕业后回村创业，也以养猪为业。中心村八组龚志明毕业于西南科技大学，毕业后回乡承包中心村三组土地，发展养猪业。

家禽养殖 主要为鸡、鸭、鹅、兔。鸡、鸭、鹅是中国最重要的家禽，养殖非常普遍。鸡、鸭、鹅相比较，养鸡不择地方，而养鸭、养鹅，尤其是养鸭则需要附近水田或水塘，因此养鸡最为普遍。养家禽的作用甚广，首先是实现废物废料转化，将家中废弃的菜叶、米糠等废物废料转化为禽类产品。其次是家禽本身的作用很多：一是提供禽蛋，以补充蛋白质之不足；二是提供肉食，以补充养猪之不足；三是出售禽蛋，是一般人家获取零用钱的重要途径之一。中心村还有肉兔养殖场，主要用于餐饮。

水产养殖。中心村有秦家河流经,还有小溪、山塘、平塘,水田945亩,鱼塘250亩。因此,水产十分丰富。主要水生动物有鲫鱼、鲤鱼、川子鱼、鲇鱼、乌鱼、泥鳅、黄鳝等鱼类,还有田螺、田蚌、青蛙、虾子等。在250亩鱼塘中,由个人承包的有40多亩。

中心村养殖业一览表

类型	性质	位置	产业类型	规模	用地规模	备注
养猪场	私人	大院子	生猪	年产3000头	6亩	
养猪场	私人	光山	生猪		12~13亩	由两个相邻的养猪场构成
养猪场	私人	一座坟	生猪			
肉兔养殖场	私人	集镇东部	肉兔		4亩	
水产养殖	私人	村内鱼塘	鱼		40亩	

【**林果业**】 中心村光照充足、降水丰富,长江流域所产水果都适宜在中心村种植。20世纪50年代以前,水果多种植在房屋附近、田边地坎,以及部分离家较近的荒坡上。主要种植的果树品种有柑橘、李子、猕猴桃、葡萄。

柑橘 唐时眉山有贡柑"眉州贡柑子",清以后发展成柑橘,种植广、品种多。1974年蒋文聪在思蒙镇南桥脐橙园中发现9号树早熟、丰产、质优,经乐山地区选种协作组鉴评,评为中选单株。经过不断嫁接、试种、定植,1985年在全县推广。该株系年抽梢3次,2月下旬发芽,4月上旬开花,10月上旬果实着色,11月中旬成熟,经中国农科院柑研所分析,每100克果汁含全糖9.86克、柠檬酸1.33克、维生素C 50.89毫克,可溶性固形物12.67%,最高13.2%,可食部分79.2%,色、香、味均超过原有品种。1985年参加全国优质农产品展评会,名列脐橙类第四名。20世纪70年代中期眉山从重庆中国柑研所引入少核锦橙嫁接繁殖,选优提纯,至1985年在白马铺乡杨塘九组果园选出8年生无核锦橙单株,经3年观察记载,该品种适应广泛,树体长势强健,较原少核锦橙丰产,果实椭圆呈腰鼓形,单果重180克左右,果顶小,囊瓣呈半圆式或长肾形,每果9至12瓣,无核,肉嫩化渣,汁多,可溶性固形物11%~13%,糖酸比为11:1,香味浓郁,可食部分75%以上。每100克果汁中含糖8至10克、维生素C 64毫克,甜酸适度,品质优良。1985年送省鉴评，名列锦橙第二名。柑橘是中心村种植面积最广、产量最大的水果，除以上品种，中心村还结合市场需求，先后种植了清见、不知火、春见、爱媛、沃柑等品种。为获取水果种植经验，中心村委负责人先后前往战旗村、明月村、青冈树村考察水果种植。目前中心村柑橘种植占林果业的90%，面积2600亩，人均收入在10万元以上的占全村种植柑橘农户的50%。

李子 因其易成活，技术含量低，种植较易。中心村现有李子100亩，每亩产三四千斤。中心村八组的龚天俊承包中心村三组土地，承包面积60~70亩，种植李子，年收入20万~30万。

猕猴桃 猕猴桃，也称奇异果。果形一般为椭圆状，早期外观呈黄褐色，成熟后呈红褐色，表皮覆盖浓密绒毛，果肉可食用。因猕猴喜食，故名猕猴桃，是一种品质鲜嫩、营养丰富、风味鲜美的水果。中心村种植猕猴桃仅几十亩，年产量约5000斤。

葡萄 葡萄属木质藤本植物，小枝圆柱形，有纵棱纹，无毛或被稀疏柔毛，叶卵圆形，圆锥花序密集或疏散，基部分枝发达，果实球形或椭圆形，花期4—5月，果期8—9月。葡萄为著名水果，生食或制葡萄干，并酿酒，酿酒后的酒脚可提酒石酸，根和藤药用能止呕、安胎。中心村种植葡萄的面积较小，仅几十亩。

农村经济体制改革

【土地改革】 1911年的辛亥革命虽然终结了中国长达2000多年的封建君主专制制度，却没有触动封建土地制度，地主和富农仍然占有大量土地，封建生产关系的基础没有发生动摇，加之随后而来的军阀混战与割据，以及连年战争，百姓仍处在水深火热之中。因此，新政权建立伊始的第一件大事便是在清匪反霸取得胜利之后，开展彻底的土地改革运动，以终结封建土地所有制。

眉山的土改分为四个时期：第一期，1951年2月21日至4月13日，由地、县机关干部，象耳乡农村积极分子100多人在伏龙乡、广济乡展开。第二期：1951年6月20日至9月30日，由地、县、区、乡干部，开明士绅，工商界人士，北京、重庆、成都等地知识分子共267人在石桥、松江、太和、崇礼、永寿等乡展开。第三期：1951年11月至1952年1月，由地、县、区、乡干部，在土地、家相、复盛、富牛、金花、太平、复兴、柳圣、思蒙、张坎、三洞、娴婆等乡展开。第四期：1952年2月12日至4月底，由地、县、区、乡干部，在镇江、回龙、尚义、白马、多悦、万胜、秦家、郑军、盘鳌、晋凤、修文、黄家、吴家、龙兴、崇仁、城关镇等乡镇展开。中心村隶属于秦家乡，土改的时间在1952年3月左右。每期土改分五步走：第一，放手发动群众。贯彻"依靠贫农、雇农，团结中农，中立富农，有步骤有分别地消灭封建剥削制度，发展农业生产"的土改总路线，宣传土改政策，开展反霸斗争。第二，划分阶级成分。第三，没收地主财产，征收富农财产。第四，查田评产，分配果实。第五，建政建团。

据1951年3月3日《眉山县第八区自然情况调查统计表》，秦家乡有17村，3673户；富户144，人口627人；总人口18363人，其中男性9335人，女性9028人；土地数46852亩，其中田41397亩，地5455亩；农协会员2246名，其中男性1468名，女性778名；人民武装310名；乡农协干部11人，全为男性；村农协干部207人，其中男性189人，女性18人；集场日期四、七、十。

【农业合作化】 所谓农业合作化，是指在中国共产党领导下，通过各种互助合作的形式，把以生产资料私有制为基础的个体农业经济，改造为以生产资料集体所有制或者公有制为基础的农业合作经济的过程，也就是平常所说的实现农业集体化的过程。土地改革之后，虽然所有佃户与长工都分得了土地，但半数以上贫农没有分得土地，而下中农的土地也很少，因此人多地少的矛盾依然存在。如果生产力不发展，加上天灾人祸，大多数分得土地与没分得土地的贫户不仅生活难以改善，而且有可能重新卖掉土地，再次沦为受剥削的佃户与长工，因此在土地改革之后，政府提倡互助合作，进而推行农业合作化。

1951年末,县委贯彻中共中央《关于农业生产互助合作的决议(草案)》,把土改后的农民组织起来,引上集体化道路,对农业进行社会主义改造。派出干部协助西南区农业劳动模范张玉山在家乡白马乡净居村试办起第一个互助组。1952年初,县春耕生产动员会介绍、推广,年底,全县办起临时性、季节性或常年性互助组5649个,入组农户占总农户的35.3%。互助组实行技术分工,评工记分付酬,劳动力得到合理使用。据统计,全县水稻产量比上年增产一成半。1953年,遵循"积极发展,稳步前进"方针,整顿巩固已建互助组,集训37乡的85名互助组长;落实"自愿、等价互利、民主管理"三大原则;建立健全管理制度。在整顿巩固基础上继续发展,年末全县办各类型互助组共7769个,入组农户占51.18%。1954年农村工作"开展以互助合作为中心的农业增产运动",互助组发展到9172个,入组农户占77.9%,出现两个以上互助组归并一处的新型联合组织809个。

1954年1月12日县委作出《关于试办农业生产合作社的计划》,抽调县区乡干部,以常年互助组组长或联组负责人为骨干,在石桥、白马两乡试办以土地入股、统一经营为特点的半社会主义性质的初级农业生产合作社(简称农业社),于1955年推广,至1956年底全县共办初级社716个,入社农户占总农户的92.7%。据统计,1955年粮食总产量17619万公斤,比1954年的17038万公斤增产3.4%;1956年总产18017.5万公斤,比上年增产2.3%。

1956年2月4日,试办起高灯、旭光、红光、骑江4个社会主义性质的高级农业生产合作社(开始称"集体农庄")。按照4个高级社的模式,迅速对全县的初级社进行"升、转、并",年底发展高级社155个,入社农户占47.6%。1957年底,建高级社865个,入社农户91776户,占总农户的98.7%。1957年粮食在新中国成立后第一次减产,总产由1956年的18017万公斤下降到17482万公斤,减少3%。

【人民公社】 1958年9月初,逐级传达中央《关于在农村建立人民公社问题的决议》，在干部中宣传"还是办人民公社好""可以把工农商学兵合在一起，便于领导""是指导农民加速社会主义建设，提前建成社会主义并逐步过渡到共产主义所必须采取的基本方针"。强调人民公社的优越性在于"一大二公"。县委在9月11日至15日的三级干部会上部署，在全县迅速成立人民公社。接着，由上而下，统一安排。1958年10月，撤销乡（镇）建制，成立人民公社，下辖管理区、生产队。原尚义、白马两乡合并为尚义公社，中心村属尚义公社。1959年7月，尚义公社分为尚义、白马、中心3公社。中心公社下辖11大队，分别为兴无、团结、反帝、反修、灭资、友爱、一江、丰收、抗美、援越、灯塔。兴无大队就是中心村。大队设党支部书记、生产大队长、大队会计，为大队管理政治、生产、财务的主要干部，其余还有副大队长、民兵连长、治保主任、妇女主任等干部，大队下面又分8个生产小队，简称生产队或队，各队设队长、会计、副队长（又称财务队长）3个主要干部。当时大队与生产队主要做三件事情：一是在公社的领导下以大队为单位进行生产与分配，组织农业生产"大跃进"；二是抽调部分青年男子支援工业建设；三是成立公共食堂。

【家庭联产承包】 1978年稍后的一段时间，有的地方曾短期推行过包产到组制度，但不久便实行家庭联产承包责任制，也就是俗称的"大包干"。十一届三中全会后，更是放宽农村经济政策，全面推行家庭联产承包责任制，允许农村存在多种经济成分，完全纠正了以前高度集中的管理体制和分配上的过度平均，或者平均主义。1981年，中心村正式推行"按人口分包粮田，商品经济搞'三专'（专业组、户、人）"的办法。当时对此政策表示衷心拥护的人占80%以上，其余20%则是不理解甚至怀疑的人，但表示反对的人极少。

中心村的包产到户包括以下内容：一是分掉大队的集体财产。二是分掉小队的田地与集体财产。集体财产包括小队所有的大型农具、耕牛、储备粮、保管室等。大型农具、耕牛折价分给一家或数家，储备粮按原有分配方案或者人口分，保管室则或者暂时留着，或者折价出卖而后分钱。

20世纪80年代的包产到户，改变了经营权与收入所有权，真正做到了小队范围内的"平均地权"，农村由此出现了一些新气象：一是粮食连年增产，至1985年达到最高水平，农民的收入与生活也是如此，温饱问题得到解决；二是在不遇大旱灾的前提下，旱地比水田增产快、产量高，其中下地增产最快，其产值甚至超过上地、上田；三是肥料与劳力都集中投到大田大地里，房屋周围的自留地不再是重点，"自留地经济"现象迅速消失；四是随着经营权的改变与所有权的部分改变，加上化肥、良种的推广，农作物蒿秆大大增加，柴火充足，林木随之逐渐增加，农村绿化程度迅速提高。

同时，中心村也存在一些新问题：一是土地开垦已尽。二是农业产量已达最高点，继续增产的速度有限。三是在公粮统购之外不断加收各种提留款，农民的负担不断提高。四是部分乡镇干部与村干部法律纪律规范不严，贪腐之风迅速发展，影响农村的发展与农民的生活。五是产量已达最高点，农业产出无盈余，而化肥农药种子的价格，以及教育、医药及其他服务费都不断提高，农民只解决了吃饱饭的问题，用钱问题则日益严重，已经出现上不起学、治不起病的现象。

【农村税费改革】 20世纪80年代后期农村各项提留逐渐增加，一直延续至2000年以后。同期全国粮食人均拥有量以1984年最高，为390.3公斤，中心村也大致同步。其后1985—1995年则进入了11年徘徊期，至1996年人均拥有412.2公斤，此后1997—2007年又进入了11年徘徊期，至2008年人均拥有398公斤，此后则逐年有所增加。这个统计数字是全国性的估产与估算，总趋势是北方以及能够使用大型机械耕种的地区大大增产，而南方，尤其是以丘陵山地为主的地区则粮食逐年减产，主要是土地大面积撂荒，也包括亩产降低。

为进一步减轻农民负担，规范农村收费行为，中央明确提出了对现行农村税费制度进行改革，并从 2001 年开始，逐步在部分省市进行试点、推广。其主要内容可以概括为："三取消、两调整、一改革。""三取消"，是指取消乡统筹和农村教育集资等专门向农民征收的行政事业性收费和政府性基金、集资；取消屠宰税；取消统一规定的劳动积累工和义务工。"两调整"，是指调整现行农业税政策和调整农业特产税政策。"一改革"，是指改革现行村提留征收使用办法。

农机农具

【植保脱粒】　　民国时期用手撒或麻布袋抖施草木灰、石灰、硫黄粉、泼浇土农药。1953 年施用六六六粉，推广手摇喷雾器。20 世纪 50 年代初，沿用传统的齿镰割稻、麦，用拌桶脱粒；油菜和胡豆豌豆多集中晒坝，用连枷或石滚碾压，用木制风车扬尘去壳，或用手拌，棒捶脱粒，筛簸扬尘去壳。1956 年示范木制打谷机，60 年代改为铁制手摇、脚踏打谷机。1971 年普及手摇脚踏打谷机，基本实现稻、麦脱粒半机械化。80 年代后，家庭联产承包到户，有农户开始使用木制拌桶脱粒。现在中心村主要以种植柑橘为主，打谷机已很少使用。

20 世纪 50 年代初依靠人力畜力，继续使用木犁、木耙、木杵、木棒，加铁制铧口、钉耙、套筒、锄头、镐头、秧铲等传统农具耕种。1954 年眉山县农场示范使用新式步犁、双轮单铧和双铧犁，圆盘耙，十行播种机。1955 年至今，开始逐步推广拖拉机，逐步推广农业机械化，现在中心村已基本实现机械化种植。

扶贫开发[①]

【贫困情况】 中心村属于非贫困地区的非贫困村，经过贫困对象精准识别和信息动态管理，2014年全村共识别建档立卡贫困户37户，94人。根据对全村入户走访、入户调查与多方摸底调查可知，身体残疾、大病、长期慢性疾病、精神病、缺乏劳动力、缺乏技能与思想懒惰等是导致中心村贫困的主要原因，物质贫困与能力贫困并存，脱贫开发任务较为突出。

【脱贫规划】 2014年以来，在镇党委和镇政府的坚强领导下，中心村村党支部和村委深入贯彻习近平总书记新时期扶贫开发和精准脱贫战略思想，全面落实中央和省、市、区关于实施脱贫攻坚工作系列决策部署，按照上级有关会议和文件精神，为如期全面建成小康社会，扎实抓好中心村的精准扶贫工作，始终把脱贫攻坚作为一项重大政治任务和头号民生工程，根据中心村的实际情况，因地制宜制定了专项年度脱贫规划，按照"一路二住三致富，关键要看群众认可度"的工作取向和路径，因户因人实施脱贫计划和扶贫专项实施方案，采取精准帮扶举措，大力推进基础设施项目建设、产业发展、人居环境改善与公共服务提升等重点工作。

【项目建设】 2012年党的十八大以来，中心村在脱贫开发项目建设方面——主要影响村民发展的基础建设方面开展了诸如道路修筑、自来水家家通、天然气户户通以及防洪沟渠等项目的建设。

一是道路建设项目的实施。2017年10月至12月，中心村利用国家补助的50万元，并集资80万元，将中心村所管辖的一组、三组、五组、七组的

[①] 本部分所记载的主要是21世纪以来特别是党的十八大以来眉山市东坡区尚义镇中心村的贫困情况及其致贫原因，针对中心村的贫困情况村委及上级政府所制定的脱贫规划及其执行情况，所开展的项目建设、产业发展、移民搬迁以及新农村建设的基本情况。

道路承包给筑路公司，至 2017 年底，修筑了 10 千米的村级公路，真正实现了公路户户通的工程，连通了全村所有村民小组及中心村与邻村之间的公路网络，解决了村民出行难的问题，方便了村民的生活出行及其所种植水果的运输和销售，打通了脱贫致富的交通大动脉。

二是完成了自来水户户通饮用水惠民工程。2018 年，中心村村委在乡村振兴这一大背景下，提出了实施自来水家家通工程，以解决村民的饮水安全卫生问题。中心村村委在上级政府的支持下，利用国家拨款，每户村民出资 1980 元，将自来水户户通安装项目承包给国有企业易民公司。截至 2019 年底，完成了自来水户户通这一项目计划，解决了中心村 718 户村民饮用水的供应与饮水安全问题。

三是完成了天然气户户通惠民工程项目的建设。2018 年，中心村在上级政府的支持与领导下，争取国家补助，再采取村民出资（每户出资 6200 元），将天然气户户通工程项目承包给民营企业中任天然公司，经过两年的建设，最终于 2019 年底完成了整个中心村 4.8 平方千米、718 户村民的天然气供气问题，极大地方便了村民的生活。

四是开展了防洪沟渠项目的建设。早在 20 世纪 90 年代中后期，中心村就完成了灌溉沟渠的修建，长达十余千米。2017—2019 年下半年，中心村在利用国家拨款 885 万元，又集资 55 万元的基础之上，修建了全村第一、二、五、六、七、八组的防洪沟渠和防洪道路，共计 17.9 千米长。这一项目的完工，对于预防和减少洪水灾害发挥了积极作用。

【产业发展】 在产业发展方面，中心村村委在上级党委、政府的领导下，因地制宜调整产业结构。具体为：巩固和加强农牧业的基础地位，大力发展果树种植与养殖等农牧支柱产业，以促进农村经济全面发展；大力发展旅游、养老养生产业，以带动餐饮娱乐、商业服务、交通运输等相关产业的发展，最终实现中心村的多维度发展，带领全村村民脱贫致富奔向小康。

首先，巩固农业基础地位，大力发展果树种植等支柱性产业。

针对中心村贫困户的实际情况，结合中心村的资源禀赋，中心村村委会提出了经济发展的新思路：一是抓好全村的支柱产业眉山脐橙的发展，使脐橙以产量高、品质优，畅销全国各地；二是根据市场需求，种植小水果，做到规模化种植，集约化经营，提高产量，增加品质；三是水稻、小麦、油菜以优质品种为主，强化管理，做到面积减少、产量不减。

1996年，中心村党支部书记李国全带领村干部、党员、村民代表、水果种植大户等先后到龙泉驿参观学习，引进了金蜜李、金花梨等新品种，经过5年，形成规模，年产果达到40万斤。2000年7月，党支部又带领全体村干部、部分党员和村民代表到眉山松江、张坎等村参观学习优质稻栽种技术。回来后，他们先后召开党员、村组干部、村民代表大会，进行宣传、组织、规划，并对资金、种子、树苗和农户的承包土地问题进行反复协调，当年11月又新引进种植丰水梨、藤梨、枇杷、葡萄等新品种，发展小水果约480亩。2012年以来，村党支部又带领村干部、党员代表、部分村民代表和种植大户到郫县战旗村、青杠树村，仁寿文峰村、水利村等地参观学习，引进了爱媛、猕猴桃等品种，经过8年多的发展，水果种植已经发展成中心村的支柱性产业，占比约为90%。中心村的果树种植以柑橘类为大宗，其种植面积为2860亩，小水果种植面积多达500余亩。柑橘类果树品种丰富，除传统的脐橙外，还有爱媛、春见、明日见、甘平等新品种。小水果品种多样，主要包括葡萄、李子、猕猴桃、梨、枇杷等类别。中心村村委通过带领村民发展水果种植这一主导性产业，实现每户达5万元的年均收入，实实在在地使农民实现了增收脱贫致富。

为了使村民更好地种植果树，实现增产增收，中心村村委十分重视服务和管理工作。一是村两委会坚持每年按季节坚持开展定期和不定期农业技术培训。每年印发技术资料2700多份，请眉山农校、区农业局、科农公司和本村有技术的种植大户讲课，参加人数每年都在2500人次以上。二是利用村务、组务公开栏进行技术宣传，并运用广播站宣传。三是搞科技示范，开现场会，让村民比一比、看一看，照着办。四是组织村组干部进行技术培训，组织党员、村民代表进行电教学习。要求村组干部懂得管理和种植栽培技术，指导村民生产，起好带头作用。五是组织农技服务队，由支部书记李国全任队长，经常深入各组、农户，传授肥水管理、病虫防治等技术，组织技术员帮助农户嫁接优质果树品种。

中心村平均每年产果400~450余万斤，产值是全村粮食、油菜产值的一倍多。随着水果产量大幅度递增，又给村党支部提出了一个新的课题：如何将这些产品销售出去，获得更好的效益？村支部通过实地考察与集体研讨多种方式，开动脑筋想办法，采取以下措施：一是运用引进来、走出去的销售方式，尽全力吸引外地客商，为外地客商提供一个良好的经营环境，使他们高兴而来，满意而归。利用村集镇和交通方便的优势，组织成立了水果销售批发市场。村专门成立了接待外地客商服务小组，切实做好服务，2001年有20多个省的客商住在村上购销。鼓励本村有能力的村民走出去，到全国各地销售产品。2001年本村已有10多个村民到北京、天津、上海、重庆、云南、西藏、浙江、海南、甘肃、河南、河北等地和越南等国销售脐橙，取得了可喜的效益。二是搞好产品加工。2000年初，他们通过走访调查了解市场，与个体老板罗喜良共同创办了集水果保鲜、打蜡、分级包装为一体的眉山中喜果品保鲜有限责任公司，投资50多万元修建厂房、库房、客商住房，购买分级保鲜打蜡机，每小时可分级、打蜡、包装水果6000斤；对水果进行产、供、销一条龙服务，仅2001年3个月包装销售水果近200万斤[①]。2004年以来，又相继成立了红源果业有限责任公司、忠新果业有限责任公司。近年来，中心村依靠这三家果业公司，年销售水果达6000万~7000万斤，将当地村民种植的水果销售到全国20多个省区，并解决了本村贫困户及附近村民的就业问题。

其次，建立专业合作社，指导农户（贫困户）发展种植与养殖业。

中心村自2015年以来，成立了种植、养殖专业合作社，通过提供政策服务与技术服务指导等方式，鼓励村民发展种植与养殖业。2015年，蒲朝刚在

---

① 刘真：《中国特产之乡创业纪实》，中央文献出版社，2004，第172—174页。本部分资料也来源于李国全书记的访谈录，2021-8-13。

中心村3组租了170多亩土地，开办了眉山市尚义镇中心村蒲氏养殖项目。该项目占地面积达4000平方米，项目投资1000万元，环保投资300万元。建有3栋猪舍，建筑面积达3700平方米；建造200平方米的仓库和沼液储存池共计5000平方米。其养猪年存栏量为2000头，年出栏量达3500头。其生活污水和猪粪尿以及冲栏废水混合后，进入储粪池，用于周围果树灌溉，猪粪尿以及冲栏水全部还田。村民伍玉珍在中心组五组租地发展养猪产业，年出栏量约为1000头。徐泽利于2016年1月在中心村3村成立了眉山市丰硕果蔬专业合作社，为当地社员提供水果、蔬菜种植、销售服务及相关技术服务。中心村村委会还鼓励大学生回乡创业，并为其回乡创业提供政策引领和贷款免息等指导服务。两名大学生在其指导下回乡创业，发展养殖、种植业。其中一名叫龚志敏，毕业于西南科技大学，回乡后在中心村八组承包土地建立养猪场，年养猪1000~2000头。另一名大学生叫龚天俊，毕业后在中心村三组承包土地60~70亩，发展脆李种植，年均收入达20万~30万元。

再次，大力发展旅游、养老养生业，带动餐饮服务等相关产业的发展，实现中心村的多维度发展。

中心村在促进完善农业升级的基础上，着力发展以孝、德文化为主的文化旅游产业链和"生态+旅游+养生"的复合型养老产业园；提高现代农业产业科技含量，实现一、三产业联动，形成农业生态体验观光、传统村落文化旅游、休闲养生养老产业园等特色产业链，以带动餐饮、商业服务等相关产业的发展，增加村民就业率，提高村民收入，实现中心村的多维度发展。

一是以极乐寺为核心，依托中心的自然环境和美德文化，发展中心村传统村落文化旅游。2015年以来，中心村逐渐完善极乐寺周边的配套设施。2017年修建了从极乐寺门口至工业大道之间宽达12米、长达5.43千米的柏油公路；对极乐寺周围1.2平方千米的步道进行美化，种植花草树木；对极乐寺内部进行美化，安装了彩灯。新建孝文化主题广场，完善了路标等旅游道路标识。2019年以前，成都、绵阳、乐山及周边县区来此旅游的游客多达40万人次。其中，仅春节这一天的游客就达10万人次，仅停车费收入就达1

万元以上，带动了相关餐饮、商贸、服务业的发展，进一步增加了村民的收入。

二是以中心村的农作物尤其是果树种植为基础，通过公司+基地+农户的模式，发展农业生态体验观光游。近年来，中心村致力于建设以优质脐橙为主导，集水果种植、农业观光与休闲旅游为一体的水果产业基地。中心村现已建成采摘认领家庭农场10家、开心农场1家、特色农家乐3家、主题民宿1家；建有观光采摘区、特色水果采摘区、李子园、猕猴桃园、大棚采摘区等园区，供游客体验采摘水果蔬菜的乐趣。此外，2019年，中心村在上级政府的带领与支持下，先后举办了2019年农耕文化节和秋收文化节，通过节事活动进一步带动中心村经济、文化与社会多方面的发展。

三是以中心村现有的一家养老院和老年协会为基础，依托中心村的自然环境和美德文化，利用中心村优越的地理位置，建设眉山及成都周边城市复合型养老产业区。中心村早在1999年就已建立一家养老院，解决了近20名老人的养老问题。此外，中心村还设立了老年协会，修建了尚礼广场，通过老年协会开展"怡亲""健康""养生""家庭教育"等活动，不断满足老年群体的物质生活与精神需求。

【移民搬迁】 中心村在上级党和政府的领导与支持下，精准把握"住上好房子"要求，响应国家政策，大力推进易地扶贫移民搬迁项目，并与城乡建设、美丽乡村建设相结合，将居住在偏远地区、生存环境恶劣地区的贫困人口纳入易地扶贫搬迁，着力解决其住房安全问题。2017—2018年，中心村共实施易地扶贫搬迁农户6户，按照国家补助，每户出资5000元的标准，将其搬迁至交通条例便利的地方，从而实现了其居住条件的改善与提升，真正做到了住房安全有保障。

【健康扶贫】 针对因病致贫的贫困户，采取健康扶贫的方式，有针对性地开展扶贫工作。具体为：实现贫困户与家庭医生签约服务全覆盖，开设贫困户患者就诊绿色通道；实施贫困户个人医疗报销比例不超过10%；统一为建档立卡贫困户购买医疗保险，城乡居民基本医疗保险参保率达到100%。

【新农村建设】　21世纪以来，中心村在上级党委和政府的领导和支持下，在基层党组织的带领下，实施三项工程，为新农村建设奠定基础；如火如荼地开展新农村硬件建设，大力推进"水美新村"建设，村容村貌焕然一新；注重村民教育，优化村民的素质结构，培养新农村建设的新型村民，形成文明村风。

首先，实施三项工程，为新农村建设夯实基础，通过基层党建引领乡村建设与发展。农村基层组织建设是建设社会主义新农村的基础和关键，眉山市东坡区尚义镇中心村在上级党委和政府的领导下，结合本村实际情况，通过推行农村干部素质工程、农村科技致富工程、基层组织规范化建设工程，在组织保障上为新农村建设夯实基础。一是实施农村干部素质工程。在选好配强村级班子特别是村党支部书记的基础上，加强村组干部教育培训，构建镇、村、组等培训网络体系，利用党校、农校、农业服务中心、科农公司等机构，组织全体村组干部进行分级培训，提升了村组干部在新农村建设工作中的能力和水平。二是推行农村科技致富工程。自2005年以来，眉山市东坡区就从区级部门、乡镇机关和大学生志愿者中选派优秀人才到村担任科技村官，通过科技村官传信息、送科技、讲技术、解难题，引导农民走科技致富之路。2005年，实现农民人均收入3696元，比上年增加310元[①]；2015年，实现农民人均收入11950.26元，较上年增加1250.26元[②]。通过建立各种种植、养殖"专合"组织，把党的组织工作拓展到农村产业链上，发挥"土专家""田秀才"特长，引导农民学科技、用科技。同时，通过利用农村党员干部远程教育网络平台与全村广播平台发挥其信息量大、速度快，特别是农村实用技术内容广泛等优势，及时组织农民学习，以信息化带动农业产业化

[①] 唐亚平：《东坡区"三项工程"为新农村打"基石"》，四川党的建设（农村版），2016（6）：46.
[②] 眉山日报，2016-3-20（17）.

和农村现代化。三是实施基层组织规范化建设工程。中心村严格遵照上级党委和政府的指示，实施推行"一制三化"运行机制（建立健全村党支部领导下的村民自治工作机制，实行支部工作规范化、村务工作法治化、民主监督程序化），严格规范中心村"两委"工作的开展。目前，全村"两委"关系、村组关系、组组关系都极为协调，有力地促进了新农村建设。

其次，大力推进"水美新村"建设，美化农村生活环境。近年来，尚义镇中心村充分发挥水资源在幸福美丽新村建设中的支撑和保障作用，坚持"人、水、村、业"配套，加快保障水安全、改善水生态、打造水景观、提升水文化，实现了"水净惠民、水美亲民、水韵扬民、水和安民"的水生态建设蓝图，成为"产水配套、农旅融合、康养旅居"的金名片。一是建设中心场镇污水处理厂及管网，现管网入户已全部完成。二是大力开展农户改水改厕、污水治理、扩建卫生厕所等，现都已全部完成并验收。三是实施三面光排洪沟渠项目：新建三面光排洪沟渠9724米，道路12347米已全部完成，占完成比例的100%。四是实施饮水安全项目，现完成710户家庭的饮水安全问题，占完成比例的100%。五是进行天然气安装到户项目，现已安装到户665户，已全部完成，占完成比例的100%。同时，中心村还根据自身水域优势，成功举办了"无漂流，不夏天"的尚义漂流等活动[①]。通过开展"水美新村"建设，中心村的村容村貌焕然一新，已经获批为四川省第六批省级历史文化名村。

再次，注重村民教育，优化村民的素质结构。一是重视提升村民的科学文化素养。村民是农业生产的主体，也是具体实施农业适用技术的主力军。提高村民的科学文化素养，是实施社会主义新农村建设和乡村振兴的关键。近年来，中心村为提升村民科学文化素养，发挥好新家村建设主力军的作用，采用多种途径，不断提升村民的科学文化等综合素养。一是走出去，参观学习先进地区的农业生产经验。自20世纪90年代以来，中心村村委不断派村

---

① http：//www.ms.gov.cn/info/4815/1096882.htm/2020-8-26.

干部、组长、党员、村民代表到龙泉、仁寿、郫县等地进行参观考察，学习借鉴这些地区发展农业的先进经验。二是大力开展中心村村民的科技培训教育。结合水果种植、生猪等家畜养殖，邀请农业科技专业人士对村民开展科技知识的培训，使村民真正掌握实用的农业种植、养殖等技术，并用于农业生产实践。三是注重村民的思想政治教育与家庭家风教育。近年来，中心村不断深入开展对村民的爱国主义教育、集体主义教育、社会主义教育、党史学习教育，引导村民爱国、爱党、爱人民、爱劳动、爱科学、爱社会主义，争做新时代中国特色社会主义的新型农民。同时，也注重农民的家庭家风教育，通过中心村老年协会、村民代表大会，引导村民重视对子女等后辈的家庭教育。通过教育，培养村民的集体主义观念、社会主义信念，形成开拓进取、诚实守信、敬老爱幼、互助互爱、见义勇为、讲究文明、尊重科学的文明村风。针对部分贫困户好吃懒做，在思想上懒惰，安排擅长沟通的联系干部对其进行帮扶，通过多次走访、多次交谈，让其在思想上，从被动脱贫变为主动脱贫，主动想办法增加家庭经济收入，杜绝了因扶贫政策的取消导致其返贫的风险。

总之，通过项目建设、产业帮扶、移民搬迁、健康扶贫、思想教育以及政策兜底等多种方式，2019年底中心村原37户贫困户已经全部实现了脱贫，中心村乡村自然与人居环境有了极大提升。

工商业

手工业

【对手工业社会主义改造】 1955年1月3日,眉山县成立对手工业社会主义改造领导小组,设办公室。在县级机关、公共事业单位抽调干部组成工作组,对城镇手工业进行调查;宣传个体手工业走合作化道路逐步改造成为社会主义集体经济的意义;组织手工业者学习班,学习党对手工业社会主义改造的方针。经过普遍发动,先办手工业供销生产小组,从供销方面把手工业者组织起来,向国有企业购买原料,推销产品,接受加工订货;针织、酿造、土纸、弹花、链纫等行业办成手工业供销生产合作社,按户入股缴纳股金,统一供销,分散生产,自负盈亏,工具设备仍归社员所有。年底,中心村多数组转为手工业生产合作社。主要生产资料归集体所有,统一经营和计算盈亏,有计划地进行生产,照章纳税,提取公积金和公益金,向主管部门缴纳各项基金,社员以工资和劳动分红形式按劳分配。1956年3月,中心村基本完成社会主义改造。

【竹藤棕编织】 在历史上,眉山编织品中的细篾扇享有盛名,多属农村副业。宋代已有特色,明代曾作为贡品,编织手艺流传至今。1949年以前油篓、竹椅、藤椅、棕刷、麻绳等生产均是个体手工业。1954年眉山成立竹器社,其中多户从事竹器、棕刷、藤椅等制作。1955年成立麻绳组。1957年改名麻绳社。1974年竹器社、麻绳社合并,改名竹棕藤器社。1980年改名竹藤制品厂。1983年8月麻绳社的社员从竹藤制品厂中退出,成立麻绳厂,从事尼龙绳等生产，1985年转向生产塑料食品袋。中心村原设有1家编织厂，现已不存在。现有1户村民从事竹编，主要采用自己种植的慈竹编织箩筐、背篼、簸箕、筲箕、水果篮子等平时生产生活用具，利用逢场赶集的日子拿到集市上去出售。

加工业

【水果包装】 水果包装就是让水果更好保鲜的一种包装方式，具有精品化、透明化、组合化、多样化等特点。城乡水果消费已出现买新吃鲜、少量多次的特点。而市场上的箱装水果多在10公斤以上，当然不符合大多数消费者的需求。针对这种特点，有些经销商推出3~5公斤包装，甚至更少。这些小包装水果备受消费者青睐，销售量成倍增长。其工艺流程为：选果→去萼片→洗果→消毒→淋洗→控水→摆盘→速冻→包装→冷藏。2001年5月16日，中心村成立眉山中喜果品保鲜有限公司，引入水果加工生产线，注册地位于东坡区尚义镇，法定代表人为罗喜良，注册资本400万。经营范围包括果品保鲜、储藏运销、包装打蜡（依法须经批准的项目，经相关部门批准后方可开展经营活动），眉山中喜果品保鲜有限公司具有1处分支机构。2006年，忠新果业成立，由蒲胜红与另外两名合伙人共同创办，最初投入资金160万，主要从事水果的包装、打蜡、储藏、保鲜、销售等工作，成为联系果农与果商之间的桥梁。2009年3月31日，眉山市红源果业专业合作社成立，注册地位于眉山市东坡区尚义镇中心村五组，法定代表人为刘献红，注册资本50万（元），经营范围包括为社员提供果树种植、果品销售及技术信息服务；为成员提供果品初加工、包装、运输服务。2018年1月25日，成立眉山市果味源水果种植专业合作社，注册地位于四川省眉山市东坡区尚义镇中心村4组4-13号，法定代表人为李孟繁，注册资本500万（元）。经营范围包括为成员提供水果种植、销售及相关技术服务。四家果业加工水果6000万~7000万斤水果，销往20余省，每年带动就业700人。同时，在水果采摘季节，到这四家水果包装公司从事临时工作的村民多时一天达700~800余人，村民收入高的可达200~300元/天，低的也可达到80元/天。通过兴办水果包装公司，充分利用闲散劳动力资源，发放工资300余万，极大提高了中心村民的收入水平。

水果包装车间

【水资源加工】　利用中心村周围的水资源优势，成立了靖源水厂。该厂位于中心村集镇南部，占地10亩。2010年开始修建，2011年正式投入生产，主要生产桶装自来水。在该公司工作的工人多达10余人，每年生产桶装自来水达到50万~100万桶，年盈利达100万元左右，主要销往成都、乐山、雅安、自贡等地区。

【劳保产品加工】　中心村成立了劳保加工厂。该劳保加工厂规模不大，是一个小作坊，2015年开始兴办，工作人员仅10余人。

【塑料颗粒厂】　中心村还有一家塑料颗粒厂，建立于2007年，位于中心村赵家祠堂的南部，占地达10亩，主要从事塑料颗粒的生产。2015年因环境保护建设而淘汰停办。

中心村现有加工企业统计表①

企业名称	性质	位置	产品类型	年产量	占地面积	备注
塑料颗粒厂	私营	赵家祠堂南部	塑料颗粒生产		10亩	2015淘汰
靖源水厂	私营	集镇南部	桶装自来水	50万桶	10亩	
中喜果业	私营	集镇东南部	水果包装，初加工		9亩	成立于2001年
忠新果业打蜡厂	私营	集镇中部	水果包装，初加工		9亩	成立于2006年
红原果业	私营	集镇东部	水果打蜡、分级、保鲜		10亩	成立于2009年
同济包装有限责任公司	私营	集镇中部	水果包装		9亩	1999年成立，2016年搬至永寿

运输业

【概况】 新中国成立前，中心村的运输主要是人畜力车运输，新中国成立以后，尤其是20世纪五六十年代，随着拖拉机的应用和推广，中心村也出现了拖拉机、汽车运输。目前，中心村在运输方面主要有短途的货运，运输的产品主要是水果。另外，还有两辆货车，主要是为拉萨运输汽油。客运方面，由秦家镇开往东坡区中铁医院的202路公交车经过中心村，全程21.8千米，票价1~5.5元，每20分钟一趟，方便村民出行。目前，中心村私家车上百辆，极大方便了村民的出行和运输需求。

【独轮车（鸡公车）】 木轮，有的套以铁箍，用手推。分平车和高车，平车载人，高车载物，能推200公斤左右。民国时期常有三五辆摆于场头镇尾或摊旁、道边招客揽货。新中国成立初自揽客货。1962年参加社会运输的鸡公车逐渐减少，1964年后少见。20世纪70年代中心村又有发展，多作为生产、生活上的自用运具。

【架架车】 辐条车圈套胶板带，用人力或畜力牵引，载货100~200公

---

① 尚义镇中心村村庄规划基础资料汇编，2015年3月，内部资料。

斤。1958年大办运输，中心公社有木轮架车多部。因载量较小、拖拉费劲，1973年后逐渐被淘汰。

架架车

【自行车】 中华民国二十二年（1933）遂宁人钟德福兄弟两个携车2辆到眉山县，在古纱縠行开店出租做修理。民国二十五年（1936）有4户相继开设租车店。自行车因代步、载物方便，城乡发展很快。20世纪70年代以前，自行车对中心村人来说还是一个稀罕物。改革开放以来，随着经济体制的改革、村民收入的提高，中心村大部分农户购买了自行车。

【拖拉机】 1958年眉山县农机局最先购进一台27型拖拉机，之后北门农场和部分公社相继购置几部农机。20世纪六七十年代，中心村尚无拖拉机。1979年后个人购置增多，活跃于乡村运输业。目前，拖拉机已被淘汰。

商贸业

【特点】 中心村的商业贸易主要表现在两个方面：一是流动的集市贸易。中心村1952年建政时属中心乡，"大跃进"时名叫中心公社。公社所在地为李店子，又名中心场。此地原是一个小集市，一条街，街的上段多姓集居，有焦、伍、梅等姓，取名中心场；下段全是姓李的，取名李店子。现已发展成中心村的街道。中心村自20世纪七八十年代以来，就形成了固定的逢场赶集日期。即每逢1、3、5、7、9，便是逢场赶集日。到逢场赶集的日子，中心村及附近的村民吃过早饭以后，就带上自家的土特农产品（鸡、鸭、蛋、蔬菜、水果、手工编织品）等到李店子、中心场赶集，把这些东西卖出去，再购买自己所需要的商品回家。二是固定的商铺（店）贸易。中心村现有从事商贸的个体户150家，其中，从事农药家资经营的商家有30余家；日用品超市达10余家，茶馆棋牌室10余家，另还有从事百货、服装、日杂商品销售的商户。

餐饮业

【概况】 餐饮业方面，中心村尚无星级酒店，现有徐李饭店、春伦饭店、李三饭店、顺风饭店、时光尽染饭店、毛老大饭店、伍记味味鲜食府、刘胜羊肉火锅、焦狗肉火锅、罗氏牛肉、豆花饭店、蒲鸭子等10余家餐馆，有陌上桑农家乐等3家农家乐。其中，陌上桑农家乐经营范围主要包括私房菜、主题民宿和下午茶。此外，还有一些规模较小的卤肉店、面馆、小茶馆等。其中，春伦饭店、徐李饭店、顺风饭店、焦狗肉火锅等始建于20世纪八九十年代，发展历史长达30余年。

建筑业

【概况】 中心村目前尚无建筑业，仅有少数从事建筑的工匠。中心村是一个保留着传统农耕村落特色的村子，20世纪70年代以前村民所需物品大多自给自足。村中从事建筑的手工业者为村民提供生活必需与服务，这些手工业者称为匠人，主要包括木匠、泥瓦匠等。

木 匠

【历史】 木匠也被称为"木工",作为一种古老的行业,有着悠久的历史和极其成熟的工艺。春秋时期,木工技术已经很完善,名工巧匠鲁班是当时的代表人物,亦成为后世木匠的祖师爷。木匠使用的工具包括墨斗一个、锯子两把以上、锉刀一两把、方圆凿子六七把、鲁班尺一把、推子(刨子)三个以上、大小斧头两把以上、按钻扯钻一个、钉锤一把、锛锄一把,共十几种工具,重三四十斤,能装一背篓。木匠的主要工作是修房造屋、制作家具与农具。技艺出众的领班木匠俗称"掌墨师"或大师傅,其徒弟与其他同行都要按掌墨师所画的墨线即设计图纸来制作与打造,不得差之分毫。木匠活分大活与小活两种,建造木结构新房行话称为"立房",是大活;而制造农具与家具等则是小活。

【仪式与规定】 农家修建新房是特大之事,立房上梁又是其中的关键,因此有一套特定的仪式与规定:一是上梁要选定吉日吉时,主家要给掌墨师准备红包一个、雄鸡一只,还有炒好的盐茶米、花生、核桃等,俗称"上梁礼"。拉梁木上梁时,要慢慢往房上拉,掌墨师则口念吉祥诗句:"上梁正遇紫微星,高照主人堂屋门。居住新房人丁旺,百代流芳子孙荣。"上好梁后,掌墨师在梁上向下面丢包子,供人哄抢,俗称"撒红",为的是喜庆热闹。木匠一边丢包子,一边大声诵念丢包子的口令(行业口令:七月耕地八月忙,麦儿还在土里长。正二三月麦干浆,磨坊受苦李三娘。白天挑水三百担,夜晚推磨大天光。头道面,白如银。二道面,白如霜。南京匠人请一个,北京匠人请一双。大的做了千千万,小的做了万万千。一抛抛上天,半天云里鲁班仙。一抛抛下地,地脉龙神领口气。敬你主人一个当朝,敬你两个二人结义,敬你三个三桃园,敬你四个四季发财,敬你五个五子登科,敬你六个六位高升,敬你七个七朵莲花,敬你八个八仙过海，敬你九个九九长寿，敬你十个十全十美，十一十二我不敬，留到主家祭栋梁）。丢包子时，哄抢的人越多越吉利，家宅越兴旺。木匠念完口令之后，主家就顺势把木匠的工钱递上。木匠接着念道："多谢财来承谢财，多谢祖宗荣华富贵。"亲友也于当日备礼庆贺，称为"贺梁"。这种上梁贺新居的习俗而今仍然保留着。修建其他建筑有时也要念吉祥顺口溜，如修猪圈，主人按例要备酒封红包，木匠坐在修好的猪圈内，一边饮酒，一边说："四四方方兴旺、财源广进。"

【中心村20世纪50年代以前的木匠】 20世纪50年代以前，中心村一带建木结构房屋者很少，专业木匠不多。当时主要从事一般农具和家具的制作，其从业者多系无田无地或田地很少的贫户，自耕农以上者很少。50年代以后，木匠以中心村七组的赵志全较为有名，他拜师学艺多年，大活、小活都能做，且带徒传承木工技艺。除了赵志全以外，七组的赵洪明和原中心村十组的廖万坤、龚成学也是远近闻名的木匠师傅。50年代至80年代，所建房屋多系土木结构，木工活较少，主要是做简易门窗与安放檩子和椽子，技术性要求不高，一般一个木匠几天就可以完成。因此，除上述几位木匠外，亦也有其他半路出家从事木工行业的业余木匠。业余木匠多数时间在家务农，空闲之时或者跟随师傅打下手，或者给人家做一般的家具、农具，或者自买木料做些小农具出售，以赚取一点零花钱。

【中心村20世纪80年代以后的木匠】 20世纪80年代以后，随着经济的逐渐发展，造房屋与做家具、农具者大大增加，木工行业进入繁荣阶段。不仅大量建造土木结构、砖木结构的房屋，以及制造大型的家具、农具，如柜子、风车等，还打造过去农村罕见的书案与衣柜。进入21世纪以后，市场经济的发展和机器的使用对传统木工工艺形成了巨大的冲击，木工行业与工艺发生了革命性变化，即绝大多数是流水线作业，且采用机器成型与制作，传统的木工工具已经失去了用武之地。赵志全等人虽然在外面做木工，甚至开家具厂，但他们已经不是传统的木匠，因此，传统木工工艺面临消失的可能。

泥瓦匠

【类型与要求】 泥瓦匠就是修建房屋时负责涂抹装饰墙壁与盖瓦的工匠，它包括两种工匠：一是泥水匠，后来也叫砖匠、泥水师傅、砖匠师傅。其称呼的改变可谓与时俱进，反映了时代的变迁和建筑材料的不变改进。二是瓦匠，瓦匠又可细分为盖瓦匠与烧瓦匠。二者区分明确，其中盖瓦匠往往会泥水工，泥水匠也多会盖瓦，因此便合称为泥瓦匠，不过一般不包括烧瓦匠，烧瓦匠又称为窑匠，专门建窑烧瓦或者烧砖。泥瓦匠亦尊鲁班为祖师。泥瓦匠之活有粗细之分。粗作主要为木结构房屋夹竹壁、糊泥壁、砌土砖墙，以及翻盖草房或瓦房。细作主要为房屋压脊以及塑造花鸟、虫鱼、龙凤等各种装饰物，具有较强的艺术性。泥水匠的工具比较简单，一般随身携带小锤子、水平尺、卷尺、泥铲、泥刀、线锤子各一件，而锄头、铲锹、水桶之类的粗重用具，则由主家提供。

【中心村房屋结构及其对泥瓦匠的要求】 中心村一带百年来的建筑先后有木结构、土木结构、砖木结构，最近20年则出现了砖混结构。对于木结构房屋，泥瓦匠主要负责夹竹壁、泥墙与盖瓦；土木结构房屋一般不用泥水匠，因为土墙用泥掌子掌平即可，只用盖瓦匠与土匠。砖木结构房屋，泥瓦匠主要负责砌砖、泥墙、盖瓦等。砖混结构房屋多只用泥水匠来砌砖、粉刷、平整装修地面，因此其名称改为砖匠（或砖工），即专门砌砖的工匠。四种结构对泥瓦匠的要求不一样。土木结构的房屋以栋梁为主的木架为主体，屋顶上面盖瓦，墙壁一般用竹块、竹片编织而成，上面涂上用稀泥搅拌着用稻谷壳、短谷草或牛粪的泥浆，关键在泥浆用料比例合理、干湿合理，涂抹平整即可，技术含量不高。砖木结构房屋20世纪50年代以前中心村没有，只有县城才有少量的平房或二三层楼房。砖木结构房屋对砖匠的要求很高,尤其是砌三层左右的高墙垛子与柱子。它要求砖匠既能看懂设计图纸,能按图施工,又要有丰富的砌高墙与高立柱的经验。其能力与经验首先是有极强的眼力,能判断线与面的水平性与垂直性,包括地面、地基的水平性与墙面的平整性,墙面、柱子线条的垂直性。工作时要一看、二撑、三平整。"看"即看水平面、看拉线、看地基线,以作出比较精准的判断;"撑"即所起墙壁砖块必须撑或者赶上前面的要求;"平整"是平面必须平整,为最后的修复工作。其次是心、眼与手相应。使用的力度均匀适当,具有较高的工艺水平,不然七八米以上的高墙就会凹凸不平甚至倾斜,而柱子也会倾斜甚至倒塌。现代框架结构房屋砖匠不砌柱子,砖墙高度多为三米以内,还有框架的限制与支撑,因此,对工匠的技术与工艺水平的要求有所降低。

瓦匠活,若只是盖瓦或翻瓦,中心村的成年男性村民一般都会,但20世纪50年代以前也有专门的翻瓦匠。当时都是平房,无论木结构或土木结构的房屋都要盖上小青瓦。这些青瓦盖得久了,尘土、枯枝、树叶等会堵塞瓦沟,致使雨水倒灌瓦缝而屋内漏雨,因此需要翻瓦。瓦匠的工作一是将屋顶的旧瓦揭下来,将屋梁、椽子用扫帚扫干净,除掉杂物,同时也清理掉旧瓦上的杂物;二是将旧瓦与新瓦盖上去,盖成鱼鳞鸳鸯形,俗称鸳鸯瓦。三是盖好以后,还要将瓦楞瓦檐重新做好。泥水匠多以石灰加剁断的麻筋作黏合剂,来处理房檐、枧水槽的缝口。盖瓦或翻瓦的技术主要体现在做房屋脊梁与合水上。所谓合水,即四合院、三合院两坡水汇合之处瓦的翻盖,因为两坡水汇合,盖不好则经常漏水,因此需要一定的技术。

【20世纪50年代以前中心村的泥瓦匠】 20世纪50年代以前,中心村多是木结构房屋和土木结构房屋,其泥水活与盖瓦,一般农村成年男性都会干,因此,即便是修建新房或翻瓦盖房也多是自己做,或者请邻居亲戚来帮工,只有富户才请专门的泥瓦匠来做,因此,当时的泥瓦匠很少。

【20世纪80年代以后中心村的泥瓦匠】 20世纪80年代以后,农村修建砖木结构房屋逐渐多起来,砌砖、上灰浆等都需要一定的技术,因此泥瓦匠迅速增加,其中,中心一组的陈军、中心村三组的王学堂和万国强等均为当地较为有名的泥水匠师傅。他们既会泥墙与盖瓦,也会砌砖,往往组建成工程队一起外出包工,修建小型砖木结构的农村房屋,或者到城镇承包泥水活。90年代以后,打工潮逐渐兴起,这些工匠也多步及中年,但也外出建造新式砖混结构楼房。其中,有的已经成为熟练的技术工,可以从事装饰等技术活,有的也成为建筑包工头,甚至成为建筑承包商。

村庄保护

风貌保护

【历史名村风貌及其构成】 历史文化名村风貌是村落本体和外界的自然、人文、环境，以及所蕴含的传统文化和人的活动的集合体，它是村落空间各构成要素及其与周边环境组合在一起给人的总体感受，是村落气质、底蕴等内在特性通过整体格局、街巷布局、建筑形式、景观设施等的外在展示，也是一个村庄历史、文化、社会发展程度的综合反映。因此，历史文化名村风貌是对一个历史文化名村的总体形象最有力的高度概括。历史文化名村风貌的构成要素一般包括两个方面：即物质形态的风貌和非物质形态的风貌。历史文化名村物质形态的风貌主要包括村落的历史遗迹、街巷、院落、河流、名木古树等。历史文化名村非物质形态的风貌要素主要关乎村落的社会生活、精神生活和文化生活等层面，是村落风貌内涵的重要组成部分，一般包括传统口头文学及其作为载体的语言，传统美术、书法、音乐、舞蹈、戏剧、曲艺、杂技，传统技艺、医药、历法，传统礼仪、节庆等民俗，传统体育和游艺以及其他非物质文化遗产等类别。

【中心村的风貌及其构成】 中心村位于眉山市东坡区尚义镇西部，距尚义镇6.8千米，西与秦家镇接壤，北邻多悦镇，东靠万冲村，南接新进村，是典型的川西南平坝聚集村落，西南地区最大的农村寺庙坐落于村落北部。整个中心村村域，辖区面积约456.88公顷。中心村的风貌包括物质形态与非物质形态两种类型。其中，物质文化形态的风貌主要包括极乐寺、赵家祠堂、李家祠堂、三元桥、古井、李店子街区与鹤尚路街区、李店子街区的 13 处优秀历史文化建筑、秦家河河流、古树、林盘、水塘。非物质文化形态的风貌主要包括正月元宵烧火龙，舞狮，以旗锣、四人花轿嫁女，街坊邻居吃九碗，川剧围鼓等民俗活动；推豆花、打草鞋等民间工艺；酒米饭、枕头粑、木榨油料、土灶酿酒等土特产品的传统制作工艺以及三元桥建设，私塾学校培育书画家龚梦生、县文科状元龚天贵，穷八家的由来，万阁老与陈娘娘的故事等民间传说。

【保护措施】一是依照相关法律法规，制定《尚义镇中心村历史文化传统村落保护规划》。依照《关于切实加强中国传统村落保护的指导意见》《眉山市东坡区区域新村建设总体规划》以及建设部和国家文物局颁布的《历史文化名城名镇名村保护条例》（2008），眉山市尚义镇委托第三方规划研究机构珠海规划研究设计院，通过对尚义镇中心村历史文化传统村落文物古迹及传统民居的实地调查，在详细考察古城历史变迁，综合分析古城自然、人文特征，深入挖掘地方文化特色的基础上，制定了《尚义镇中心村历史文化传统村落保护规划》。制定《中心村历史文化传统村落保护条例及实施细则》，从而为尚义镇中心村传统村落风貌保护和传承、利用提供了法律、政策保障。

二是建立尚义镇中心村历史文化传统村落保护的管理机制。建立起政府管理指导、村民主动参与的运行机制，组织"尚义镇中心村传统村落保护小组"，接受建设、文物行政主管部门的指导，负责管理，宣传保护，实施保护，给村落带来生机活力，给村民带来实惠，提高村民的认同感与参与度。对保护做出突出贡献的单位或个人给予物质奖励和精神鼓励；对违反条例者，给予严惩，或依照国家相关法律法规追究其法律责任。

三是划定眉山市尚义镇中心村历史文化传统村落的保护范围，对其实行分区分级保护。针对中心村历史文化传统村落风貌的整体格局与空间结构，按照整体控制、整体保护的原则，依据《中心村保护规划》，将中心村历史文化传统村落划分为核心保护区、建筑风貌控制区和环境协调发展区。

【核心保护区的范围与保护措施】　根据中心村历史沿革分析及建筑风貌分析，确定以极乐寺现状围墙为界，以现状极乐寺作为核心保护区，面积共4.74公顷。

核心保护区的保护要求及措施如下。

1. 严格保持区内建筑历史格局，不得任意对其改向、截断或缩短长度，不得任意改变其原有宽度。

2. 严格保持区内建筑之间的历史空间尺度、空间形态与空间轮廓。不允许任何突破历史空间尺度、改变历史空间形态、破坏历史空间轮廓的修建活动发生，对已造成破坏影响的超长、超高、超大的改建或新建建筑应进行整改或拆除，以恢复传统寺庙的历史风貌。

3. 严格保持区内建筑的历史风貌，保持其体量、造型、用材、色彩及装修的传统性。对保持较好的应予以常规性维护；对保持较差、有一定程度改变的应予以整饰、修复；对严重丧失历史风貌、已基本改变历史原状的则应进行重点整治或拆除后按历史风貌修复。

4. 建筑风貌控制。核心保护区内所有建筑应保持川西寺庙建筑质朴的风貌特色，其风貌要素控制为：①木穿斗结构或梁架结构，木柱脚下用石刻柱墩；②小青瓦屋面或青筒瓦屋面，坡屋顶，坡度1:2即五分水；③简洁的木花格窗、木板门及撑弓、吊瓜；④木作多为原木本色，或用熟褐色类油漆饰面；⑤台阶沿用川西所产砂石，造型质朴不加修饰。

5. 核心保护区内所有建筑及构筑物、景观小品严禁有以下因素出现：①金属门窗；②铝合金或塑料、塑钢和钢门窗；③瓷砖和马赛克墙面及地面；④陶瓷面砖花池；⑤铝合金或不锈钢栏杆；⑥石棉瓦、玻纤瓦、机制平瓦和任何色彩的琉璃瓦屋面；⑦石膏板等非木质吊顶；⑧霓虹灯及现代灯箱广告。

6. 修建活动控制。在极乐寺核心保护区内的各种修建性活动均应在各级政府的规划管理部门和文物、建设管理部门的指导和同意下进行，其建设性活动应以维修、整理、修复及内部更新为主。特殊情况下的较大建筑性活动和环境变化应由历史名镇和历史建筑保护专家严格评审通过后方可实施。

7. 核心保护区为眉山市级文物保护单位，各项修复建设工作应符合眉山市文物保护单位相关保护规定。

【建筑风貌控制区的范围与措施】 风貌控制区为核心保护区以外的第二圈层，即极乐寺外墙以外，东西两侧均以规划道路为界，北侧以中心村村界为界，及现状集镇两条街道外围30米以内的部分，其作为建设控制区，主要涵盖鹤尚路及李店子路两侧街巷区域，面积约16.35公顷。

建筑风貌控制区的保护要求与措施：

1. 风貌控制区内所有维修、改建和新建项目必须经传统村落保护管理机构和政府规划部门审查批准方可实施。

2. 风貌控制区内建筑层数限为3层。建筑物一层檐口高度控制为2.8~3.3米，二层檐口高度控制为6米。建筑檐口限高9米，屋脊或女儿墙应低于极乐寺圆通宝殿建筑高度。

3. 李店子路及鹤尚路应保持原有的空间尺度，地面铺装应逐渐恢复传统特色，采用麻石条铺砌；原有电线杆、有线电视天线等有碍观瞻之物应逐步转入地下或移位；街道小品（如果皮箱、公厕、标牌、广告、招牌、路灯等）应有地方传统特色，不宜采用现代城市做法。

4. 保护区内建筑应成片地维修恢复，保持原有空间形式及建筑格局，古井、古树及反映居民生活之特色庭院，应予以保留并清理恢复，不符合风貌要求的建筑应予以改造或拆除。

5. 传统民居建筑的建筑装饰、建筑形式应采用川西民居形式的坡顶青瓦白脊房，建筑门、窗、墙体、屋顶及其他细部必须严格按规划管理确定的当地传统民居特色细部做法执行。建筑功能主要为居住建筑或民居旅馆。建筑体量宜小不宜大，色彩以黑、白、灰为主色调；对任何不符合上述要求的新旧建筑必须搬迁和拆除，近期拆除有困难的都应改造其外观和色彩，以达到环境的统一，远期应搬迁和拆除。

6. 该范围内各种修建性活动应在规划管理部门指导并同意下进行。

【环境协调发展区的范围与保护措施】 为核心保护区和风貌控制区以外村庄建设及周边自然山体范围，面积467.45公顷。

环境协调发展的保护要求与措施：

1. 协调发展区是保护范围的外围圈层，其主要职能是协调社会经济发展和对保护区外的景观风貌差异起协调过渡作用。协调发展区允许基础配套设施的有计划新建，允许当地民居的必要维修、改建和有限制的扩建，但必须经过古镇保护管理机构和政府规划部门的审查和批准。

2. 协调发展区内的维修、改建和新建、扩建建筑，必须服从"体量小、色调淡雅、不高、不洋、不密、多留绿化"的原则，严禁修建与古镇川西乡土建筑风格冲突的异域风格建筑。

3. 协调发展区内，建筑以2~4层为宜。

4. 养老养生社区为中心村社会经济发展的主要区域，其建筑风貌应与村庄整体风貌协调统一。

5. 对中心村周边山体加以保护，加强生态绿化，建设生态林地，禁止任何破坏山体和植被的行为，逐步修复已破坏的植被，整治和拆除破坏环境、无历史价值、不符合景观风貌要求的现代建筑。外柱及壁柱漆栗色，墙面（包括夹壁墙和外立面砖墙）均白色抹灰，木门窗本色或栗色。

6. 视觉要求

（1）临街建筑屋面标高应保持与原街道传统建筑屋面标高的连续性，新建的建筑屋面至少应保证每三个开间以上为同一标高，不宜起伏变化太多。

（2）临街后部建筑无论采取哪种空间形态，其层高、层数及屋顶标高必须满足不影响街道行人的视觉效果。

（3）新建天井庭院内应施以绿化，以保证良好的生态环境和景观特色。

【建筑风貌保护】 2017年开始，中心村开始实施建筑风貌管控，先让村干部考察周边古镇，并将适合眉山尚义镇中心村的川西民居风格统一为本村住宅房屋的基本建筑样式。首先，加强对建筑工匠的培训与管理。组织本村的建筑工匠到村委会议室开会，让专门的建筑专家对其进行培训，统一建筑标准和形制。其次，组织村民、妇女代表和村民群众到本村考察修得比较好的川西民居建筑，以实现村民新建住宅风貌的统一。

【整体风貌保护】 依据中心村传统历史文化传统村落所拥有的自然资源与人文资源，在整体风貌保护方面突出其三大特色主题：一是"浅山碧水秀荫环抱之村"，突出中心村拥有优美的自然环境；"古井绿道德孝昌盛之地"，突出中心村的德孝文化底蕴，彰显人文气息浓厚的乡村氛围；"一蜿红墙听佛音，半亩青田耕神韵"，突出极乐寺为宗教文化地位，保护传承中心村自然山水的农耕文化生活。

在整体格局方面，为保护中心村的"山、村、水、田、宅院"的大空间格局，明确村域范围内的用地性质，严格控制开发建设。具体保护内容有：①根据蓝线、绿线控制区域，保护秦家河水系，中心村农田、农林、名木古树、塘堰、浅山等特色自然环境要素，维护中心村优美的自然风貌。②保护好以极乐寺为代表的各级文物保护单位。③保护好以李店子、鹤尚路为代表的传统街区。④保护好以郑来军居民为代表的重要历史建筑；保护好李家祠堂、赵家祠堂、三元桥等历史遗迹的重要信息。⑤保护传承了中心村的非物质文化遗产。

在总体结构方面：物质文化风貌与非物质文化风貌保护同步进行，在不影响核心历史文化遗产保护的前提下，加强对中心村的历史文化遗产的发掘、更新，并结合当代居民需求的利用，逐步形成中心村传统村落保护"两轴、三片、多节点"的总体结构。

在自然环境方面：保护中心村的水、田、塘、名木古树及其生态环境，秦家河水体、塘堰等水系。原则上临水建筑不得高于3层，建筑色彩以灰白色为主。村庄建设避免占有基本农田，确保村庄农田指标不减少，及发展观光农业、生态农业等，提高单位土地产值，促进基本农田保护。保护村庄内的大树，对年代久远的名木古树进行专门保护，严禁砍伐、截枝、搭建和损坏树木；鼓励居民在院落内进行绿化种植。周围推行河长制，加强对秦家河生态环境的治理与保护，加强对鱼塘、塘堰的生态化治理，对村庄内池塘进行定期清淤疏通，修复水体环境，保持水体清洁；减少地下水的开采力度，加强工厂企业生产的监管力度。

传统街区与历史建筑保护

【传统街区保护】　中心村传统街区位于村庄集镇处，分为李店子街区和鹤尚路街区。传统街区的价值不仅表现在单栋建筑中，其整体及环境是最有价值的保护对象，因此所保护的应是在特定的自然、文化背景下生成的包括整个传统街区保护区的建筑系统。同时也包括古街周边的自然和人为环境，如树木以及古树绿化等环境因素。李店子路及鹤尚路沿街建筑功能应以传统民居和传统商业建筑为主，鼓励发展传统商铺、茶肆和产商结合的手工作坊，建筑的门、窗、墙体、屋顶等形式应符合风貌要求，色彩控制为黑、白、灰及黄褐色、原木色，工艺上采用传统的工艺和做法。保持街道原有风貌格局，定期对街道进行清扫，保持街面干净整洁。

【优秀历史建筑保护】　中心村现有优秀历史建筑共计13处，这些建筑均为民居住房，均为一层建筑，其建筑时间早者建于20世纪50年代，迟者建于20世纪七八十年代；集中分布于中心村李店子街区。对这些民居建筑，按统一的建筑风貌与标准，进行了不同程度的修复性保护。

中心村优秀历史建筑汇总表

编号	名称	地址	建筑年代	房屋性质	层数	备注
01	郑来军	李店子 48 号	20 世纪 70 年代	民居	1	修复
02	郑子金	李店子 50 号	20 世纪 80 年代	民居	1	修复
03	郑子贵	李店子 52 号	20 世纪 80 年代	民居	1	修复
04	候全金	李店子 62、64 号	20 世纪 80 年代	民居	1	修复
05	黄现娥	李店子 66 号	20 世纪 80 年代	民居	1	修复
06	邹登文	李店子 59 号	20 世纪 70 年代	民居	1	修复
07	邹登弟	李店子 57 号	20 世纪 80 年代	民居	1	修复
08	马卫钢	李店子 61 号	20 世纪 80 年代	民居	1	修复
09	陈丽群	李店子 75 号	20 世纪 70 年代	民居	1	修复
10	邹霞	李店子 79 号	20 世纪 80 年代	民居	1	修复
11	岳玉福	李店子 95 号	20 世纪 80 年代	民居	1	修复
12	胥光中	李店子 114 号	20 世纪 50 年代	民居	1	修复

中心村老房子

环境保护

【保护措施】 在环境保护方面，东坡区尚义镇中心村在上级政府的领导下，通过对村民加强环境保护教育、兴建垃圾地库、加强生产生活垃圾的处理等措施，极大提升了村庄的环境面貌。

一是坚持开展环境保护宣传教育工作，帮助中心村村民树立正确的环境保护理念，积极参与环境保护与建设。每年4.22世界地球日、6.5世界环境日，眉山市尚义镇中心村都要组织开展多种形式的宣传活动，向村民宣传环境保护知识，提升村民的环保意识。2013年，中心村在眉山市东坡区尚义镇的领导下，与其他村一起，开展了环境宣传工作，通过制作宣传展板、分发宣传手册和环保袋等多种方式，向村民介绍环境保护的重要性与方法，提高了群众的环保意识；在辖区内的中学、小学校园，开展"小手牵大手，共创优环境"的城乡治理环保讲座，培养广大中小学生的环保意识。经过共同努力，2014年中心村所属的尚义镇获得眉山市城乡环境治理"十佳"乡镇。

二是加强对垃圾的处理。中心村在2006年以前建有垃圾池2个，2015年以来修建垃圾池20多个。实施乡村振兴以来，不再提倡修建垃圾池。2017年以来，修建垃圾库4个。中心村村委对村民进行垃圾分类教育，向村民分发垃圾分类桶，实行垃圾当日清理的制度。建立专门的垃圾清理队伍，有5名专业保洁员，2辆垃圾清运车。完善中心村村庄环卫系统，将垃圾分类，运至尚义镇垃圾处理厂进行处理。

三是加强对秦家河进行生态化治理，建设沿河生态带，与旅游活动结合发展，尽量采用自然岸线的方式，需要人工处理的防洪用护岸改用混凝土植草砖等植被可生长的工程做法。加强地表水用水管理，杜绝非法使用河湖水源；严格控制新建工业企业的审批，并做科学的污染影响预测。加强生物多样性保护，对受破坏山体进行植被恢复。

【优化产业结构】 结合中心村的自然资源与人文资源，优化其产业结构。在产业结构方面，以农业产业为基础，以粮食作物和水果种植为主，以小家禽、家畜养殖、个体商贸业为辅；第二产业主要发展以水果包装为主的加工业；第三产业主要发展集镇商贸业、文化旅游业与养老养生产业。

【改善环境风貌】 加强对中心村境域内主要道路的绿化美化。2016—

2017年，中心村发动村民在新四路、太保路中心段、眉秦路中心段的道路两旁栽种梅花树、桂花树、紫薇花、金盏菊，大大美化了中心村的乡村风貌。

物质文化遗产保护

【保护措施】 对中心村的物质文化遗产采取的保护措施主要表现为：一是配合文物部门开展物质文化遗产的普查与台账的登记等工作。经过文物部门的普查，眉山市东坡区尚义镇中心村有极乐寺1处市文物保护单位，李家祠堂、赵家祠堂2处历史文化遗址，三元桥和古井各3处现存人文遗产资源。二是对不同类别的物质文化遗产，采取分类保护的举措。

眉山市东坡区尚义镇中心村物质文化遗产汇总表

序号	名称	类别	数量	备注
1	极乐寺	文物保护单位	1	市级
2	赵家祠堂	历史遗址	1	赵家是村中为数不多不姓李的人家，但赵家人乐于助人且家教严格、品形端正，深受当地村民的喜爱
3	李家祠堂	历史遗址	1	民国时期被拆除。
4	古戏楼	历史遗址	1	严重损毁
5	下寨门遗址	历史遗址	1	严重损毁
6	三元桥	人文遗产	3	传说为李家"元"字辈三兄弟修建，三兄弟乐善好施做了很多好事，每座桥由三根条石构成，有"三生万物"之意。现已不存在，仅建桥石条存在
7	古井	人文遗产	3	保存完整

【文物古迹保护】 眉山市东坡区尚义镇中心村文物古迹保护主要是对极乐寺的保护。此外，也对赵家祠堂、李家祠堂、古戏楼、下寨门遗址等进行不同形式的保护传承；继续完善对三元桥和古井等现存人文遗产的保护与传承。

极乐寺

【沿革】 极乐寺原来叫麻依禅院，或称麻依院，建于清朝末年，位于眉山市东坡区以西18千米处，地处东坡区尚义镇中心村，据说是目前眉山市最为古老、宏伟、壮观的一座寺。

20世纪"文革"时期，人民群众积极响应"破四旧、立四新"的号召，撤庙宇、毁佛像，全国各地一切佛教活动都作为封建迷信予以取缔，麻依院亦不例其外，几乎遭到了毁灭性打击，所有殿堂被撤、塑像被毁，原有土地不是用作公房学校，便是用作民宅。

党的十一届三中全会后，佛教政策的落实，犹如一缕春风给各地佛教寺庙带来了无限生机。麻衣禅院信众聚集，不断修复扩建。从1978年开始修复山门，短短几年，善男信女不断增多，狭小的寺院很难容纳太多香客。为此，寺院开始扩建修复。他们首先搬迁了学校，随后又动员附近住户搬迁。土地有了，便开始修复。1982年投入资金6万元修了厨房；1985年开始重修大雄宝殿和左右厢房，总投资25万元。1985年开始塑释迦佛、海潮观音、阿难迦叶、十八罗汉；1990年又重修观音殿及观音殿两侧厢房，投资资金35万元左右。1992年又重修山门及新修弥勒殿和塑四大天王像，又投资20万元左右。至此，麻依院方初具规模，知名度越来越高，经上级主管部门批准，重新命名为"极乐寺"。1992年夏，由遍能和尚亲笔书写的"极乐寺"挂在了山门之上，麻依院便不复存在。随后，极乐寺又于1996年投资近10万元修了念佛堂，塑了西方三圣；1997年起开始历时3年修建圆通殿，2002年开始修建1250罗汉堂。

经过三个不同年代，历经三代掌门人的呕心沥血，靠着不断的积累发展，目前的极乐寺，有僧尼20余人，总面积约405公顷，其中建筑面积12500平方米，总价值4000余万元，可日接待游客上千人次，是眉山市最有名望、香火最盛的一座寺院，眉山、成都、绵阳及周边市县的游客和香客纷至沓来。

极乐寺

尤其是 2019 年 5 月和 10 月，中心村先后举办了农耕文化节、秋收文化节，使得极乐寺成为当时的重要文化景点，日接待游客将近 10 万人，而极乐寺素斋也成为一方民俗，每月的初一、十五，观音生日（2 月 19 日）、得道日（6 月 19 日）、出家日（9 月 19 日），当地村民、外地游客、信徒均会前来焚香祭拜，逐渐形成了当地的节会。

极乐寺

2006年，极乐寺被列为东坡区文物保护单位，现已经成功申报为眉山市文物保护单位。极乐寺在管理机制方面，由东坡区尚义镇、民宗局、统战部、眉山市佛教协会、眉山市文物管理部门等共同管理，共同保护。现今保存完整的有大雄宝殿、观音殿和山门，极乐寺属比丘尼寺院。近年来，完成了对极乐寺的复原维修及其内、外环境的整治与建筑空间的修复整饬，使其发展成为眉山市最古老的集旅游、观光、休闲为一体的综合性寺院。

【主要建筑】 来到寺门前，看见门前立有两对石狮，一大一小，一旧一新，寺门匾额是著名禅师遍能书写。寺门之内，即是天王殿，弥勒佛和四大金刚的塑像气势威武。天王殿之后是观音殿，再往后是大雄宝殿。大雄宝殿旁，还有西方三圣殿。

圆通宝殿 大雄宝殿后面，就是颇为气派的圆通宝殿。宝殿占地面积1000多平方米，楼高3层，四方龙角飞檐走兽，仿古逼真，宏伟壮观，内有高达16米的千手观音塑像，形象逼真，容貌慈祥而庄严。圆通宝殿的修建和塑像历时3年，耗资500万元左右，是目前四川境内最为宏伟、最具规模、最有参考价值的千手观音殿之一。圆通宝殿里面，供奉着四面千手观音。四面观音雕饰华美、雍容富贵、气度不凡，每一面观音手持不同法器，真正是千手千眼、千眼千臂的观世音菩萨。极乐寺四面千手观音的正面，两手各执宝戟，这是宝戟手，能辟除怨贼；左面千手观音双手执钺斧，是为钺斧手，能除一切磨难；右面千手观音双手执锡杖手，谓之锡杖手，代表慈悲覆护一切众生；背面

极乐寺千手千眼观音像

千手观音两手各执三股戟，据说叫作五股杵手，能降伏天魔外道。

罗汉堂　圆通宝殿左后方是罗汉堂。2002年开始修建罗汉堂，共占地4000平方米左右，历时4年，投入资金1000多万元。一般来说，比较大型的寺院才有罗汉堂。罗汉，是阿罗汉的简称，梵名（Arhat）。阿罗汉，即自觉者，在大乘佛教中罗汉低于佛、菩萨，为第三等，而在小乘佛教中罗汉则是修行所能达到的最高果位。佛教认为，获得罗汉这一果位即断尽一切烦恼，应受天人的供应，不再生死轮回。五百罗汉，通常是指佛陀在世时常随教化的大比丘众五百阿罗汉，或佛陀涅槃后，结集佛教经典的五百阿罗汉。印度古代惯用"五百""八万四千"等来形容众多的意思，因此，"五百罗汉"不一定就是五百，而且他们的名字也不是明确的。极乐寺罗汉堂，飞檐斗拱，古色古香，宏伟气派。内部构造是以罗汉阵为依据，呈"米"字形，有十六天井三十二巷道，井然有序。极乐寺罗汉堂内，塑有1250位罗汉。这些罗汉通常是剃发出家的比丘（和尚）形象，身着僧衣，简朴清净，反映现实中清修梵行、睿智安详的高僧德行。

极乐寺内庭

【**特色斋饭**】　按极乐寺规定，每逢农历初一、十五，是寺庙对外供应斋饭的时间。每到这个日子，附近信佛的善男信女们就会到寺庙里来吃斋饭，

极乐寺罗汉像

以表示对佛祖的诚意。斋饭，每人5元，有豆腐、苦瓜、茄子、豆角等小菜。吃完斋饭，各人得洗干净自己用餐的饭碗筷子。

【极乐寺文化旅游】 2015年以来，中心村对极乐寺周边的配套设施进行了完善。2017年修建了从极乐寺门口至工业大道之间宽达12米、长达5.43千米的柏油公路，并对极乐寺周围1.2平方千米的步道进行美化，种植花草树木，还在极乐寺内部安装了彩灯；新建孝文化主题广场，完善相关旅游道路标识。据统计，2019年以前，成都、绵阳、乐山及周边市县来极乐寺旅游的游客多达40万人次。其中，仅春节当天的游客就达10万人次，停车费收入多达1万元以上，带动了相关文化、餐饮、商贸、服务业的发展。

中心村结合本地农业资源优势，充分利用极乐寺这一文化品牌，以中心村的农作物尤其是果树种植为基础，通过公司+基地+农户的模式，发展农业生态体验观光游。近年来，中心村致力于建设以优质脐橙为主导，集水果种植、农业观光与休闲旅游为一体的水果产业基地。中心村现已建成采接认领家庭农场10家、开心农场1家、特色农家乐3家、主题民宿1家；建有观光采摘区、特色水果采摘区、大棚采摘区等园区，供游客体验采摘水果蔬菜的乐趣。此外，2019年，中心村在上级政府的带领与支持下，先后举办了2019年农耕文化节和秋收文化节，通过节事活动进一步带动中心村经济、文化与社会多方面的发展。

【保护措施】 极乐寺作为眉山市文物保护单位，应遵照《中华人民共和国文物保护法》《文物保护法实施细则》和《四川省文物保护管理办法》进行保护，遵循相应的保护原则。具体而言，应遵循以下保护原则。

1. 设立保护范围和建设控制地带，保护范围和建设控制地带经文化行政管理部门和规划行政管理部门共同划定后，按国家规定的审批权限办理。

2. 在文物保护单位的保护范围或建设控制地带内新建基本建设项目，要事先征得文化行政管理部门的同意，由文化行政管理部门参与建设项目选址以及有关文物保护设计方案的审核；文物保护和考古调查、勘探、发掘经费，列入建设工程投资预算。

3. 不准擅自拆除、改建、迁移地面文物。如有特殊需要的，属已公布为文物保护单位的，应按文物保护单位的级别，报经同级人民政府和上级文化行政管理部门同意；其他地面文物应报经当地区（市）、县人民政府和市文化行政管理部门同意。

4. 机关、部队、企业事业等单位使用、管理文物保护单位的，应切实做好文物的维修保护工作，并接受当地文化行政管理部门的监督和业务指导。维修保养工作应遵循不改变文物原状的原则；维修计划和方案，要经同级文化行政管理部门同意。

5. 文物建筑由使用者负责保护和维修，维修方案应先送市文化行政管理部门审核同意后，再按规定程序报批。

6. 任何使用者不得擅自改变文物建筑的原貌或拆除、移动文物建筑。确因城市建设需要迁建文物建筑的，应报经市人民政府批准。

7. 承担文物建筑维修或迁建工程的施工单位，必须具有相应资质等级，并由市文化行政管理部门组织有关部门和专家，依据工程的性质对其承接工程的条件进行确认。施工单位必须严格按照维修或迁建方案施工，接受市文化行政管理部门的监督。工程竣工后，由市建设行政管理部门会同市文化行政管理部门组织验收。

保护范围：划定极乐寺现有围墙以内及寺庙前区广场的区域为重点保护范围；重点保护范围外50米内为一般保护范围。

保护措施：重点保护范围内，非文物保护单位不得进行任何与该寺庙无关的新的工程建设，寺庙的维修，必须遵循《文物保护法》关于维修古建筑不得改变文物原状的原则，维修方案必须经有关部门批准；一般保护范围内修建新建筑和构筑物的设计方案，必须经东坡区文化主管部门同意，并经东坡区城乡建设规划部门批准，其形式、体量、色调等应与塔的环境气氛相协调，建筑物的高度不得超过10米。

赵家祠堂

【概况】 新中国成立前，中心村有两座祠堂遗址，分别是赵家祠堂和李家祠堂。赵家祠堂遗址位于中心村塑料颗粒厂北面，20世纪70年代还存在，后因旧城改造而不存在。但赵家祠堂遗留下来的"乐于助人、家教严格与品形端正"等族规家训，深受当地村民的喜爱。

李家祠堂

【概况】 李家祠堂建于清代晚期，每逢清明节期间，李氏族人均派代表前往李家祠堂参加清明会，集体崇宗祀祖，并相互之间交流感情，商讨国家与宗族大事。李氏宗祠三十代的排行字辈："亿万登银臣，先儒朝国春，元绍光宗茂，明阳定相辰，尚怀思载德，有远耀加邦。"[①] 20世纪60年代，赵

[①] 李氏宗祠三十代排行资料，来源于对前中心村党支部书记李国全的访谈，时间：2021-11-27上午，访谈人：吴会蓉、王燕飞、余华、樊洁。

家祠堂与李家祠堂已受损，今仅有历史遗址，存于中心村李店子街区。

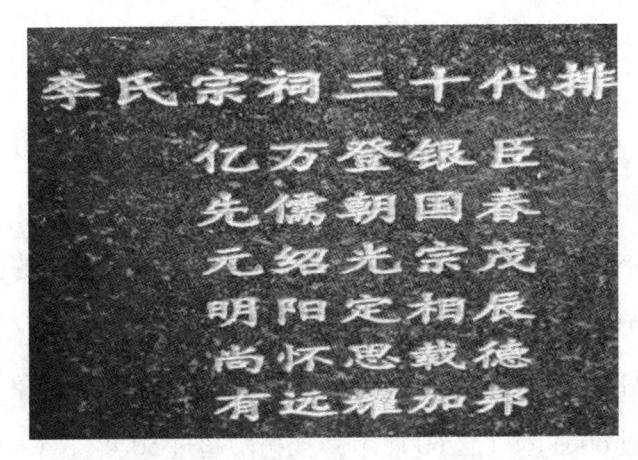

李志文碑文照片

(中心村前党支部书记李国全拍摄于2021年12月2日)

三元桥

【概况】 传说为李家"元"字辈三兄弟修建于清代，因此取名为三元桥，桥的形状为圆拱形。三兄弟生前较为富有，乐善好施做了很多好事，每座桥由三根条石构成，有"三生万物"之意。20世纪70年代因河道改变而拆，建桥的石条仍存在。

【保护措施】 赵家祠堂、李家祠堂现已不复存在，对其历史信息加以记录，载入方志，以备存查。对严重损毁的下寨门遗址与古戏楼，已经列入保护规划，拟对下寨门遗址进行复原维护，以纪念馆形式进行保护传承；拟根据历史记录对古戏楼进行异地重建，以纪念地或开展民俗活动的形式加以保护传承。继续加强对三元桥和三处古井等人文遗产资源的保护与传承，通过划定保护范围、树立说明标志牌以及列入中、小学乡村教材的方式进行保护和传承。

名木古树

【现状】 中心村现有名木古树16棵。其中，有3棵300年以上的黄葛古树，多集中在现集镇所在地，还有若干200年左右的古树（皂角树）散布在村域当中。中心村极其重视对名木古树的保护，其对古树的保护依照《城市古树名木保护办法》《四川省城市园林绿化条例》，结合尚义镇中心村的实际情况，遵循科学性、先进性、可操作性的原则。在保护对象上，中心村域范围内胸径超过60厘米（含60厘米）或树龄超过50年（含50年）的乔木，均被列为名木古树保护的对象；并规定了具体的保护范围为树冠垂直投影周边5米。在经费上，每棵古树年均保护经费达1500元，在古树上挂保护说明牌，并由林业局派专人负责保护。

【黄葛树】 黄葛树，别名黄桷树、大叶榕树、马尾榕、雀树，在佛经里被称为神圣的菩提树。旧时风俗，在我国西南一带，黄葛树只能在寺庙、公共场合才能种植，家庭很少种植。黄葛树属高大落叶乔木。其茎干粗壮，树形奇特，悬根露爪，蜿蜒交错，古态盎然。枝杈密集，大枝横伸，小枝斜出虬曲。树叶茂密，叶片油绿光亮。划上一刀，"伤口"会分泌出白色的黏糊糊的液体。花期5—8月，果期8—11月，果生于叶腋，球形，黄色或紫红色。黄葛树喜光，有气生根，具有顽强的生命力。生于疏林或溪边湿地，为阳性树种，喜温暖、高温湿润气候，耐旱而不耐寒，耐寒性比榕树稍强。它抗风，抗大气污染；耐瘠薄，对土质要求不严；生长迅速，萌发力强，易栽植，寿命长。

【皂角树】 皂角树，又名皂荚树、皂角等，是豆科皂荚属落叶乔木或小皂荚乔木，高可达30米；枝灰色至深褐色；刺粗壮，圆柱形，常分枝，多呈圆锥状。叶为一回羽状复叶，边缘具细锯齿，上面被短柔毛，下面中脉上稍被柔毛；网脉明显，在两面凸起；小叶柄被短柔毛。花杂性，黄白色，组成总状花序；花序腋生或顶生；雄花花瓣长圆形。荚果带状，劲直或扭曲，果肉稍厚，两面鼓起，弯曲作新月形，内无种子；果颈长1~3.5厘米；果瓣革质，褐棕色或红褐色，常被白色粉霜；种子多颗，棕色，光亮。花期3—5月；果期5—12月。皂角树生长于山坡林中或谷地、路旁，海拔自平地至2500米。常栽培于庭院或宅旁。木材坚硬，为车辆、家具用材；荚果煎汁可代肥皂用以洗涤丝毛织物；嫩芽油盐调食，其子煮熟糖渍可食。荚、子、刺均入药，有祛痰通窍、镇咳利尿、消肿排脓、杀虫治癣之效。

【保护措施】 包括以下八条。

（1）设立围栏，砌垒树池。围栏和树池一般要距树干3~4米。中心村古树由于树木根系延伸较长者，围栏外地面要做透气铺装。

（2）在古树周围进行建设施工，必须事先采取防护措施。在树冠垂直投影外2米范围内，禁止动土施工。

（3）在中心根系分布范围内，严禁设置厕所和污水渗沟。不准在树下堆放物料、沤肥和倾倒垃圾。

（4）不准在树体上打钉，缠绕铁丝、绳索，悬挂杂物，作为施工支撑点或固定点，严禁刻画树皮和攀折树枝。

（5）定期检查病虫害，及时进行防治。

（6）保护和恢复中心周边的自然生态环境，经常保持疏松湿润的土壤。根据土壤含水量多少决定浇水还是排水，为保持古树叶面清洁，在附着尘埃较多时要及时喷水淋洗叶面。在游人践踏严重、土壤板结的地方，可挖沟埋条，也可同时埋入腐土或腐熟圈肥。

（7）由于古树历经沧桑，土壤中养分含量极低，要每隔1~2年测定一次土壤养分状况。根据土壤养分状况决定施肥种类和数量。施肥要在距离树干8米左右处，于早春或秋后开沟施肥，或在树冠垂直投影外侧开穴施肥，肥料以腐土、绿肥及腐熟家禽粪便为主，切忌盲目施用化肥。

（8）凡树体不稳的植株应采取加固措施。因长年水土流失根系暴露、土层瘠薄的应在树池内填入腐殖质土，高大树木应安装避雷装置，树身的伤痕及空洞要及时修补。

非物质文化遗产保护

【非物质文化遗产挖掘】 中心村历史悠久，乡风民俗源远流长，至今尚保存一系列古风浓郁的传统民俗、民间工艺、土特产品与民间传说。通过调查摸底与深入挖掘，发现中心村拥有的非物质文化遗产主要有四大类别20种，现将这些非物质文化遗产的类别、名称、所属地区等列表汇总如下。

眉山市东坡区尚义镇中心村非物质文化遗产名录汇总表

序号	项目类别	非遗名称	所属地区	备注
1	传统民俗	正月元宵烧火龙	尚义镇中心村	未定级
2		舞狮（狮子灯）	尚义镇中心村	未定级
3		旗锣、四人花轿嫁女，街坊邻居吃九碗	尚义镇中心村	未定级
4		川剧围鼓	尚义镇中心村	未定级
5		灯戏	尚义镇中心村	未定级
6		板凳戏	尚义镇中心村	未定级
7		清明会	尚义镇中心村	未定级
8		极乐寺三十、初一朝拜会	尚义镇中心村	未定级
9		农耕文化节	尚义镇中心村	未定级
10	传统民间工艺	推豆花	尚义镇中心村	未定级
11		打草鞋	尚义镇中心村	未定级
12	土特产品制作技艺	酒米饭	尚义镇中心村	未定级
13		枕头粑	尚义镇中心村	未定级
14		木榨油料	尚义镇中心村	未定级
15		土灶酒酿	尚义镇中心村	未定级
16		中心蒿蒿粑	尚义镇中心村	未定级

续表

序号	项目类别	非遗名称	所属地区	备注
17	民间文学	蒲陈氏矢志守节	尚义镇中心村	未定级
18		三口古井传说	尚义镇中心村	未定级
19		三元桥建设	尚义镇中心村	未定级
20		私塾学校培育书画家龚梦生，县文科状元龚天贵	尚义镇中心村	未定级
21		穷八家的由来	尚义镇中心村	未定级
22		万阁老与陈娘娘的故事	尚义镇中心村	未定级

推豆花

【历史】 推豆花又称磨豆花，流行于20世纪70年代以前中心村所在眉山地区一带。每到逢年过节之际，中心村一带便有推豆花的习俗；或者临时来了客人，又买不到肉，推豆花待客便成为那时流行的方式。因豆花的制作过程主要是靠"推（磨）"或"点"，因此称为推豆花、磨豆花或点豆花。

【制作工艺】 推豆花的制作工艺需要七八道工序。一曰"泡"，即提前几个钟头把经过精选的黄豆浸泡于冷水之中，让它充分吸收水分而发胀。一般以泡胀后的豆子体积增大一倍左右为度。二曰"推"（或"磨"），按照水与豆2∶1的比例，将泡胀后的黄豆和水放在石磨孔中，用人工推磨的方式细细碾磨黄豆，将黄豆磨成豆浆。三曰"熬"，将豆浆倒入锅中生火熬煮。为了防止熬沸后豆浆产生大量泡沫而溢出锅外，可在生豆浆下锅前先放入少许菜油，以起到"散泡"的作用。须熬至满锅的豆泡散尽、豆浆滚沸为止。四曰"榨"，四川方言叫"沥"，做法是预先准备一个足以容纳全部豆浆的纱布口袋，然后将豆浆悉数舀入其中，再将一个"井"字形状的木制架子置于铁锅之上，用手或木棒两人各执一端用力压榨，使豆浆流入锅内，豆渣则留在布袋内。五曰"点"，这是促使豆浆发生化学变化的一道重要工序。传统的方法是用适量的胆水（盐卤）倒入锅内起催化、凝浆作用，也可以不用胆水代之以熟石膏，最简便的方法是用粉笔（粉笔是石膏制品），一般每斤黄豆用一小块熟石膏或者三四锭粉笔即为适度。先将石膏或粉笔放在碗里舂烂，加水调匀成糊状，再稀释为浆，边滴入锅中边用勺子搅动锅中的豆浆，朝同一方向慢慢搅动为宜，以免将豆浆搅烂。豆浆在石膏催化之下渐渐凝合为软状的整块。石膏与豆浆的比例至关重要，多了则豆花太"老"，少了则豆花太"嫩"，检验的方法是用筷子插入锅中，以筷子直立不倒为最佳比例。点化，化浆为"花"，点豆花的过程决定豆花的品质。六曰"焖"，是加上锅盖，下用文火，三五分钟即可。然后揭开锅盖，用篾制的筲箕滤去多余的水，剩下的豆汁水刚好能淹着豆花。七曰"煮"，此时须添柴加火，煮熟豆花。但火力只可略大于文火，以防豆花煮烂；以豆汁水煮沸为度。最后一道工序则为佐料的配制。中心村有句俗话"豆花离不开海椒水"。海椒水即以辣椒为主配制的佐料，它是为白色素味的豆花添香加辣的重要一环。佐料的基本原料是辣椒豆瓣，先将辣椒舂细和匀，俗称"糍粑海椒"，然后掺入炒熟舂碎的花生米、黄豆、芝麻、葱花、藿香、香菜、味精，还可根据各人口味放入少量盐、醋、糖。佐料另碟放置，不与豆花掺和，食用时再根据各人所需将二者调和一起。豆花发展至今，已经成为一道传统的民间技艺，其花式已经越来越多，有肥肠豆花、鸡豆花、肉豆花等。在推豆花的制作过程中，也留下了反映其制作工艺的民谣《推豆花》，现录入本志之中，以示传承：

推豆腐，真辛苦，又推又滤还要煮。卤水点，木箱装，做了一箱又一箱。价钱少，营养好，大家吃后忘不了。

打草鞋

【历史】 打草鞋是起源于农耕时代的一门手艺，延续若干世纪。草鞋最早的名字叫"扉"，相传为黄帝的臣子不则所创造。由于以草作材料，非常经济,平民百姓都能自备。汉代时草鞋被称为"不借",据《五总志》一书的解释是:"不借,草履也,谓其所用,人人均有,不待假借,故名不借。"草鞋因为是用草所编织,故而后来,人们直接叫其草鞋了。草鞋既利水,又透气,轻便,柔软,防滑,而且十分廉价,还有按摩保健作用。其编织材料各种各样,有稻草、牛马藤、竹麻,甚至装肥料的尼龙口袋一度也被拆下来当打草鞋的原材料。直至20世纪六七十年代,草鞋还是中心村村民劳作时的必需品,打草鞋是当地老百姓基本的生活技能之一。

【打草鞋的制作工艺】 打草鞋的制作工艺包括以下几道程序:一是选稻草:必须用糯谷的稻秆,韧性好,耐磨,是做草鞋的好原料。二是用木榔槌敲稻草,一人把稻草,一人用木榔槌敲,把稻草的人要麻利,一边敲一边翻。三是搓草鞋绳:用络麻丝搓成粗细合适的鞋绳。四是编织:有一种专门用来打草鞋的工具,是一块有许多木齿的木条,一端用绳子系在柱子上,一端系在自己的腰间。把六根鞋绳在木条的齿上拉好,再用稻草一边搓一边在鞋绳之间缠绕,先从鞋尖编起,根据鞋的宽度需要变化木齿的宽窄。绕到一手掌长时放鞋扣(系草鞋绳的疙瘩),最后编鞋后跟,剩余的鞋绳正好用来做鞋后跟的襻带,就完成了。五是捶打:草鞋做好后要经过小木榔头捶打才能穿。

打草鞋

【打草鞋的民谣】 打草鞋的活儿并不累，男人女人都可以做。许多有小媳妇儿的人家，都把打草鞋的活儿给她做。以前农村人还有句谚语叫"正月抓下牌，二月打草鞋"，也就是说，正月里有空可以玩玩牌，到了二月，家家户户都要开始打草鞋了。一般要在二月里做好一年全家人要穿的草鞋。其他月份就要忙农活，没时间去做了。打草鞋亦留下了一些民谣，现摘录如下：草鞋四股筋，左搓右搓，越打越伤心。买米下锅，打到三十晚，一天不搓，一身烂襟襟，饿成焉哥。

酒米饭

【酒米饭】 酒米饭，也称"糯米饭"，是眉山尚义镇中心村当地一种美食，有甜、咸两种。其制作方法如下：将糯米淘洗干净倒入开水锅中，用铲子不停地铲动，至米粒半硬心时用筲箕滤去米汤，倒入木甑中蒸熟或直接倒入锅中用文火烘。一般先在锅中将肉丁炒熟，放适量猪油、盐、花椒，上面放糯米饭，烘熟后拌匀，即成椒盐酒米饭；加入嫩豌豆米或红豆米的则称"豌豆酒米饭""红豆酒米饭"。糯米饭中不用盐、花椒，只加入黄、白糖，可做成甜糯米饭。还有"八宝酒米饭"（俗称"甜烧白""夹砂锅儿"），是办"九碗"时的一道小食，其做法是糯米饭中加入苡仁、百合、枸杞、大枣、果脯，拌以猪油、红糖，再将7分熟的肥猪肉切成长4厘米、宽3厘米的夹片，中夹"喜沙"（红豆煮熟加糖拌猪油制成膏状），8片肉夹分别排于碗底一圈后装上拌匀的糯米饭，上笼蒸熟后翻扣于盘中，半透明的肉夹着深绛色的喜沙，肥而不腻，香味扑鼻，男女老少都爱食用。

枕头粑

【枕头粑】 枕头粑俗称"大粑"。用糯米三成、籼米两成混合淘净，泡涨后用石磨磨成浆，装入布袋吊干水后成湿润粉子，将其搓成长约25厘米、宽10厘米的枕头状，用粑叶包好上笼蒸熟，晾冷后放入盛有清水的缸内浸泡储存，食用时取出切成片状，在锅内加油炒软后拌糖食用。一般过年之际，中心村村民有做枕头粑待客或送亲朋好友的习俗。

木榨油料

【沿革】　木榨油料，亦名手工榨油，即通过特殊的工具，把油菜籽中的油提取出来的传统技艺。这木榨油料的方法，在中国早已存在。北魏贾思勰的《齐民要术》中，即有压榨取油的记载。元代《王祯农书》、明代《天工开物》和《农政全书》中，都有榨油方法的记载。木榨油料在中心村地区始于何时，已无从考证。

【工序】　木榨油料主要包括以下几道工序：一是去杂，将油菜籽中的杂质用筛子、风箱等工具去除。二是炒燥，将油菜籽倒入大镬内加热，除去油菜籽中的湿气。炒时要均匀，不得燥焦。三是碾磨，工人先用普通石磨将油菜籽磨碎，再用牛拉动石碾（比普通碾子大一倍多，碾饼2米高，碾子圆盘直径约6米）将油菜籽研细。四是上蒸，把石碾上碾细的油菜籽末上蒸压饼（各种材料用各种蒸笼），在地灶上蒸。五是上车压榨，把蒸好的油菜籽末用竹箍稻草压结实，包成饼状后，上油车压榨。上油车时，先将油菜籽饼放入油车中，用木榔头将木楔块在前中后各部位打入，再用木楔逐渐加压，并改用30斤重的石榔头打，使之越打越紧，将油菜籽中的油压挤出来。油车下面装有油槽，油从油槽流入下面的小油缸（约可储40斤）。经过打压，直至油菜籽中没有油流出来为止。打油是一种力气活，劳动强度非常大，在打油过程中打油工常常哼唱号令，以振奋精神。每车打油时间大约20分钟。食用手工榨出的油，清香、味纯。榨后的菜饼可以作为肥料和饲料，青油可用于点灯，白油可加工成蜡烛等。按照当地习俗，油车开动前要举行"烧车福"仪式。祭拜车公车婆，祈祷保佑油车运转过程平安顺利，产出更多更好的油。手工榨油的主要工具是榨油机，这种榨油机叫作"卧式楔子榨油机"。

在榨膛中装好油饼后，在油饼的一侧塞进木块，然后用木榔头、石榔头撞击木块之间的一个三角形楔块。随着楔块被打入榨膛，榨膛中横放的木块会对油饼产生挤压的力量。榨油机可以榨花生、油菜籽、棉籽、柏树籽等油料，一天一夜能榨出数百斤油。除了榨油机，手工榨油还需要其他辅助工具，如石磨、牛、石碾、木油车、地灶、大镬、蒸笼、木榔头、石榔头等。20世纪七八十年代随着机器榨油设备的推广，效率低下的木榨油料逐渐被机器榨油所取代。

土灶酿酒

【土灶酿酒】　眉山尚义镇中心村过去还有一种土灶酿酒技艺，主要以粮食如大米、玉米为原料，配上酒曲。一般酿酒头天要把粮食用水泡好，凌晨2点多要起床将泡好的粮食放到甑子上蒸，蒸好后冷却到一定温度开始上酒曲发酵，发酵过程中需要随时测量温度，让温度稳定在28度至32度后，就放进发酵池内。从发酵池中将发酵好的原料放到甑子里，用自制密封袋将甑子周围压平后，盖上锅盖，四周用大石头压住。制酒料放入甑子里后开始加温，约半小时蒸汽上来就可出酒了。20世纪90年代以后，随着先进酿酒技术的采用，土灶酿酒逐渐淡出历史舞台。

中心蒿蒿粑

【中心蒿蒿粑】　蒿蒿粑是眉山尚义镇中心村一带的传统小吃，有着近百年的历史。一般在清明节前后有制作与食用蒿蒿粑的习俗。其正宗做法有两种：一种是用酒米（糯米）加上青蒿，用石磨推成浆，放在白布口袋里过滤后，加粮揉均匀，做成小个的椭圆饼形状，放在蒸笼里猛火蒸熟即可。另一种是将蒿蒿用刀切碎，加上糯米粉，加糖做成。蒿蒿粑颜色青绿、气味清香，是一道节令美食，中心村吃蒿蒿粑过清明的习俗传承至今。其制作技艺已属于当地的非物质文化遗产之一。

非物质文化遗产保护与传承

【保护与传承措施】 中心村非物质文化遗产的保护与传承要遵照"保护为主、抢救第一、合理利用、传承发展"的原则，正确处理保护和利用的关系，坚持非物质文化遗产保护的真实性和整体性，在有效保护的前提下合理利用，防止对非物质文化遗产的误解、歪曲和滥用。在科学认定的基础上，采取有力措施，使非物质文化遗产在全社会得到确认、尊重和弘扬。

中心村传统非物质文化保护主要采取政府牵头、社团赞助、公众参与相结合的保护机制，发挥社会各界力量，共同致力于非遗的保护与传承。各种民间工艺和传统技艺宜采取家庭亲族的自然传授与民间社团的集体培训相结合的传承方法，使之相互推动、保持活力。政府积极支持保护和传承民俗文化，还将特色民俗文化培育为文化产业，使之与旅游经济发展密切结合。

教育科技

教 育

【发展历程及特点】 新中国成立前,中心村并无学校。直到1949年才建立了中心小学。新中国成立以后,先后出现了夜校、扫盲、农校。20世纪50年代初,正值土地改革时期,为了扫盲教育与发动群众,中心村办起了农民夜校,由小学老师上识字课,土改工作队人员负责宣讲土地改革政策。此后夜校多于每年冬春之际开办,故称"冬学"。其后乡里对农民夜校进行了整顿,由小学主办改为农业合作社主办,改冬春学习为农闲多学、农忙少学、大忙之后放假的常年学;教员实行以民教民,义务办学,办学质量有所提高。80年代以后,随着农村经济的发展,农民种植了成片的桑树、柑橘树等,但技术不甚过关,管理也不够科学,因此迫切需要学习各种果树的栽培、管理技术。中店乡由农业技术指导站牵头,成立了农业技术学校,分期分批教授农民果树嫁接与日常管理,由农技专业人员定期授课,先后入学达13000余人次。随着社会主义市场经济的发展,鸡、鸭、鹅、猪、鱼等养殖业,以及运输业、农机业不断兴起,乡里曾先后办起了养殖、运输、农机等类专业培训班,基本满足了农民走农业产业化路子的需要,也惠及了中心村。截止到2020年,中心村有2所幼儿园、1所小学、1所中学。在中心(乡)公社时期,小学、中学招生较好,在校生上百人。近年来,随着经济的发展、村里外出务工人员的增多以及对教育资源的需求,乡村学校学生数急剧下降,且师资不足,教师年龄结构偏大。再加上学校基础设置落后,办学经费不足,限制了乡村学校的发展。

幼儿教育

【中店小学附设幼儿园】 中店小学附设幼儿园属于公办普惠性幼儿园。园内环境净化、美化、儿童化浑然一体，幼儿园活动场地宽敞，操场设有人工草坪，园内设有大型玩具、幼儿桌面玩具。学校管理规范，校园内全监控，有效保障幼儿安全。每班按"一教一保"标准配备教师和保育员，确保教育教学活动平安、规范、有效进行。每班配备1名有幼儿教师资格、多才多艺且有一定幼儿教育经验的老师；每班配备1名40岁左右的保育员负责幼儿的日常生活和班级保育工作。在教育教学方面，实行全日制拖班走读——春季早晨8:00接园至下午16:30放学；秋季早晨8:00接园至下午17:00放学。幼儿在园期间实行"各类活动+体智能游戏课+午餐+午休"模式多维度开展教学活动。作为一所农村公办幼儿园，中店小学附设幼儿园有一些政策性补助：①户籍在东坡区的在园中的"低保、残疾、孤儿"（相应证书）三类幼儿，可享受国家政策减免每学期保教费500元。户籍在东坡区以外的这三类幼儿，持本园证明到户籍所在地享受相应的减免和补助。②户籍在东坡区的"建档立卡"贫困幼儿，可以享受每学期生活补助400元和全额直免保教费。③户籍在东坡区的在园贫困（本园认定）幼儿，可以按本园在园幼儿人数10%的比例享受国家普惠性政策补助500元。

【尚义镇盼盼幼儿园】 盼盼幼儿园是一所农村民办幼儿园，坐落在尚义镇中心新街。幼儿园创建于2006年，占地面积约600平方米，建筑面积460平方米。现有幼儿教师10余人，平均每年招收学生近百人，开设小班、中班、大班、学前班。园内环境整洁，布局合理，达到净化、绿化、美化、童化，是幼儿健康快乐成长的乐园。幼儿园以幼儿为中心进行主题学习，注重生活教育，重视幼儿社会性发展的培养。2020年9月被眉山市东坡区教育和体育局、眉山市东坡区发展和改革局、眉山市东坡区财政局评为"东坡区普惠民办幼儿园农村一级"。

小学教育

【小学教育】 眉山市东坡区尚义镇中店小学,始建于1949年,原名中心公社中心小学,1992年撤乡合镇,并入尚义镇,更名为东坡区尚义镇中店中心小学,2020年4月更名为东坡区尚义镇中店小学。学校位于四川省眉山市东坡区城西眉秦路,占地9570平方米,距眉山城区18千米,是一所普通农村小学。学校是典型的农村小规模学校,全校共有教师26名(含幼儿园4名),其中高级教师13人、一级教师8人、二级教师5人,教师年龄结构偏大(平均年龄48岁)。学生数量少,目前全校仅有98名,部分班级人数不足20人。学校以"用真诚感动每个孩子,用真诚带动每个孩子"作为校风、校训;秉承以"忠诚教育、坦诚于人,诚挚求学、诚实上进"为教风、学风;坚持"面向全体,发展个性,实践创新,培养能力,为学生终身发展奠基"的工作思路。学校先后获得眉山市"环境友好型学校"、东坡区"文明单位""卫生先进单位"、眉山市教育局"道德风尚奖"、眉山市东坡区教育工会"先进集体"、眉山市东坡区教育局"规范化管理"、尚义镇"平安学校"、尚义镇"平安单位"和"平安先进单位"等诸多荣誉。

中心小学运动会　　　　　　中心小学实践教育活动

中学教育

【中学教育】 东坡区中店中学，创办于 1968 年，位于东坡区尚义镇中店新街 1 号。学校占地面积 26 亩，建筑面积 6888 平方米，绿化面积 2400 平方米。学校始终坚持"以人为主""以学生为中心"的先进办学理念，坚持"与儒雅同行，当孕奇蓄秀"的办学宗旨，不断提高办学水平。学校先后获得眉山市"校风示范校"、眉山市"绿色学校"、眉山市"语言文字规范示范学校"、东坡区"名学校"、东坡区"环境优美示范学校"、东坡区教育局"规范化管理一等奖"、东坡区"文明单位"、尚义镇"先进党支部"等诸多荣誉。学校办学历史悠久、校园环境优美、文化氛围浓郁、硬件设施齐备、校风正、质量高、环保意识强，是一所一流的农村学校。

中店中学

教学教育

【课程设置】 20 世纪 50 年代以后小学统一推行新式课程，但课程设置及授课时间变动较大。1952 年，参照《试行小学四、二制教学计划（草案）》，设语文、算术、自然、历史、地理、体育、音乐、美工等，每节课

45分钟，课间休息10分钟。每周集体活动纳入教学计划，朝会（冬季改为课间会）每天20分钟，周会进行生活指导和文艺演出，课外活动包括文体、图画、工艺、农作等活动及少先队活动。社团活动，小学每人每周不超过1.5小时。1957—1962年各学年度，小学六年级每周增加生产常识2节，其他课程无变动；1958—1959年学年度，五、六年级开设政治课，每周各一节；1960—1961年学年度，小学从三年级起开设生产劳动课，甚至让学生参与收割等田间劳动。1983—1985年执行省教育厅的小学教学计划，课程设思想品德、语文、数学、自然、地理、历史、体育、音乐、美术、劳动等，每周授时总时数为：一年级23课时，二、三年级24课时，四年级25课时，五、六年级26课时，自习、科技活动、文娱、体育活动、周会、班队活动等均列入课表。其中体育活动及自习每周各2课时，其他均为1课时。但音乐、美术课多未按计划开设授课，有的被语文、数学占用。

【教学方法】 1950年以后，推广新式教学方法，主要是苏联凯洛夫的"五步教学法"，建立新的学校规章制度，学习老解放区的教学经验，把民主改革结合到各科教学中，坚决反对体罚。1953年，纠正师生过多地参加社会活动的倾向，建立正常的教学秩序，提出"教学是学校中压倒一切的中心任务"，开始进行教学改革。1958年，贯彻执行"教育为无产阶级政治服务，教育与生产劳动相结合"的教育方针，强调将脱离政治、脱离实际、脱离生产劳动的"三脱离"改变为"三结合"。1963年，贯彻《全日制小学暂行工作条例（草案）》，纠正了因劳动过多影响基础知识教学和基本技能训练的倾向，学校建立以教学为中心的正常秩序，教学上提出"四认真"，即认真备课、认真讲课、认真批改作业、认真辅导学生，提倡少而精、启发式、因材施教。1964年，贯彻毛泽东关于减轻学生过重负担的指示，根据实际情况，改进教学方法，减轻书面作业，纠正考试搞突然袭击，并适当减少考试时间。

科　技

【农业科技推广】　　农业科技推广是指通过试验、示范、培训、指导以及咨询服务等，把应用于种植业、林业、畜牧业、渔业的科技成果和实用技术普及应用于农业生产的活动。

新中国成立前，民国政府曾倡导过农业技术，眉山在民国二十八年（1939）4月成立了农业推广所，负责介绍先进技术，组织育苗造林、调查与统计农林产品，防治农作物病虫害，还负责辅导中心学校教授农业技术常识，设立民众阅览室。但因农推所成立后人员不断撤换、裁减，乡保人员从农作物品种交换业务中牟利，技术推广受限，于民国三十六年（1947）撤销。因此，中心村一带农村无农业科技推广。

20世纪50年代以后，尤其是集体化以后，县政府成立了有关专门职能管理部门，如农业局、林业局、畜牧局、蚕桑局等，下设负责实施与技术指导的场站，有各级各类专业技术人员。各区有专门的管理实施指导人员，各公社也根据实际情况而设有专门人员，如原中心公社设有农技员、种子员、蚕桑技术员、果树技术员等。还有互助组组员之间通过交流学习生产经验，促进粮食增产。如秦家乡第八分会三官村李俊良互助组组员之间交流生产经验，李俊良的一亩四分地，一边是较肥的葫豆田，一边是麦子田，这次麦子田多耪了一道，使麦田这边比葫豆田还好。组员看了这块田的秧子后，都说"多耪一道比粪还强"，且认识到精耕细作的好处，从而对研究农业技术都重视起来。

20世纪六七十年代，县科学技术协会还通过橱窗展览、幻灯电影、举办讲座、编印图书资料等方式开展科普宣传，如1963年以大型植保图片供区、镇张贴、橱展。1979年科协电影机义务为城乡放映《计划生育》《家禽家畜的饲养管理和疫病防治》《柑橘贮藏保鲜》及《竹编技术》等10多部科教片，同时放映节制生育、幼儿启蒙教育等幻灯片。中心公社设有电影院，很多村民前去观看、学习技术、指导生产。1960年县广播站广播科技文稿60篇。广播普及后，中心村村民可以利用广播学习科技知识。

20世纪80年代以后，县政府和镇政府派人员下村宣传，通过科普宣传和派专家来指导农业生产，并通过办农民学校和夜校向农民科普农业知识。同时，由专业技术人员指导专业户，通过专业户来示范并推广。另外，县委、县政府还组织相关人员对乡、村、组、队中靠科技致富的村民进行采访报道，总结推广经验。如1982年9月，《县委、县政府工作会议9月6日部分参观点简介》涉及：中店公社中心五队油菜育苗、连山一队科学种果早产高产、中店公社太保大队联办果园、社员何绍成发展家庭副业、秦家公社春光三队蚕桑生产、秦家公社麻桥二队蚕桑生产、新四公社新星三队大办果园、种果能手林应康、万胜公社万光二队调整作物布局实现粮经丰收、眉城公社新村发展渔业生产等情况简介，不仅总结了经验，也为广大农民致富带来启发意义。

医疗卫生

医疗机构

【村医沿革】 新中国成立前，广大农村地区几乎只有传统中医药，村医也是和正统中医还有差距的赤脚医生。现任村医邹相阳的父祖辈就是中店社区的行医世家。从其曾祖父邹小堂迁到本地以后就一直在这一带行医济世。其祖父邹文元医术精湛，炮制各种中草药有独家秘技，据邹相阳的父亲邹登培口述，其祖制药的时候要关门闭户，一个人在房间里调制配方保密的草药。他也确实使用家传秘技救过不少垂危病人，其中有一位白喉病人从广济抬到中心村时已经病入膏肓，邹文元大夫最终妙手回春将病人救回。但可惜的是邹家祖上的绝技并没有能传承下来，到邹相阳这一代改学西医，从正规卫校毕业后回村行医，标志着中心村村医彻底转为西医。

【村卫生室】 1952年中心乡成立，最迟至1965年建立中西医联合诊所（集体所有制）。1958年改名乡村卫生院。1959年建中心公社，1960年更名为人民公社医院，1963年改称人民公社联合医院。1966年改称人民公社联合诊所。1970年更名为人民公社卫生所，成立革命领导小组。1976年撤销革命领导小组，称人民公社卫生院。1977年撤区并社，全县48个人民公社卫生院调并为19个人民公社卫生院，下设29个分院，中心公社是19个人民公社卫生院之一。1980年恢复46个人民公社卫生院，设2个分院，中心公社是46个人民公社卫生院之一。1981年更名为中店公社，有中店公社卫生院。1984年撤销公社，中店公社卫生院更名为中店乡卫生院。1992年，中店乡与尚义乡合并为尚义镇，原三元村和中心村合并为中心村，有中心村卫生站，后更名为中心村卫生室。

【中心村卫生室工作内容】 中心村卫生室是承担疾病预防、妇幼保健、健康教育、残疾人康复等工作的非营利医疗机构，不设住院病床（产床），只提供易于诊断的常见病和多发病的一般诊疗和转诊服务。按照规定，村卫生室每千人口配备1~1.2名乡村医生，按《乡村医生从业管理条例》规定，取得乡村医生执业证书后，在村医疗卫生机构执业。中心村设置的医疗机构为尚义镇中心卫生院中店分院，位于尚义镇李店子街74号，设村医1人。院内设有诊疗室、治疗室、观察室、药房和值班室。配备有诊桌、诊椅、方盘、纱布罐、诊察凳、听诊器、血压计、体温计、身高体重计、出诊箱、压舌板、接种包、药品柜、有盖方盘、消毒缸、高压灭菌设备、紫外线消毒灯、污物桶、处置台以及各种规格的一次性注射器等。还配有氧气瓶、开口器、牙垫、口腔通气道和人工呼吸器等急救设备，以及80种以上的基本药物。作为尚义镇卫生院的派出机构，负责中心村也就是今中店社区的医疗、卫生和防疫工作。尚义镇卫生院中店分院的主要职责是负责中店社区常规医疗、公共卫生和防疫工作。

尚义中心医院中店分院

医疗体制

【合作医疗制】 1970年合作医疗制在农村形成。社员（村民）自筹资金，或社员、生产大队（村）合筹资金办理。社员按人每年交 1 至 2 元或按户交纳，再从生产大队或队办企业中提取一部分经费，共同作为合作医疗经费。社员到所在队合作医疗站就诊，只付挂号费（5 分），药费及治疗费免交，或交一部分。1983 年合作医疗站改为卫生所后，诊费、药费及治疗费一律自理。

1985 年，卫生部、四川省卫生厅和美国兰德研究所在广济乡开始"中国农村健康保险实验研究项目"试点。农村合作医疗"保大病""保住院"、实行经济互助，兼顾健康体检。县坚持政府引导，群众自愿参与，量力适度，科学测算，低步入轨，有效监督，解决或缓解农民因患大病重病致贫、返贫问题。1991 年后陆续在象耳、尚义、多悦、白马铺、正山口、晋凤、富牛、悦兴、崇仁、复兴等乡镇推行。象耳镇快乐村 4 组马文秋 1991 年参加合作医疗不久，就患脓毒败血症，住县人民医院治疗花去医疗费 4200 多元，按 80% 报销 3400 元。当时全家财产不足 500 元，如不参加合作医疗，将导致倾家荡产。她在送给镇政府、镇卫生院的锦旗上写道："合作医疗好，政策利于民。"受此影响，到 2000 年，中心村大部分村民都参加了农村合作医疗，入保率 98%。

【新型农合】 新型农村合作医疗，也就是"新农合"，由政府组织、引导、支持，农民自愿参加，个人、集体和政府多方筹资，以大病统筹为主要内容。其采取个人缴费、集体扶持和政府资助的方式筹集资金。根据眉山市政府 2019 年颁布的《眉山市城乡居民基本医疗保险管理办法》，中店社区全体居民目前已全部参保。2014 年，"新农合"筹资标准为 390 元/年/人，其中，参加"新农合"的农民个人缴费 70 元/年/人，政府补助 320 元/年/人，2015 年政府补助提高到 380 元/年/人。

根据医疗机构级别设置住院起付线，各级医疗机构起付标准为：乡镇卫生院和社区卫生服务中心 150 元，一级医疗机构 360 元，二级医疗机构 460 元，三级医疗机构 660 元，异地（市境外）定点医疗机构 1000 元。转入上级定点医疗机构治疗的患者，住院起付线执行两级医疗机构起付线之差；转入下级定点医疗机构治疗的患者，不再设置住院起付线。

参保人员发生的住院医疗费在起付线以上的符合基本医疗保险报销范围的部分，个人先支付应自付的费用后，根据医疗机构级别设置报销比例。报销比例为：①分级报销比例为：乡镇卫生院和社区卫生服务中心90%，一级医疗机构80%，二级医疗机构75%，三级医疗机构65%。实施城乡居民参保鼓励政策，每连续缴费两年，报销比例增加1个百分点，最高不超过10个百分点，累计最高报销比例不超过95%。连续缴费年限的起始计算时间为2020年，中途中断参保的，连续缴费年限重新计算。②异地就医实行备案制管理。自主异地就医的，报销比例在相应级别医疗机构报销比例基础上下调20个百分点。异地就医具体管理办法由眉山市医疗保障局另行制定。

"新农合"基金包括门诊统筹、住院统筹和风险基金三部分，门诊统筹主要解决日常小病和慢性疾病；住院统筹包括普通住院补偿和重大疾病补偿；风险基金按照当年筹资总额10%提取。"新农合"能够为居民提供最高15万元/年/人的补偿金额，基本解决了中店社区居民日常急慢性、轻型疾病的保障问题，很大程度上减轻了重大疾病给居民带来的巨大压力。

疾病预防

【传染病防治】　历史上，境内流传的传染病有霍乱、天花、麻疹、伤寒、流行性脑髓炎、钩端螺旋体病、狂犬病、传染性肝炎、乙型脑炎、百日咳、白喉、炭疽、痢疾、流行性感冒等。

民国时期，政府对待传染病，除种痘预防天花外，无其他预防措施。1934年花乱流行，行政无防治措施，医药无充分准备，用白矾药、雷击散等对症药，避瘟丹或皮内输液治疗，疗效不大。有的用覆香塞鼻、饮堆黄酒、食大蒜等防治，效果甚微。

新中国成立后，人民政府对传染病采取综合性防治措施。在全县建立疫情报告网，对甲类传染病（天花、鼠疫、霍乱与副霍乱）与传染性较强、危害大的传染病，或新发现的传染病，一经发现，立即上报；一般疫情则按旬上报。1957年成立县防治流行性传染病指挥部，另外还先后建立钩端螺旋体病防治领导小组、灭犬防治指挥部等机构。根据疫情预测，县人民政府组织有关部门和单位，在传染病流行之前，即采取措施进行防治。防病通常采取干部、群众、医务人员三结合，广泛宣传，发动群众，开展群防群治，并结合爱国卫生运动，重点抓环境卫生，在人民生活起居上下功夫，逐渐养成人人讲卫生、个个爱清洁的良好风尚，以防患于未然。新中国成立初期，中心村的天花、霍乱在有效的预防中绝迹。

【血吸虫病防治】 血吸虫病，俗称"服胀病""大肚子病"，随钉螺孳生而流行。民国三十七年（1948）华西医科大学教授徐国清在三苏祠内首次发现钉螺。其时县内医家尚未完全认识，政府亦不加过问。民国二十九年（1940）至新中国成立前夕，晋凤乡古楼村刘家山、王家山、汪家湾有37户，190多人，因血吸虫病死亡156人，全家死绝的有26户。刘家山有三座坟园，方圆近20亩，埋葬的绝大多数是患"大肚子病"死亡的。这里属长楸山脉，当时流传着"长楸山，人骨填，十家大肚子，九家难过鬼门关"的民谣。1954年1月县人民医院在住院病人潘金华的粪便中查到日本血吸虫卵，这是境内运用现代科学证实的第一例血吸虫病例。1956年血吸虫病调查组以太和乡为试点，抽查灌溉沟148条，91条有钉螺滋生，发现阳性钉螺37只。进而普查，发现早期病人2282人，晚期病人125人。至此，正式确定眉山为血吸虫病流行县。

1980年对血吸虫病进行普查，全县49个社镇都不同程度流行，波及459个大队，2463个生产队，有历史（新中国成立后各年查出的累计数）病人55941人，历史钉螺面积7090359平方米。历史病人超过5000人的有悦兴；超过4000人的有眉城、太和、多悦；超过3000人的有镇江、尚义、大石桥；超过2000人的有回龙、晋凤新华；超过1000人的有象耳、鲜滩、五峰、盘整、土地、富牛、思蒙、海珠、万胜、广济。

自1954年在眉山城关发现虫卵后，开展了血吸虫病防治工作。1956年在太和乡试点后，全面展开。全县组成114人的宣传队，开展血吸虫病防治宣传工作。1957年建立县委血防领导小组，下设办公室，区、乡党委建立同类机构。全县抽调力量，组成351人的血防专业队，分赴各乡开展查治工作。农业、水利、畜牧等部门也抽调人员，协助重疫区工作。

1958年县委充实血防领导班子，加强办事力量，修订血防规划，掀起血防群众运动，同时以施药和土埋相结合的方法消灭钉螺。历时1年，反复查灭钉螺6次。

1964年县委采取"集中力量打歼灭战"的方式，抽调25个单位的干部81人，于太和公社进行灭螺会战。采取"全面规划，点面结合，分期分批，灭一块、清一块、巩固一块"的措施，全县治疗早期病人22176例，晚期病人施以脾切除20例。

20世纪70年代再次掀起以灭螺为中心的血防高潮。村村改造渠系，消灭钉螺。到1980年全县历史钉螺面积下降35.35%，历史病人下降93.7%。按照《四川省基本消灭血吸虫病考核技术方案》进行考核检查，到90年代，中店乡达到基本消灭血吸虫病标准。

目前，中店分院的主要任务是配合上级防疫部门在每年春秋两季撒药灭螺杀虫。同时对易感人群进行免费检测，包括"扎耳朵"采血或静脉采血确定是否感染，并进行有针对性的治疗。

【结核病防治】　结核病的防治工作主要是三个方面，一是控制传染源；二是切断传播途径；三是保护易感人群。中店分院在结核病防治工作中的主要任务是配合上级卫生院，对辖区内的已感染人员进行隔离、治疗和检测；对易感人群进行结核病疫苗接种、监测和检查；对已经康复的病人进行监测、随访。

【新冠疫情防护】 自2020年新冠疫情暴发以来，村一级基层医疗机构承担了疫情防控的一线工作，包括在中低风险时期的"三天两测"，和高风险时期重点人员的居家隔离、入户检测和生活保障等，是战斗在抗击新冠疫情第一线的基层医疗力量。新冠疫情期间，中店分院主要负责监测外来人员身体状况，进行登记、测温、核酸采样、居家隔离、电话监控询问等工作。中低风险时期的"三天两测"，和高风险时期配合上级防疫安排的重点人员居家隔离、入户检测和生活保障等具体工作。

【公共卫生服务】 中店分院负责的日常工作主要是公共卫生项目，包括日常疾病的简单治疗，寄生虫病、结核病防治，孕产妇、新生儿监测，新生儿疫苗接种，村民健康档案管理，66岁以上老人健康管理，精神病人随访与管理，残疾人定期随访与体检，医疗卫生宣传咨询，讲座安排，资料发放等工作。目前，几乎所有公共卫生内容都在APP"卫健E通"上进行日常操作，村医通过该APP接受上级卫生院管理和指导。

【卫生运动】 端午除五毒，除夕掸埃尘，早为民间习俗。民国时期政府曾发布有关卫生工作"训令"。1935年，眉山县夏令防疫委员会发布《夏令卫生运动实施办法》，挨户检查清洁卫生，在门首贴"清洁""不清洁"字条以示表扬与批评。"训令"过，运动停，多形式，少坚持。

1952年美帝国主义在侵略朝鲜的战争中使用了细菌武器，全县掀起以反对细菌战为中心的爱国卫生运动，采取防卫措施：组成800多人的宣传队，深入城乡，广泛宣传，使群众熟悉对细菌武器的防御、扑灭和消毒等方法。搞好环境卫生，清除细菌滋生场所。同时，组成县、区、乡三级卫生防疫网，普遍预防接种，提高免疫力。

1958年起开展以除害灭病为中心的爱国卫生运动。中心村人人动手捕杀老鼠，消灭蚊蝇滋生场所，搞好环境及个人卫生。此后除害灭病活动经常化，每年"五一劳动节""十一国庆节"、元旦、春节都开展突击性爱国卫生运动。

进入20世纪80年代，爱国卫生运动的重点转向配合建设社会主义精神文明和物质文明，以"讲文明、讲礼貌、讲卫生、讲秩序、讲道德"和"心灵美、语言美、环境美、行为美"为中心，治理"脏、乱、差"。采取节日突击与经常化、制度化相结合的方式，清除垃圾、疏通阴阳沟、整理街貌，使环境有了显著改观。果屑入箱、垃圾入桶、公共场所不吸烟等文明卫生习惯正在形成；讲卫生、维护社会秩序、爱护花木、关心集体、热爱祖国的新风气得到发展。

进入21世纪以来，中心村紧跟国家和时代步伐，在重要的卫生日，如"全国爱国卫生月""世界卫生日""艾滋病日"等在村委会或者村里主要街道进行展板宣传、分发传单等，提高村民的疾病认识和医学知识。

广电通信

【广播电视】 国家于1998年启动广播电视"村村通"工程，20年来彻底改变了农村信息闭塞、观念落后的状况。广播电视的普及、外界信息的传入，使得农民的精神生活更加丰富，物质生活也因此改善。不论是脱贫还是致富，广播电视"村村通"都发挥了重要的作用。眉山市人民政府办公室2017年发布了《关于加快推进广播电视村村通向户户通升级工作的通知》，要求到2020年实现市县乡村四级广播电视设施网络全面覆盖、互联互通，基本实现电视户户通、应急广播村村通。地面无线广播电视实现数字化；有线广播电视网络基本实现数字化、双向化、智能化；直播卫星公共服务基本覆盖有线网络未通达的农村地区；推动"高清四川 智慧广电"普及应用；广播电视基本公共服务达到国家、省和市标准，市场服务效能进一步提高，基础设施保障能力全面提升，广播电视管理、运行和保障机制更加完善，人民群众基本视听文化权益得到更好的保障，公共服务标准化均等化水平稳步提高。其中东坡区1908个自然村和238个行政村分别覆盖了"电视户户通保障运行维护"和"广播村村响运行维护"。尚义镇中心村也在覆盖之列。

【网络通信】 根据《眉山市东坡区"宽带乡村"工程推进工作方案》（眉东府办函〔2015〕4号）的规划精神，经过1年多建设，东坡区全域"宽带乡村"工程在全区145个行政村实施，2016年全区整体光网和宽带到达率100%，受益农村人口80万以上。中店社区也受益于此，全域实现光网和宽带全覆盖。受惠于眉山市农村网络光纤等基础设施的大力投入和建设，中店社区果农搭上了电子商务快车。又由于各种短视频平台和微商平台的入驻成本降低，农民可以较为方便地通过各种网络平台自行销售水果。

文化体育

文 化

【文化建设】 早在20世纪80年代末，眉山地区已经完成县、区、乡、村四级文化网络建设，乡镇文化站建筑8000多平方米。1995年到1996年，完成农村广播传输系统改造工程，建成广播调频发射、接转系统，取代县城至乡镇的有线传输。2000年前改造乡镇文化站，发展村文化活动室，全面支持文化、卫生、科技"三下乡"活动。到2000年以后，东坡区全域实现广播电视村村通，2017年升级到户户通。中心村从80年代以来，行政区划几经改变，但不论划归哪个片区，在全眉山或全东坡区的文化基础设施建设中，都是各项建设全覆盖的直接受益者。

【文艺演出】 中心村一带的戏曲在早年间是重要的民间文艺形式和娱乐手段。20世纪50年代以前，眉山地区一带稍具规模的场镇都设有戏台，如在集镇中心区域或附近寺庙里，戏台不仅是文艺演出的地方，更是地方上集会议事的重要场所。戏剧以川剧为主，包括高腔、灯戏等分支形式，演员以本地演员为主。后来在"文革""破四旧"运动中许多戏台被拆除或废弃，民间戏曲活动也逐渐减少。后来随着广播、电视、电影等艺术形式的出现和普及，传统戏曲更加式微，进入21世纪以后，随着网络时代的到来，连电影、电视、广播都受到冲击，文艺演出的形式和内容也发生了很大变化。

但同时，随着物质生活水平的提高，人们对包括文艺活动在内的精神生活的需求也更多了。2009年年底，眉山市东坡区区委、区政府以眉山川剧团为班底建设"赴农村基层心连心艺术团",用创新节目送戏下乡、送文化下乡。艺术团在秦家镇举行首次演出之后,又陆续在东坡区各个乡镇巡回演出。变脸、吐火、现代歌舞表演等节目吸引了人们前来观看,观众从寥寥数十人暴增到上千人。从2009年到2019年的10年间,"心连心艺术团"已免费为东坡区包括中店社区在内的200多个社区和行政村表演300多场,观众达到百万人次。

中心村成立自己的文艺队,目前有36人长期在队,表演者大多为本村村民,上至六七十,下到四五十,村民自己筹资或村上出资,组织各种文艺表演活动,包括唱歌、民族舞、小品等艺术形式。

【群众文化】 近些年,中心村承办了一些与经济促进活动有关的文化活动。比如,首届尚义镇农耕文化节于2019年5月1日至5月4日在眉山市东坡区尚义镇中心村举办,此次活动按照乡村振兴战略部署要求,通过"党建引领+农旅融合+休闲体验+文化传承"模式,推进文旅融合,推动全域旅游发展和乡村振兴。同年10月举办了"秋收文化节",《四川日报》在头版报道本次活动盛况空前,"在活动现场,数万人驻足田间地头,欢乐玩耍"。"才3000多人的村子,一下就来了10多万人,3天时间,几乎每天都有小范围的交通堵塞。""活动总计100余项,全村1000余户几乎户户都有参与,从组织到策划,从节目表演到服务等环节,都能听到农民的声音、见到农民的身影,农民群众成为活动的主角。"这次活动是典型的"文化搭台、经济唱戏",除了寻根农耕文化、秋收文化渊源以外,更重要的是吸引外地客商来到中心村,将本地盛产的水果推向更广阔的市场,同时也推介本地农家特色旅游产业。

体育类游戏

【概述】 体育类和益智类游戏都属于广义的体育活动。在眉山东坡区,人民群众日常生活中常见的体育活动包括打沙包、踢毽子、滚铁环、跳皮筋、跳房子、斗马架等儿童游戏，还有拔河、摔跤、风筝、秋千、赛龙舟等成人体育游戏，以及各种棋类牌类成年人的益智游戏。

【踢毽子】　踢毽子在我国已有2000多年的历史，基本动作为盘、磕、拐、蹦四种，不需专门场地、设备，简单易行，有利于活动关节、锻炼韧带。据记载，踢毽子起源于汉代，兴盛于唐宋，明清更加风行，技艺更加高超，"手舞脚踏，不少停息，若首若面，团转相帮，随其高下，动合机宜，不致堕落"（潘荣陛《帝京岁时纪胜》）。新中国成立后，大力扶植发展中国这一传统运动项目。1956年，中国第一次正式的踢毽子比赛在广州举行；1963年，踢毽子同跳绳等一起，被列入国家提倡开展的体育活动，并被编入小学体育教材加以推广；1984年，国家体委正式将踢毽子列为全国比赛项目，并颁布了《毽球竞赛规则》，改称踢毽子为"毽球"；1987年中国毽球协会成立，此后每年都举办全国毽球锦标赛、全国职工毽球赛、全国中学生毽球赛三大赛事；在1995年的全国民族运动会和1996年的全国农民运动会上，毽球也被列为比赛项目。毽球运动已成为在全国普遍开展的热门项目，在四川地区乃至全国都广为流行。

市面上有专门制作和出售毽子的商铺，精美的毽子甚至成为手工艺术品。尚义镇中心村地方，早年间中小学生常用废旧作业本撕成纸条做成毽子，这种纸条毽不禁踢，只适合学生们课间玩耍。而真正流行的毽子常常是用鸡毛做成，结实耐用还美观，讲究的鸡毛毽子底部是用彩色布头包裹的铜钱，以增加整个毽子的重量。铜钱外部则用各种颜色的布头拼成花样，或缝上精美图案，上部再固定色彩艳丽的羽毛，这样做成的毽子几乎成为艺术品。

尚义镇中心村一带毽子踢法有很多种，大致可分为"软的"和"硬的"两类。软的一般比较简单，一只脚离地的同时另一只脚是着地的，正规比赛中大多数软的是不计数的，软的通常只作为连接动作，高手踢软的通常可以几百次甚至上千次而毽不落地。硬的则是双脚同时腾空跃起，用其中一脚去踢毽子，另一只脚辅助做出各种花式动作。硬的比较消耗体力，通常高手踢硬的也可以连续几十次甚至上百次毽不落地。

【滚铁环】　传统儿童游戏，被称为"男孩必玩儿的游戏"，在20世纪六七十年代盛行于全国。一般来说，玩家需要手捏顶头是"U"字形的铁棍或铁丝，推一个直径五六十厘米的铁环向前跑。铁环保持不倒即为不败，铁环从推动的棍儿里倒地算作失败。这项运动最大的好处是能够使孩子们掌握力度的细致程度，并且学会保持不规则物体的平衡，对孩子视力、手部大小肌肉和协调能力都能起到很好的锻炼作用。随着新的游戏方式的出现，滚铁环这种极其朴素的游戏日渐冷落下来。但因滚铁环是一项有益于身心健康的民族传统体育运动项目，随着传统文化习俗的回归，滚铁环又重新回到大众视野。

中心村一带较为平坦的地势正是滚铁环的极佳场地，例如，平坦的路面或坡度不大的草坡。滚铁环的高手即使是在崎岖的山路或凹凸不平的村巷，亦行走自如。孩子们右手持着长柄，将其搭上铁环，手上的力量通过长柄的钩子传递到铁环上，促使铁环快速地滚动。孩子跟在铁环后头快速奔跑起来，只有这样，他才能跟上铁环。孩子加大手上的力量，钩子起到了轴承般的作用，从而推动铁环。由于铁环的惯性，孩子手上的长柄也随着铁环的滚动而做着圆周运动。滚铁环的关键之处在于掌握好平衡，孩子手上的长柄就像方向盘一样控制着铁环的方向，孩子手上的力量则用来控制铁环的速度。这个游戏充分显示出孩子对机械的热爱。玩的时候，孩子们手上的铁环还偏要互相碰撞，若谁的铁环跌倒在地，或停滞不前，则马上被淘汰出局。

【打沙包】　我国传统民间儿童游戏，在四川地区广为流行。尚义镇中店社区儿童也有此游戏风俗。"沙包"是一个正方体布包，为六面立体状，里面装满细沙、米粒、玉米粒等颗粒物，游戏双方互相投掷。以四人为例，分两组，每组两个人，两边各一个人（同一组），中间两个人（同一组），两边的人相距10米至15米用力投沙包，目的是击中中间的人，中间的人则要躲避投来的沙包或者将其接住。如果中间的人能躲过沙包，则两边的人捡起沙包后继续投掷。如果中间的人未能躲过沙包，则被击中淘汰出局；若两人都被打中淘汰出局，则站在两边的人赢此局。如果中间的人将沙包接住，未使沙包掉落到地上，则本组淘汰出局者可恢复，再胜则两边的人输此局，中间的人与站在两边的人对换场地，继续投掷。

【跳房子】 四川地区也叫"跳房"，是中国民间传统游戏之一，在世界范围内也有广泛分布。中国"跳房子"游戏始于清代，在20世纪50年代至80年代相当流行，在四川很多场镇上，只要有一块平地，一支粉笔、树枝或一块石头，就会有跳房子的位置。跳房子游戏的成本很低，不需要特殊的游戏材料，是一种比较简单和廉价的游戏，规则也比较简单。规定"子"必须每次一格或两格或三格按顺序地往前踢，"子"不得越格、不得压线，否则判为失误；中途失误，可在下一次轮到时从失误格开始继续往下跳；不得在"房子"格内久留；如果中途累了，可以在自己"盖"的"房子"里休息片刻。"跳房子"趣味性、娱乐性、益智性极强，深受广大儿童的喜爱。游戏的规则简单易懂、具有可变性；游戏开展的随机性较大；游戏的设计也较科学，如单脚跳几格之后双脚跳，能够避免游戏参与者因连续用单脚跳而失去平衡摔倒，且有助于促进双腿的协调发展。跳房子运动量不算大，却可以锻炼身体的灵活性和协调性，培养机智、果断的意志品质，锻炼平衡技巧。所以非常适合老少同玩。

【姑姑宴】 又叫"办姑姑宴"，是四川地区极具特色的儿童模仿类游戏，在眉山东坡地区也广为流行。所谓"办姑姑宴"就是指儿童单人或几人共同完成游戏，用瓦块、石头假装餐具，泥土、树叶假装食材，游戏者则分别扮演食客和老板，或者家庭成员，完成"做饭—吃饭"或"请客吃饭"的模仿游戏。"办姑姑宴"是四川地区2000年以前出生儿童共有的童年经历，随着网络电子时代的到来，这些无须成本的儿童游戏逐渐从孩子们的生活中退出，或者转换了新的游戏工具，比如，用弹珠、橡皮泥等新式材料代替传统的树叶、石子、泥巴等进行游戏。

【木头人】　又叫"三二一"，是中国民间传统游戏，讲究的是令行禁止的能力。几个小孩子围在一起，通过"摸摸喂（手心手背）"的方式选取出"木头人"面对墙壁，背对其他小朋友站立，口中说"一二三三二一，谁动谁就是木头人"，念完马上回头观看其他孩子的动静，如果"木头人"看到有人动了，则此人出局。"木头人"每转身一次，其他孩子就抓紧时间向其靠近，如果木头人一直没有发现有人动，则其他人离"木头人"越来越近，谁碰一下"木头人"并成功逃脱"木头人"的"追捕"，则该人获胜。如果碰了"木头人"没有及时跑掉而被"木头人"抓住，此人将成为新一任"木头人"。这一游戏在川内很多地方流行，尚义镇中店社区的孩子们直到现在都还会玩儿这个游戏。

【躲猫猫】　学名"捉迷藏"，四川地区又叫"躲猫""藏猫"，是全世界流行的、儿童热衷的一种游戏。首先选定一个范围，大家经过猜拳或一定规则之后，选定一个人先蒙上眼睛或背着大家数数，可长可短，而其他人必须在这段时间找到一个地方躲藏，时间到后那个人去找其他人，最先找到的人为下一轮找的人。没有被找到，且最后回到出发点没有被寻找者发现的人，将不参与第二局的猜拳，直接成为躲藏者。游戏可反复进行。目前捉迷藏的吉尼斯世界纪录由四川省彭州市保持。在包括尚义镇中店社区的眉山地区，儿童在成长过程中都有捉迷藏躲猫猫的经历。

【广场舞】　舞蹈是历史最悠久的艺术形式。早在语言还未出现以前，人类就利用舞蹈来交流感情，庆祝胜利。在历史的长河中，人民群众创造并发展了广场舞蹈，并使这一民间艺术之花深深扎根于广大群众的社会生活之中。广场舞的功能和表演区域发生重大变化，从中华人民共和国成立以来，党和政府非常重视民众文化的建设和发展。特别是进入20世纪90年代以后，政府在县级以上城市建立了许多文化广场。随着社会的不断进步和发展，广场文化作为一种社会文化现象和重要表现形式的广场艺术，已经越来越受到人们的关注。广场舞正在悄然发生大的变化，广场舞从乡村走进城市，成为城市文化建设不可缺少的内容。在中国各地处处都能看到广场舞爱好者。在眉山东坡区的乡镇广场，场场都有自己的广场舞蹈，村村都有广场舞蹈活动。广场舞可以健身、娱乐，是一项很好的体育运动项目。这一民间艺术之花深深扎根于广大群众的社会生活之中，代代传承，世代相沿，久盛不衰。当代广场舞融入现代舞蹈的意识、行为和形式，从而形成具有现代广场舞蹈的风格。21世纪的广场舞，已经被越来越多不同年龄层次的人肯定，大家都开始关注自己的健康，年轻人和老年人的互动也为广场舞增加了许多乐趣。

益智类游戏

【概述】 益智类体育运动主要是指棋牌类活动。农村很多地区建有专门的"棋牌室"，但是为了避免成为聚赌窝点，棋牌室或被其他文化室取代，或者只以棋类形式为主。

【象棋】 中国象棋具有悠久的历史。战国时期，已经有了关于象棋的正式记载，如：《楚辞·招魂》："菎蔽象棋，有六博些；分曹并进，遒相迫些；成枭而牟，呼五白些。"《说苑》载：雍门子周以琴见孟尝君，说："足下千乘之君也，……燕则斗象棋而舞郑女。"由此可见，远在战国时代，象棋已在贵族阶层中流行开来。据上述情况及象棋的形制推断，象棋当在周代建朝（公元前11世纪）前后产生于中国南部的氏族地区。早期的象棋，棋制由棋、箸、局三种器具组成。两方行棋，每方六子，分别为枭、卢、雉、犊、塞（二枚）。棋子用象牙雕刻而成。箸，相当于骰子，在棋之前先要投箸。

局，是一种方形的棋盘。比赛时，"投六箸，行六棋"，斗巧斗智，相互进攻逼迫，而置对方于死地。春秋战国时的兵制，以5人为伍，设伍长1人，共6人，当时作为军事训练的足球游戏，也是每方6人。由此可见，早期的象棋，是象征当时战斗的一种游戏。在这种棋制的基础上，后来又出现一种叫"塞"的棋戏，只行棋不投箸，摆脱了早期象棋中侥幸取胜的成分。

秦汉时期，塞戏颇为盛行，当时又称塞戏为"格五"。从湖北云梦西汉墓出土的塞戏棋盘和甘肃武威磨嘴子汉墓出土的彩绘木俑塞戏，可以印证汉代边韶《塞赋》中对塞戏形制的描写。三国时期，象棋的形制不断地变化，并已和印度有了传播关系。至南北朝时期的北周朝代，武帝（公元561—578年在位）制《象经》，王褒写《象戏·序》，庾信写《象戏经赋》，标志着象棋形制第二次大改革的完成。隋唐时期，象棋活动稳步开展，史籍上屡见记载，其中最重要的是《士礼居丛书》载《梁公九谏》中对武则天梦中下象棋的记叙和牛僧孺《玄怪录》中关于宝应元年（762）岑顺梦见象棋的一段故事。结合现在能见到的北宋初期饰有"琴棋书画"四样图案，和以八格乘八格的明暗相间的棋盘来表示棋的苏州织锦，以及河南开封出土的背面绘有图形的铜质棋子，可以得到这样的结论：唐代的象棋形制和早期的国际象棋颇多相似之处。当时象棋的流行情况，从诗文传奇的诸多记载中，都可略见一斑。而象棋谱《樗蒲象戏格》三卷则可能是唐代的著作。宋代是象棋广泛流行、形制大变革的时代。北宋时期，先后有司马光的《七国象戏》、尹洙的《象戏格》《棋势》、晁补之的《广象戏图》等著述问世，民间还流行"大象戏"。

经过近百年的实践，象棋于北宋末定型成近代模式：32枚棋子，有河界的棋盘，将在九宫之中，等等。南宋时期，象棋"家喻户晓"，成为流行极为广泛的棋艺活动。李清照、刘克庄等文学家，洪遵、文天祥等政治家，都嗜好下象棋。宫廷设的"棋待诏"中，象棋手占一半以上。民间有称为"棋师"的专业者和专制象棋子和象棋盘的手工业者。南宋还出现了洪迈的《棋经论》、叶茂卿的《象棋神机集》、陈元靓的《事林广记》等多种象棋著述。元明清时期，象棋继续在民间流行，技术水平不断提高，出现了多部总结性的理论专著，其中最为重要的有《梦入神机》《金鹏十八变》《橘中秘》《适情雅趣》《梅花谱》《竹香斋象棋谱》等。杨慎、唐寅、郎英、罗顾、袁枚等文人学者都爱好下棋，大批著名棋手的涌现，显示了象棋受到社会各阶层民众喜爱的状况。新中国成立之后，象棋进入了一个崭新的发展阶段。1956年，象棋成为国家体育项目。之后，几乎每年都举行全国性的比赛。1962年成立了中华全国体育总会的下属组织——中国象棋协会，各地相应建立了下属协会机构。在四川地区的城市乡村都能见到树荫下围坐的老人在下棋观棋，中店社区的老人在镇上的茶馆中经常围聚在一起下象棋。

【军棋】 军棋是深受中国人欢迎的棋类游戏之一，在中店社区的年轻人中比较流行。当四人游戏时，四人在棋盘上分占四角，分为两方，相对的两家联合与另外两家对抗，互相配合战斗；两人游戏时，则分占棋盘的上下两角，相互作战。军棋分三种下法，一种是暗棋（棋子立起），两人对决，需要裁判；一种是明棋；一种是翻棋（字朝下摆）。军棋的棋子每方各有25个，分别为军旗、司令、军长各一；师长、旅长、团长、营长、炸弹各二；连长、排长、工兵、地雷各三。司令>军长>师长>旅长>团长>营长>连长>排长>工兵；小棋遇大棋被吃；相同棋子相遇，则同归于尽；工兵与炸弹能排除地雷，其他棋子不能排雷，不可排雷的棋子碰到地雷会被吃；任何棋子都能吃掉军旗；炸弹与任何棋子相遇时同归于尽。另有一种玩法为工兵被吃完后，可用场上最小的棋子碰地雷同归于尽。

军棋棋盘：行走路线包括铁路线和公路线，每方有5个行营、23个兵站（翻棋25个）、2个大本营。准备好双方不同颜色的棋子。兵站是棋子的摆放位置；铁路线是棋子的快行线，只要在直线上棋子走的步数都不限（除工兵外，其他棋子都不许拐弯），公路线是慢行线，每次只能移动一步；行营是棋子的保护区，在行营中的棋子可以免受其他任何棋子的攻击，行营里的棋子每次只能移动一步；大本营其中一个是军旗所在位置，另一个可以摆放其他任何棋子，进入大本营的棋子不能再移动。工兵行棋比较特殊，只要在铁路线上，在没有挡路的情况下，可以拐弯。关于地雷的规则，地雷可以胜工兵外所有有生命的棋子，与炸弹同归于尽。这两种说法在实际战斗中均能说得通。前者，地雷这个棋子可以解释为雷区，一颗雷没了还有别的雷；后者，可以解释为军官蹚雷开辟道路。

【骰子】 骰（tóu）子，全国各地大都叫"shǎizi"，四川地区叫"色子"。赌具，用以占卜、行酒令或做游戏。掷之视所见点数或颜色为胜负，故又称投子、色子。多以兽骨制成，为小正方块，六面分刻一、二、三、四、五、六点，一、四涂以红色，其余涂黑色。相传为三国魏曹植创制，但早在战国时期的山东青州出土文物中已经见到"骰子"，可见其源远流长，并非曹植原创。掷骰子是中国古代最为重要、最有影响的博戏形式，作为中国博戏中的"六博"之一，被称为"中国博戏之祖"。骰子最早产生时形状各异，上有各种刻纹，后来则统一为正方形或长方形，上刻一、二、三、四等点数，并以红、黑颜色相区别。由于骰子的点数可有许多种不同的组合方式，而掷骰时人们又无法预测所定的点数，因此骰子从产生之日起，便与赌博结下了不解之缘。

有些博戏是直接用掷骰的方式来决出胜负，也有一些博戏则是要通过掷骰与行棋、打牌的结合才能决出胜负。前一种方式比较适合文化层次较低、赌博意图较强的人玩乐，而后一种方式则比较适合文化层次较高，注重精神享受的人玩乐。但是尽管具体的表现形式有所不同，这些游戏活动都有一个共同的特点，那就是"悬于投"。汉代班固在《弈旨》一文中云："博悬于投，不专在行。"也就是说，它们都是要通过掷骰子这种带有很大偶然性的方式来进行游戏。这种"悬于投"的特点，也成为中国古代的"博"与"弈"之间一个重要的分界线。博虽然也有很多是要行棋的，但由于都要用到骰子，因此，它们的实质与完全凭智力来战胜对手的围棋、象棋有着很大的不同。

麻将运动不仅具有独特的游戏特点，而且具有集益智性、趣味性、博弈性于一体，魅力及内涵丰富、底蕴悠长的东方文化特征，因而成为中国传统文化宝库中的一个重要组成部分。麻将运动在中国广大的城乡十分普及，流行范围涉及社会各个阶层、各个领域，已经进入千家万户，成为中国最具规模和影响力的智力体育活动。麻将运动的客观存在是当今中国任何人都无法回避的现实。作为一种中国传统的文化现象，麻将运动确有其表现形式上的多元性。正因为如此，有人认为，麻将是中国传统文化的一个重要组成部分，其独特价值堪称国之瑰宝；也有人深恶痛绝，认为麻将是赌博之首，其罪恶程度几乎与吸毒无异。麻将与赌博并没有必然联系。新中国成立以后，赌博消失了，麻将却在人们的业余文化生活中健康地存在了许多年。2017年4月，国际智力运动联盟宣布，麻将正式成为世界智力运动项目，这充分说明麻将作为智力游戏的益处。至于怎么使用这种游戏方式，主要看如何管理和引导。

四川地区历来盛行博戏，骰子是许多娱乐必不可少的工具之一。掷骰子因其偶然性和麻将等博戏有不解之缘，甚至成为纯粹以骰子定输赢的赌博。20世纪50年代以前，掷骰子在四川地区广为流行，如巴金的《家》："在明亮的灯光下也有许多人围着一张桌子吆喝地掷骰子。"随着农村精神文明建设的不断深入，以及对聚众赌博的严厉打击，纯粹以赌钱为乐的冒险家游戏"掷骰子"在四川农村地区逐渐少见，更多时候是麻将等其他游戏的附属部分。

【麻将】 麻将，起源于中国，粤港澳及闽南地区俗称麻雀，是中国古人发明的博弈游戏。其娱乐用具一般为竹子、骨头或塑料制成的小长方块，上面刻有花纹或字样。北方麻将每副136张；南方麻将多8个花牌，分别是春夏秋冬、梅竹兰菊，共计144张。四人骨牌博戏，流行于华人文化圈中。在明末清初马吊牌盛行的同时，由马吊牌又派生出一种叫"纸牌"的戏娱用具。纸牌开始共有60张。斗纸牌时，四人各先取10张，以后再依次取牌、打牌。一家打出牌，2家乃至3家同时告知，以得牌在先者为胜。这些牌目及玩法就很像今天的麻将牌。这种牌戏在玩的过程中始终默不作声，所以又叫默和牌。

四川麻将，又称成都麻将（成麻），或"血战到底"，流行于四川、重庆、贵州一带，尤其是成都周边地区，包括眉山地区都广为流行。四川麻将一共108张，去掉了风牌、箭牌和花牌。仅有筒条万三色牌，每色36张，一共108张。这种娱乐方式，其核心是打缺门，刮风下雨，计番，血战到底，流局查叫、查花猪。一局牌中，一家和牌并不结束牌局，而是未和的玩家继续打，直到3家和牌或剩余的玩家流局。牌局结束一并结算。这样先和的玩家并不一定获利最多，点炮的玩家也能翻身，提高了趣味性，促进了牌局的稳定发展。

【跑得快】 在"斗地主"出现之前，眉山地区农村流行的是"跑得快"。跑得快是一种扑克牌游戏。该游戏的目标是想方设法地将自己手中的牌尽快打出去。谁先把手中的牌出完，谁为胜，其余对手得负分。负方手中所剩的牌的张数为负分基数，一张没出基数乘4倍；出牌不到1/4基数乘3倍；出牌不到1/2基数乘2倍，赢方得分为3个负方的负分之和，但记为正分。发牌，第一局游戏由黑桃5持有者发牌，以后每局游戏都由上局赢的游戏者发牌；每局游戏都由首先拿到黑桃3的游戏者先出牌，他可以出一张牌，也可以出几张牌，只要是正确的牌型就可以；游戏者依次轮流出牌，后一家打出的牌必须比前一家打出的牌大，如没有可以弃权（过）；如果其他游戏者都没有，则最后出牌的一方可以出新的牌型；重复3~4次，直到某个游戏者手中牌全部出完。

【斗地主】 斗地主也是一种扑克游戏，2000年以后风行于四川农村地区，甚至一度有超越川麻的趋势。斗地主游戏用一副54张牌（连鬼牌）3个人玩，地主为一方，其余两家称为农民的为另一方，双方对战，先出完牌的一方获胜。斗地主起源于湖北武汉汉阳一带，当初有一群"跑得快"痴迷者，经常在人数不足的情况下玩3个人的"跑得快"，起初并不叫斗地主,他们圈内的人叫"二打一"。最初的"二打一"总共54张牌,每个玩家发18张牌,不留3张底牌,只是一个玩家从另外的两个玩家手里各随机抽取一张牌,被抽牌的玩家共同协作对付抽牌的玩家,这样慢慢演变成了"斗地主"。

民生保障

社会统筹

【基本养老保险】 社会统筹由国家、单位和个人共同负担,基本养老保险基金实行社会互济,在基本养老金的计发上采用结构式的计发办法,强调个人账户养老金的激励因素和劳动贡献差别。基本养老保险是由国家强制实施的,其目的是保障离退休人员的基本生活需要。社会保险基金在大范围内由社会保险经办机构依法统一征收、统一管理,在属地范围内统一调剂使用,该制度在基本养老保险基金的筹集上采用传统型的基本养老保险费用的筹集模式。根据《眉山市城乡居民基本养老保险实施办法》(眉府发〔2021〕11号)的通知,眉山市财政对社会保障补助拨款包括社会保险基金补助拨款,以及社会保险经办机构(养老保险、失业保险、医疗保险和其他社会保险机构)的经费。中店社区城乡居民的养老全部纳入基本养老保险基金和社会统筹。基本养老保险基金由个人缴费、集体补助、政府补贴构成。

一、个人缴费

目前,中店社区居民和眉山市全市统一标准一致,设为每年200元、300元、400元、500元、600元、700元、800元、900元、1000元、1500元、2000元、3000元、4000元13个缴费档次标准。眉山市人力资源和社会保障局会同市财政局根据国家、省上统一规定,以及全市城乡居民收入增长等情况,适时调整缴费档次标准。参保人自主选择档次缴费,多缴多得。同时,保留100元缴费档次用于政府为困难群体代缴养老保险费,对应的缴费补贴为40元。参保人员年度内可自愿调整提高本年度已缴费档次标准;符合待遇领取条件时，可按补缴时的缴费档次，自愿提高正常缴费年度的缴费标准予以补缴；补缴不享受缴费补贴。已领取待遇的不再办理补缴。

二、集体补助

国家规定有条件的村集体经济组织应当对参保人缴费予以补助，补助标准由村民委员会召开村民会议民主确定，鼓励有条件的社区将集体补助纳入社区公益事业资金筹资范围。鼓励其他社会经济组织、公益慈善组织、个人为参保人缴费提供资助。补助、资助金额不超过当地设定的最高缴费档次标准。

三、政府补贴

国家规定标准的基础养老金由中央财政全额补助，市、县（区）人民政府应当对参保人缴费给予补贴，补贴标准不低于40元/年/人。对选择200元、300元、400元、500元、600元、700元、800元、900元、1000元、1500元、2000元、3000元、4000元档次缴费的，政府补贴分别对应为每人每年40元、45元、50元、60元、60元、65元、70元、75元、80元、100元、120元、160元、200元。其中，省级财政按政府补贴总量的50%安排，根据各县（区）的人数、财力、民族、扩权等因素，分档次予以补助；其余部分，除扩权县自行负担外，其余市辖区由市、区两级财政共同分担，具体分担比例仍按原有规定比例2∶8执行。

对贫困残疾、重度残疾、智力残疾和精神残疾人，以及独生子女伤残死亡家庭（指独生子女三级以上残疾或死亡且未再生育或收养子女的家庭）夫妻、低保对象等各类按规定应由政府代缴基本养老保险费的特殊群体，由各县（区）政府按100元/年/人标准为其代缴养老保险费。缴纳当年养老保险费后，又被认定为政府代缴特殊群体的，应享受当年政府代缴政策，所缴纳的养老保险费采取叠加方式处理。

【老龄补贴】 根据眉山市政府《关于建立高龄津贴制度的实施意见》（眉老委办发〔2017〕16号）规定，中店社区按月向辖区内老龄居民发放高龄津贴，发放标准为"80~89周岁老年人，每人每月不低于25元；90~99周岁老年人，每人每月不低于100元；100周岁以上老年人，每人每月不低于500元"。

【村组干部待遇】 1982年以来村组干部待遇发生了很大变化。从1982年到2001年，村组干部补贴从70元、90元、110元，上涨到1100元。评上"红旗书记"先进称号的书记每月可增加400元。

【社会救助】 中店社区所在尚义镇于1999年开设敬老院，基本解决本地区孤寡老人的赡养和护理问题。中店社区内有特困户（五保户）3人，其中2人住在尚义镇敬老院，1人在家居住，生活、开销、医疗等费用都由国家承担，平均每人每年在1万元以上。低保户2017年前110户，2019年重新统计后共计27户。中店社区内残疾人共118人，其中一级残疾17人。一、二级残疾人由国家承担生活补助和护理费用；残疾程度较轻的人员主要通过村办企业就业。村内的各种果品、编织等企业每年都要按季节招收大量计件工人，为村内的老人、妇女和力所能及的残疾人口提供了较为灵活的季节性就业机会。

【社会安置】 2017—2018年村内扶贫搬迁6户，村上集体出资按照每人25平方米的标准修建了房子，让贫困家庭就近搬迁到条件更好的地方生活。村内还为回乡大学生创造创业条件。如西南科技大学毕业生龚志敏回乡创办养猪场；龚天俊回乡种植果树。村里为这些年轻人选址办厂、低价租赁土地提供便利条件，并将他们培养入党。这些年轻人创业的同时也为村内解决了一些就业岗位。

文明创建

【评先表模】 中心村长期重视文明建设，加强家风教育。家庭教育每月一次，村支书每月参会，组织村民进行家风、孝道的教育和建设。每年年终岁末，村里都要评选"五好家庭""好婆婆""好媳妇"等荣誉称号。村里老年协会目前有500多人，在全村倡导家风孝道建设的影响下，婆媳关系和睦了、家庭关系和谐了，每家每户把精力集中到工作挣钱和教育下一代上。

中店社区（包括其前身中心村）长期进行优秀农户评选，养猪能手、种粮大户、水果大王、乡镇企业明星，都成为村中的模范。村里通过各种形式肯定他们的成就，对他们做出表彰，同时也督促他们在行为道德方面更加严格要求自己。

村民生活

【物质生活水平】 在脱贫攻坚之前，尚义镇地区还有一些低收入人群，经过易地扶贫搬迁之后，农民住上新房子，产业发展年收入7万元，水泥路通到家门口，晚上路灯照得明晃晃，家里电器用具也都有了。从过去贫困户变成小康户，村民的精神面貌也有了很大改观，村子的风貌也有很大改善。田野里蔬菜翠绿，坡上水果压满枝头，硬化路面四通八方，村容村貌干净整洁，处处展现新农村景象。由于果树种植发展带来的一系列产业变化，带动了村内的就业。每年一到采摘包装的季节，中心村乃至尚义镇的劳动人口根本不够用，还要向外地、外省调集大量劳动力。如今，全村农民年人均纯收入在3万元左右。

目前全村有超过一半的农户建了新房，贫困户实现易地扶贫搬迁，另外还有近一半的农户在城里购了房。全村约有80%的农户家庭购买了小轿车，其他运输车、非机动车更是户户皆有，电视机、洗衣机、手机、电脑等多种现代电器早已普及。

【精神生活质量】 中店社区始终把精神文明建设摆在基层社会治理的突出位置，既富村民"口袋"，也注重富"脑袋"，坚持以党建为引领，以党群活动日、坝坝会、农民夜校等为载体，全面加强村民思想道德、法治宣传、科学文化建设。村内监控并入四川省天网指挥中心，辖区天网实现全覆盖，从各方面提升村民法治意识和科学文化素质，有力有效地促进了乡风文明建设，取得了农村基层治理突出成效。

民风民俗

生产习俗

【合耦相助】 苏东坡在《眉州远景楼记》中提道："吾州之俗，有近古者三。其士大夫贵经术而重氏族，其民尊吏而畏法，其农夫合耦以相助。盖有三代、汉、唐之遗风，而他郡之所莫及也。"其中，"农夫合耦以相助"的大意如下：每年农历二月，冬闲过去了。眉山东坡区包括中心村一带的家家户户开始备耕，到了农历四月进入栽秧的大忙季节，各农户的劳动力都下田耕耘。为了更有效率地完成耕作，村民们在耕耘的方法上实行互助，即将数十上百人分组作业，设立漏壶规定劳作时间，以击鼓为号令进行现场指挥。在这之前，先推荐出两位诚信有威望的人，一人掌握漏壶记录时间，一人鸣鼓指挥劳作起止进退，大家都服从其组织调度。如果不按时劳作，不认真干活，就会罚钱。农活结束时进行总结，量田计功。对于田多而劳力少的农户，要出钱补偿大家的劳动。从农历七月中下旬起，便进入秋收大忙，村民们同样以计时和击鼓指挥作业。全部作业完毕，用罚金和补偿大家劳动的钱，杀猪宰羊、买醪糟美酒，让参加劳动的农民"作乐饮食，醉饱而去"。直到现在，中心村仍然有这样耕作互助的习俗，这反映了村民间淳朴善良的相处氛围。

【开秧门】 以前每年春耕生产的时候，中心村便会举行传统的农业生产习俗——开秧门，即选择吉利的日子插秧，还会在插秧前举行相关仪式。

开秧门的头一天，负责人会在村中到处吆喝："明天早晨开秧门啰！"第二天凌晨，乡亲邻里便在田边一溜排开，焚香烧纸，磕头作揖，祭祀土地，祈祷有个好收成。先由一位德高望重的长者点燃三炷香，虔诚地敬拜天地，再插到田边，然后端碗喝一大口酒，接过秧苗，随着"开秧门啰"的喊声插进水田里，鞭炮声也适时响起。亲朋邻里纷纷下田，一字等距离排列开来。他们左手捧秧，右手快速地扯秧插秧，动作连贯娴熟，秧苗一插一个稳。等到太阳下山的时候，帮忙插秧的村民就会到主人家吃"九大碗"，家庭条件较好的会宰杀肥猪，以此来感谢大家的帮忙，而栽秧管饭称为喝"栽秧酒"。

后来随着经济、科技水平的发展，中心村的青壮年逐渐外出务工，农业生产进入工业化时代。"开秧门"的传统习俗渐渐消失了，但到了插秧季节，为了不误农时，在外打工的、乡亲邻里们还是会来帮忙，有些讲究的人家也会举行简单的仪式。

【人市】　新中国成立前，一到秋收时节，劳力就格外紧张，这个时节便出现出卖劳力的"人市"。他们短衣扎袖、头戴斗笠、腰系围帕、手握镰刀，结成五人一棚（二人割、二人挞、一人担）。中心村有需要雇人打谷的人家，天刚亮便到桥上临时选择，议价雇请。新中国成立后，成立了互助组，就没有"人市"这种说法了。

【十月初一牛过生】　中心村一带有敬牛、给牛过年的习俗，本地人认为每年农历十月初一是耕牛的生日，人们在这一天会做糍粑来给牛庆祝生日。将糍粑做好后，给牛戴在两个牛角上，然后牵牛去河边喝水，牛埋头喝水时可看见水中自己的倒影，便知道人们在为它庆祝生日。这一习俗一直流传到今天。

敬奉习俗

【祭祀】　新中国成立前，眉山东坡区包括中心村一带的祭祀活动主要是家祭和庙祭。

家祭 新中国成立前，中心村的多数人家在住宅中的堂屋，设立神龛、香炉，供奉祖先牌位。一般是富裕人家建金碧辉煌的神龛，神龛下置"长生土地"和"灶神"一并祭。逢年过节，就在神龛上燃灯设供，以示节庆。普通家庭则供奉灶神、坛神和土地神，每天"晨昏三叩首，早晚一炷香"，顶礼膜拜，虔诚供奉。祭祀有家祭、墓祭之别，"清明"祭墓，"中元"和祖宗生日则祭于家。过去多在中心村大道侧刻"土地"或"观音"石像，村里人穿以锦衣，祭以楮酒，竞相膜拜，以求福祐。七月半（鬼节）、除夕、上元（"放灯"）等日祭献祖宗，在父母诞辰和自己生日时，也焚香献酒表示心意。同时，堂屋不存放杂物，以示庄严。只有尊亲贵客，才能请入堂屋落座。新中国成立后，家中香火神龛被拆除，各种祭典已成为历史。仅在清明、春节期间，中心村仍有备酒醴至先辈坟墓祭祀的人。

庙祭 主要祭祀设有孔子及其弟子灵牌的文庙。民国时期，祭祀孔子典礼为每年夏时春秋两丁日（夏时春秋两丁是指仲春、仲秋的上丁日，仲春上丁日是农历二月的第一个丁日，仲秋上丁日是农历八月的第一个丁日），届时，县知事到文庙主祀，县内属官、公立学校校长和公职人员都要参加，三拜九叩，仪式隆重。后来，改为在孔子诞辰日的农历八月二十日举行祀典。

【祭典】 旧时祭典名目繁多，当时的县官每年要祭社稷、风云、雷雨、先农坛、文庙、武庙等。民国时期，除文庙祭孔子，武庙祭关、岳等照常进行外，余皆废除。并将祭奠时的跪拜改为鞠躬，中心村等地的民间家庭神龛常供奉"天地君亲师"牌位。

土主会 农历正月二十一日。本地人到城区北门青衣土主庙敬香祭祀青衣神蚕丛氏，农村妇女在家打扫灰尘，作饲蚕吉兆。

文昌帝君寿诞 农历二月初三日。官吏绅士在文昌宫筹资演戏，敬香还愿，以祈求文昌帝君庇佑功名富贵。

城隍会 农历二月十三日，城隍神寿诞。各行业筹资在城庙演戏，举办高桩、台会表演相庆。

东岳神寿诞 农历三月二十八日。本地人到东街东岳庙祭祀敬香，禳灾祈福，玩耍看戏。

释迦寿诞 农历四月初八日。善女信男戒斋沐浴，备香烛纸钱到各寺庙求神拜佛，敬香还愿。许多人家用红纸条架成"十"字状，上书"毛虫乖乖，快些走开"等字样，张贴墙上，谓之"嫁毛虫"，以驱虫祛害。

火神寿诞 农历四月十五日，城乡居民到小南街火神庙敬香还愿，看戏玩耍。

药王寿诞 农历四月二十八日。城乡医药从业者齐集小南街药王庙内，向药王神像礼拜敬香，后筹资摆席就餐。

关公大刀会 农历五月十五日。民国时期县内各大小码头的袍哥兄弟伙，齐集小南门外关帝庙礼拜关公及其大刀，以崇尚武勇义气。乡间民众则聚集举行祈雨还愿仪式，谓之祈望"磨刀水"。

镇江王寿诞 农历六月初六日。江河船帮人员在船上杀鸡备酒食、祭船头（龙头）；村民置酒肉到土地庙祭拜，祈祷本方禾苗茂盛。此日若有阳光，城乡居民皆翻晒棉毛衣物，以防生霉蛀虫，俗称"六月六，晒衣服"。

川主神寿诞 农历六月二十四日。本地人皆到川主庙街川主庙敬香还愿看戏，以祭祀川主神庇佑风调雨顺，家人平安。

孔夫子寿诞 农历七月初四日。政府官吏、文人学士皆到文庙敬香礼拜孔夫子神像和先贤圣者牌位。

乞巧会 农历七月初七日。城乡妇女邀约聚会，相互讨教学习针织刺绣技艺，谓之"乞巧"。

牛王会 农历十月初一日。村民休耕一日，以糯米做粑挂在牛角上饲牛。牛王庙演戏，有请僧道为牛王神念经拜忏者。

灶神寿诞 农历腊月二十三日。家家打扫卫生，晚上焚香烛，以糖食祭灶，送灶神爷上天，次日晚燃放爆竹，置办家宴迎接新灶神降临。

建房习俗

【历史及演变】 新中国成立前，中心村人家一般一家一户，独门独院。房屋以土木结构为上，茅屋多、瓦屋少，竹篁为屏，秸秆或竹片为篱。一般房舍造型矮小、土墙板窗、背风向阳。住房布局根据经济好坏有枷担湾、三间一转、三间两头转等形式，一般都将房屋正中间辟为堂屋，供奉祖先牌位和接待客人。当时，民间新建房屋要请人择日选时动土和上梁。上梁前，亲族邻友前来敬送匾对、挂屏、花红火炮、财物等祝贺。上梁一般选在子夜时分，由木匠师傅先用大红公鸡的鸡冠血祭梁后，将悬挂着"紫微高照"之类吉祥字样红幅的中梁抬上房架安放，谓之"上梁"。祭梁和上梁时，木匠师傅边操作，边念唱吉祥祝颂语，同时燃放花红火炮庆贺。后主人摆酒席宴宾客，席间由知客师代主人当堂致谢客词。

新中国成立初，部分农民分得地主的深宅大院，每一座房往往由几户农民合宅居住，多数人家的住房风貌基本维持原样。20世纪70年代后期，城镇各机关、企事业单位相继建钢筋混凝土的单元式公寓楼房。80年代，农村经济发展，草房变瓦房，砖木结构变钢筋混凝土结构，小院围以砖墙，掩映于竹林、果园之中，二层楼、三层楼式建筑不断出现。到1987年底农村改建和扩建住房的农户在70%以上。有的人家水电齐全，阳台花草四时吐艳。城市住户家具款式新颖，电视机、收录机、电风扇、缝纫机、洗衣机、沙发等正逐步增多。农村以木质家具居多，个别也拥有时新家具。同时，民间建房礼仪渐简化，尤其城镇近几年大多修建楼房，更无祭梁上梁的必要，一般只是请风水先生选址和定动工日期，在新房落成时，燃放火炮，宴请客人以贺。目前中心村的《村规民约》中强调了不看风水的规定，该规定弘扬和践行了社会主义文明观。

饮食习俗

【概述】 新中国成立前，中心村除了少数富贵人家常年吃大米外，大部分当地农民常年食用少量大米掺和玉米粉的"桂花饭"或玉米粉粥，也以红萝卜作两月口粮。大多数农家每年收获扣除租粮后，剩余少，一般日食两餐，也有不少人吃"对时饭"（一日一餐）。中等以上人家，初二、十六打"牙祭"（食荤），农忙和逢年过节一日三餐，伴以酒肉。新中国成立后土地归农民所有，以大米为主食，玉米、薯类逐步转为禽畜饲料，绝大部分人家一日三餐。20世纪80年代后期，不少人家三餐不再只求吃饱，而是讲求营养搭配。宴席饮用瓶装曲酒，散装曲酒已逐步代替日常所饮烧酒。庆吊宴席，"九大碗"不再是规定宴席菜品，替以凉菜、炒菜、蒸菜，甚至山鲜海味。现在物质生活水平逐渐提高，中心村居民餐桌上的美味也愈加丰富，特殊节日也会有特定的食物。

节日习俗

【腊八节】 古时冬祀规模最大，称为"腊祭"，所以人们把十二月叫"腊月"。腊月初八为腊八节，腊八祭祀祖先的神灵。另一传说佛教创始人释迦牟尼成道之日为十二月初八，因此腊八在佛教节日中又称"佛成道日"。对于中心村的人们来说，腊八最具传统的风俗为喝腊八粥。腊八粥一般用核桃仁、莲子、红枣、桂圆，加饭米、糯米煮成。一般家庭初七晚上就开始忙碌，洗米、泡果、剥皮、精拣后开始煮，一直要煮到第二天早晨，腊八粥才算熬好。喝腊八粥时，不光大人吃，娃娃吃，还要给牲口、鸡狗喂一些，在门上、墙上、树上抹一些，图个吉利。一些传统一点的老人，在整个过程中，口中念念有词，表达祭祀之意。极乐寺在腊八这天，一般要做腊八粥用于布施，既庆祝"佛成道日"，也是对信众的一种布施。佛教信众自发到寺庙求一碗腊八粥，也是一个习俗。村里的老人到庙里享用后，总忘不了带上一碗回家，同家人特别是小孩分享，祈求来年全家平安。眉山的寺庙也会在腊八这天煮粥，像尚义中心极乐寺、多悦华藏寺、大旺寺的腊八节香火都很旺，腊八粥要煮上几大锅，僧众每年都有十数桌聚会。

【春节】 春节是传统节日，也是中心村一年中最隆重的节日。村民们十分重视这一传统节日，留下了很多富有特色的春节文化习俗。

每年冬至前后，富贵人家拿出红苕、玉米、洗米糠，给架子猪"催膘"。经过几十天的"大餐"伺候，猪儿长得毛光水滑、膘肥肉厚。年关将至，就该杀年猪了，人们开始腌制腊肉、腊鸡，灌制香肠，酿酒蒸粑，以备过年。中心村关于备年货还流传着这样的说法：二十三，瓜米粘；二十四，扫扬尘（灰尘）；二十五，做糖果（炒花生、胡豆、南瓜米、做谷花、苕丝糖、寸金糖、红苕片等）；二十七，杀年鸡（还有杀年猪，腌腊肉，推酒米，做冻粑、枕头粑等）。中心村的老百姓一般会在农历腊月二十三日夜（灶神菩萨回天庭的日子），不仅烧香燃烛，还准备了刀头烧酒送灶神，次日晚，接回灶神。临近除夕，家家户户打扫庭院，清洁房间，称"扫扬尘"，同时全面彻底地清洗炊具，干干净净地迎神祭祖。有钱人家，备上香烛、钱纸、公鸡、猪头、酒醴等到祖先坟前祭祀，为祖先垒坟。三十这天，村里许多人家还要"怄老鹰窝"，即点燃木屑熏树上的老鹰窝，寓意第二年老鹰不会来叼走村民养的鸡，鸡才能顺利长大。多数人家门面贴门神彩画，门框贴春联。红色春联送喜庆，字里行间示吉祥。过去的春联，都是手写的。年前，乡场上有字墨文化的先生写春联，有收费的，也有积德行善免费的。农村一家要贴好几副，龙门子、堂屋外、灶门间、猪圈房都要贴春联。除了春联，过去还讲究贴门神、贴年画；粮囤上贴个丰字，大门上贴个倒福字，等等。现在的春联多是印刷的，村民们仍然会讲究贴个倒福字的风俗，盼望来年福气到家，这是人们的美好期盼。

除夕夜，为先人烧香祭拜，一家人吃团圆饭，根据各家经济条件，尽可能吃一年中最丰盛的一餐，菜肴中一定会有鱼和带肾的公鸡，谐音"有余有剩""新年富足"。饭后，家长给小孩发"压岁钱"，这种习俗一直流传到现在。还要用小方块红纸贴遍家中用具和庭院果树，叫"封印"，以示家具今年不再使用，来年果实丰盛。每个人还要热热乎乎地洗烫双脚，期盼来年一路平安。晚上在堂屋摆祭品、焚香烛、烧纸钱，祭神祀祖。把这些事办完了，全家人围坐闲聊"守岁"，等待子时的到来。一家人围坐在火盆旁向（烤）火，火盆一般像脸盆那样大小，盆底较浅，但有薄而宽的盆沿，放在一个矮矮的火盆架子上。人坐在火盆边，可以把脚搁在架子上，从头到脚都可以烤，火旁烤着自己家做的冻粑、叶儿粑，盆沿架子上放着冒热气的茶水。有的则敲锣打鼓到附近寺庙去烧"子时香"。等到深夜12点（子时）的时候，迎新年送旧岁，放烟花点爆竹，点子时香，放子时灯。子时灯有的是上天的孔明灯，有的是水中的河灯。还有撞年钟的，迎新送旧尽情闹热。现在出于保护空气质量，对放烟花爆竹有所限制，中心村的人们都主动遵守相关政策。

正月初一，中心村的人们早饭吃汤圆，有甜汤圆、咸汤圆、憨粑汤圆。甜汤圆芯子一般是黄糖芝麻做的，咸汤圆是肉芯子，憨粑汤圆没芯子，煮好后加佐料。大家还会穿新衣，在那个"新三年，旧三年，缝缝补补再三年"的年代，孩子们借新年的光，换来一身新衣服。无论大人小孩，即使在最贫困的年代，穿新衣过新年也是要千方百计做到的大事情。紧接着，人们出门拜年。真正意义的拜年是要带上礼物的，给来拜年的小孩发红包也是礼数之一。当然，从初一到十五，整个期间都可以拜年，尤其是"走人户"，也有拜年的意思。特别需要注意的是，初一的时候忌讳扫地，据说会扫走一年的运气、财气。

过去，正月初一开始取水用水的时候，人们通常要在井边、河边点香蜡钱纸，保佑新的一年用水不生病。

初一的中心村街上，热闹非凡。茶馆要开业半天，很多老茶客要来吃新年的第一碗茶，叫喝"开年茶"。耍灯也是正月初一的风俗，满街的龙灯、狮灯、花灯、牛儿灯，这些耍灯的都是有报酬的，只不过报酬一般不是钱而是香烟花生瓜子之类的实物。耍灯的在年前就会到各家商铺打（送）灯帖子，知会商家表示要来耍灯拜年，当然意思是让商家有所准备：如果商铺已经关了，就从门缝里塞进去。初一那天耍灯的敲着锣鼓响器来到大街上，收到灯帖的人家知道来了，就把一个放有香烟瓜子的盘子摆在门前，耍灯的就在门前耍起来，周围观看的人围成一个圈。灯一耍完，领队的去盘里取了香烟瓜子，带着耍灯人向主人家鞠一躬，喊一声"全体道谢"，就又向下一家走去。最好看的是狮灯翻五台。主人家把一大包酬谢的东西用一根长长的竹竿高高地吊在空中，耍狮灯的就从周围各家借来四五张八仙桌，一张一张地叠上去，之后在敲打的锣鼓声中，手持蒲扇的大头笑和尚就逗引着狮子从香起的方桌之间的空隙中一张桌一张桌地翻爬上去，直到最上面，取下那包东西。

　　此外，还有打莲箫、打花鼓和踩高跷的人在街上表演。莲箫是竹子做的，像打狗棍，在两端安装铜钱，外面贴上花线条，一队人舞莲箫拍打节奏。打花鼓，又叫打腰鼓，跟现在的陕北腰鼓类似，但花样就简单多了。踩高跷，民间称高脚狮子，特点是每个人的脚上都踩着高跷，老远就看见高跷队来了。行进间，乐队打的是秧歌锣鼓，高跷队随着音乐扭秧歌。小孩在初一可以买到很多玩具，像帮当鼓，又叫巴郎鼓（郎发第一声）。用刨花皮卷个圆形，绷上一层红纸，用桐油浸过。两个耳锤，一根竹签。一搓动，会发出帮当之声，和响蟆蟆（青蛙）一样，都是小孩的玩具，不结实，容易坏，能玩过初一就不错了。还有面具，春节期间，城区乡镇都有卖"笑和尚""巴三"的。"笑和尚""巴三"都叫喜脸壳子。"巴三"是孙猴子的脸谱，"喜脸壳子"在眉山方言中指面具。这些面具是从耍狮灯中游离出来的儿童玩具，很受孩子们的喜爱。以前，小孩子们还会到租书店看几本小人书，或者去转糖圆儿关刀，就是倒糖人。民间手艺人将黄糖熬化，在石板上倒出各式糖品，桃、鱼、龙、凤、关刀、孙悟空等，转盘指针指到什么，就得到什么奖品，其中一些玩具直到今天，依然能看到商贩在售卖。

　　从除夕起到正月十五过大年要"忌口"，不能说不吉利的话。也要"忌手"，不能失手打坏日用物品。正月初二到正月十五到亲友家拜年，由近至远，相互拜年。每年正月初二的"走家婆屋"是一种习俗，中心村的家婆称为"家家"，即孩子的外婆。此时，一家人会去给"家家"拜年，拜年不可能空着两只手，俗话说："腊肉长奄奄挂面四十把。"每年中心村的人们背一眼背（一种竹编背筐）的礼物去，里面装的是：一块长长的腊肉，一般五斤以上；挂面十二把；枕头粑两个。有的甚至"拜年拜到青草发"，并开始耍灯，有龙灯、狮灯、花灯，一批去、一批来，城乡小康之家有的在门外点上云灯、地灯、三宫灯祈福免灾。城里还有不少店铺点上走马灯、宫灯或其他彩灯以招徕顾客，大街上还有群众自办的牌坊灯很有特色。中心村的场镇上红灯笼满街都是，十分喜庆。灯笼大多是自做的，样式很多，圆的、方的、五角星形、宫灯、走马灯都有。在没电的时代，晚上灯里点的是清油，别有一番景象。

以上说的是小康之家和富人过年习俗。穷苦农家虽也重视过年，但多把过年视为"过年关"。当地有民谣唱道："过年过年，催租逼债到门前，愁煞压岁钱；娃儿要买响簧（空竹），婆娘（妻子）喊买砂糖（红糖），吵得老汉儿（爸爸）赶不得场（集市）。"他们过年，只求有块"刀头"（一小块猪肉）祭祖，一家人能吃顿白米干饭就心满意足了，一般"破五"（正月初五）就下地干活或外出打工了。

随着现在生活水平的逐渐提高，中心村的人们过年时，全家着新，张灯结彩，贴对联，放鞭炮，团年、拜年之风仍保存至今。有些人家还会出门旅游，而村干部会组织青少年为烈军属和孤寡老人做好事，开展各项有益的文娱活动。

【上元节】农历正月初九至十五，也称"上九"。当地香客居士开始陆续到寺庙进香朝拜。正月十五为上元节，晚上"闹元宵"，人们吃毕汤圆，去看耍狮灯、龙灯，尽情欢乐，庙宇里灯杆林立，街道上扎过街灯楼，店铺前彩灯纷呈。由会首（灯棚经办人）请人宣讲因果报应的格言、圣谕。狮灯、龙灯、花灯，到各场镇献技。城乡组织的龙灯、狮子灯、牛呴灯、花灯等各类灯舞，白天上街表演，晚上逐家挨户上门表演，由主人家赠予烟酒茶糖或钱物酬谢，或备夜宵款待，故称"上元"为"放灯"，当地有谚语称"雨打上元灯，油米贵如金"，是说此日不宜降雨。新中国成立后，耍灯曾一度废止，到20世纪80年代，逢节日庆祝活动耍灯又兴起。过去农历正月十五晚上有"偷青"习俗，即晚上出门到别人家菜地中偷偷摘取葱、蒜、青菜、白菜等蔬菜回家，夜里煮挂面、米粑吃，谓可避邪祛病。被偷者发现后，也不得叫骂，否则会生疮患病。中心村有一项古老的民间习俗，即在农历正月十五元宵之夜到别人地里去拔菜，谓之"偷青"。传说吃了元宵节偷来的青菜，可葆青春常在。元宵偷青是有讲究的，正月十五到别人地里偷菜，是得"财"的意思。偷到萝卜，表示头彩；偷到葱、蒜表示聪明会算。有的地方约定，不能把偷到的菜放到第二天才吃。于是，许多青年男女在一起，围着篝火煮食，此日此夜又称为"情人节"。还有一种说法是，小伙子喜欢谁家姑娘，就到谁家地里去偷。这样姑娘就会知道有小伙子爱上她了。小伙子回家，把青青的豌豆尖放到妈妈手里，告诉妈妈，这是谁家菜地的，妈妈也就知道儿子喜欢谁家的姑娘了，便于日后的提亲。不少青年男女以此为乐，现在此俗已逐渐减少。

【立春】 立春这天，村民举办各种"打春"仪式，祭告上天庇佑当年风调雨顺，五谷丰登。清末民初，眉山县（今整个东坡区）有"打春牛"的生产习俗。一般上年底至下年初，由知州（民国时为知事）指定的负责人要多次召集相关人员开会，布置活动的具体细节，研究解决问题的方法。遇到重大事情，知州（知事）还要亲自出面协调。

农历立春那天早晨，知州（知事）着正装率僚佐至春厂坝（眉山东门原航运公司对面）一临时搭建会场。会场主席台正中摆有方桌，方桌上供着一条纸扎的春牛，牛旁放有礼品。当知州（知事）持香拜毕并击鼓三声后，祭礼渐达高潮。知州（知事）执彩鞭率僚佐环击纸扎春牛，顿时，场外鞭炮齐鸣，场内欢声雷动。紧接着，知州（知事）在前，僚佐随后，再后是当地贤达，最后各县乡代表、群众依次走到先农坛（今眉山一中校址内），行"祭礼"（一种代表区域人民表达对神牛感恩、祀愿的礼仪）。礼过，在一块地内，一名老农牵着一头壮牛，牛后拉着犁，知州（知事）亲自扶犁，佐吏在旁递种，知州（知事）接过播下。由此一个来回，称为"打春牛"。"打春牛"寓意新的一年牛与人相依相扶，五谷丰登。老百姓对打春牛的活动赞不绝口，认为这是知州（知事）亲民、爱民的表现。随着时代的发展，打春牛的习俗逐渐消失。但在民间，依然以其他方式传承着这一传统文化。大人们用木块削成倒金字塔圆锥体，拿给小孩子们玩耍，圆锥体经一截木棍上的麻绳拉动而转。转到要停止时，又打，由此反复，这就是大人们教的"打牛儿"。

【春分】 农历二十四节气中的春分，预示春耕即将开始，农民又将开始在田间劳作，农村人视春分节为"农民节"。这一天农民休息，女儿女婿都要回娘家做客。农民也有利用这一天处理兄弟分家或为儿女定亲这一类家庭大事，过春分节习俗过去在中心村比较盛行。古老的眉州及其辖县，每年春分时流行这样一种习俗：春分时，农村忌讳下田干活，农夫们都走亲串友，休息一天。这一天，要用糯米粉拌雀蒿，做成"雀蒿粑"，在吃它之前，先要在一块雀蒿粑上插三炷香祭祀"雀神"，叫作"泥雀嘴"，意在希望鸟雀吃了雀蒿以后嘴巴被糊上，不能再去吃庄稼，减少庄稼的鸟害。

【春社】 立春后的第五个戊日，是春社，按五行戊属土，为土神忌日，是日祭祀厚土、祈谷，新坟必于社前扫祭，谓之拦社，妇女停针织或回娘家。农民认为这天下地，庄稼多虫害，不少人家将各种作物果实（如玉米、花生和豆类）混炒，在这天分给大家吃，叫"炒虫、吃虫"，喻炒死害虫之意，认为能减少虫害。春社这一天忌动土扫地、上坟拜扫，相沿至民国时期。

【清明节】 每年清明前后，中心村的人们大多备就香烛、钱纸和酒食供品，前往祖先坟前拜扫祭奠，俗称"老请小"。旧时，宗祠内由族长率领祭扫合族坟墓，同时在祠内举办清明会，处理族中事务，并举行宴饮，以期族人和睦。新中国成立后，宗祠与清明会废除，但"清明扫墓"之习沿袭下来，人们以鞭炮纸帛祭扫祖宗坟墓寄托哀思。此时，中心村的人们还会外出踏青游玩，有时会由学校组织师生到烈士墓进行扫墓活动。

【清明会】 民国《眉山县志》记载："新年（指春节）和清明节，具牲酒扫墓。多有举办清明会者，合族醵（凑钱买酒）饮，醉酒而归。"举办清明会由来已久，早在北宋时期已经盛行。眉州境内张、王、李、赵、杨、秦、冷、严等显姓望族，率先依其聚居点建立宗祠，有的大姓望族还分别建有分祠或支祠，到明清时州内宗祠已遍布各乡村，计有300余个。各祠堂推荐本姓辈分高、德高望重的人担任族长，主持管理和处置族人事务。祠堂内供奉先祖牌位，按辈分排列本族各房列祖列宗姓名。族人定有族规，违犯族规戒条和越辈犯上者，应在祠堂受制裁。根据沿袭已久、约定俗成的规定，在清明节这天，各祠堂族人聚会，处理宗族事务，近似总结一年祠务，公开以祠规处罚违规族人，而后聚餐畅饮而归。这个聚会，在中心村被称作"清明会"。

中心村有句俗话："瓜葛亲，瓜葛亲，踢断脚杆连着筋。"清明会讲究的首先是辈分排行。过去，姓名都是三个字，第一个字是姓，后面两字是名，三字姓名是不成文的规矩。姓名若是两字或四字都被视为"怪物"，上不了族谱。旧社会男尊女卑，女性是没有排行的，上得了家谱却上不了族谱。不过现在已经没有这些偏见了。每年清明节，族中男女老幼都集聚到祠堂"吃清明会"，唯本族已嫁女子被视为外人而不得参加。清明会上，先由族长主持祭祖仪式，而后调解族内纠纷，处罚违犯族规诫条的族人，让他们站在祖宗牌位前认罪，轻的跪罚挨打——男打屁股，女打手心，重的逐出本族，最重的处罚是命其自尽或捆磨盘沉河。

处理完族务，大家8人一桌，围坐在祠堂大院大方桌旁，尽情喝烧酒和享用"九大碗"，一醉方休。宴会座次十分讲究，族长坐的是"上八位"（主桌上方正中），其余人按排行入座。这里按排行是不论年纪的，常言流"幺房出长辈"，即便年纪小，只要排行高，还是要和老者坐在一起。女人是不论排行的，也不入正席，都集中在祠堂的边角桌位。八仙桌的摆放也有讲究，桌面板材有横顺之分、头脚之分。立木板头为上板脚朝门，是为下方。族长一声："开席！"众人才敢动筷子，族长是家族中威望最高的人。清明会有大清明和小清明之分。小清明会一般一年举办一次，大清明会则几年、几十年不等。宣布新一轮排行字序，都在大清明会上举行。清明会的所有花销一般都是族中几个大户赞助。有的祠堂有公田，吃顿清明会自然不在话下。也有较穷的家族，每人要带半斤米来，才吃得到清明会。

　　清明会的主题是强调族风，提倡孝、悌、忠、仁、信、义、廉、耻，提高家族凝聚力。各家祠堂的族规不尽相同，归纳起来大概有以下几个方面的内容：同姓近亲不得结婚；禁止赌博、吸毒、偷盗、嫖妓等有伤族风的行为；严惩不守妇道、男女苟且的行为；惩教忤逆不孝、虐待老人、辱骂尊长的行为；提倡勤俭为本、安分守己的家风，等等。现在看来，很多族规仍然具有价值，值得族人遵守。

　　以前清明节这天，文人雅士也有自己的"清明会"，苏东坡在《和子由踏青》中写道："春风陌上惊微尘，游人初乐岁华新。人闲正好路旁饮，麦短未怕游车轮。城中居人厌城郭，喧阗晓出空四邻。歌鼓惊山草木动，箪瓢散野乌鸢驯。"

　　文人们邀约好友，携带美酒佳肴踏青，聚会于春意盎然的乡间田野。人们在风景优美处席地而坐，吟诗作赋，开怀畅饮。

　　时至今日，中心村祠堂里的"清明会"随着祠堂的消失早已消失，而踏青祀祖、聚会田园的"清明会"正在时兴起来。

【端午节】　按照中国古代历法，五月为仲夏之午月，而午月伊始的第一个午日正是登高顺阳的日子。午午相重,"午"与"五"通端,初始也,赋予历法数字许多神秘臆想的中国古代人为此将这一天称为"端午"。就端午而言,还有"端阳节""重午节""女儿节"等别称,而每个别称,都有一项厚重的传统民俗文化做支撑。

中心村的居民过端午节分小端阳和大端阳,一般以小端阳为主。小端阳是农历五月初五日,大端阳是农历五月十五日。据说战国时楚国的爱国诗人屈原多次劝谏楚怀王,不要受秦国的欺骗。但楚怀王却只听信奸臣的话,不听屈原忠告,还把屈原流放到湖南。结果楚国被秦国灭亡。屈原忧国忧民,于五月初五那天悲愤地跳进了汨罗江,以身殉国。楚国人于五月十五日得知屈原跳江身亡的消息,就到汨罗江划船打捞屈原的尸体。因怕江中鱼儿吃掉屈原尸体,便拿粽子扔进江中喂鱼。因此,小端阳是屈原跳江身死的日子,大端阳是打捞屈原的日子。

端午节的时候,中心村各家大门前悬挂用陈艾扎成的"艾虎"(干后作祛风药)和菖蒲,这是为了驱邪避虫,以免生疮害病。当然,挂菖蒲和陈艾也是很有讲究的,中心村每家的长辈们会把一条用雄黄酒泡过的小鱼和菖蒲、陈艾拴在一起,挂在房梁上,有意思的是,这条小鱼一整年都不会烂。除此以外,长辈们还要将大蒜捣碎了放在雄黄酒里,洒在家里的每一个角落,给小孩周身涂上以防疮毒,这样可以起到祛除邪气、晦气以及驱赶蛇和蚊虫的作用。川剧《白蛇传》中,就有白娘子怕雄黄酒的故事。在这天吃粽子,以前都是"白粽子",纯酒米做的。启了粽子叶后放上红糖液,再加上炒豆面。后来,出现了红豆的、火腿的、豆沙的、蛋黄的粽子,口味变得丰富了。过端午吃盐蛋也是中心村的习俗之一,一般家庭除了餐桌上"花"成瓣的,每人还单发一颗。成人饮雄黄酒,妇女和小孩子们还佩戴用彩色丝线包扎的小香包。戴香包(方言叫香泡儿)、送"香泡"是中心村的人们过端午节的又一大习俗。小小的香包绣得很精致,香包下用彩色丝线做成穗子,里面的香料是从药房买的,老远就能闻到一股香气。香包的式样很多:有心形、菱形、椭圆形、粽子形……一般都是别在胸口上,也有拴在腰间的。旧时这天学生家长要给塾师致"节敬"礼物，塾师回赠学生以扇子、笔、墨等。

刚结婚的男人最期待的也是婚后的首个端午节。因为这一天，男人们将得到丈母娘最为隆重的一次接待。到了端午节这一天，新婚夫妇早早地准备回娘家，女婿一大早要到街上去买肉、鱼虾等礼物，然后装一大竹篮子和妻子一起回娘家，新婚夫妇备礼物回娘家叫"送端阳"。而这一天，也是丈母娘非常忙碌的一天，为了祝福新婚夫妻风雨与共，丈母娘会早早地买回两把大洋伞（条件差的也可以买一把）、给女婿做一件洋衬衣（条件差的也可以做土布衣裳），还要做好一大桌好菜好饭等待女儿女婿回家吃饭。当一家人热热闹闹地吃完端午宴，丈母娘就要将两把洋伞送给女儿女婿，再将衬衣赠送给女婿。据说黑色勾勾伞，伞柄弯曲如钩，意味着把女婿的心钩住，伞大如盖，罩着伞下让人挂心的小外孙。当天晚上，女儿女婿还要在丈母娘家睡一晚，到了第二天早上，丈母娘要准备两到四颗一碗的荷包蛋，并亲自送到女婿的床前。至此，新婚夫妻才算过完了端午节的所有习俗。此风俗至今在农村仍存。

中心村过去都有在端午节举办龙舟赛活动的习俗，一般都是大端阳的头一天白天举行牛呃灯舞等各种趣味运动会，晚上举行歌舞晚会、放河灯、孔明灯等活动。大端阳当天，则举行游泳比赛、龙舟竞赛、抢鸭子等文体活动。中心村的人们抢水鸭儿，先将成群的鸭抛入水中，选手从船中相继跳入水中，追赶抓捕奔跑的鸭子。由于鸭子水性好，抓住也不易。最后以抓到鸭子的数量评奖，抓住的鸭子则由选手带走。但后来改龙舟会为水上运动会，嗣后虽无集体活动，但吃粽子、盐蛋，饮雄黄酒，悬艾虎传至今日。

【七夕节】 农历七月七日是传统的节日——七夕节，又名"双七节""乞巧节""少女节"，这都源于"牛郎织女鹊桥相会"的传说。传说玉帝第七个女儿织女，心灵手巧善织，人间女子拜祭她，祈求智慧、灵巧和幸福。每年七月七日的"乞巧"活动形成了"乞巧节"，围绕这个节日，眉山东坡区包括中心村一带有丰富的民间活动。

在传统文化里,月亮是极好的祥瑞,最神秘的大概是"夜半无人,天河私语"。少女偷偷躲在瓜棚下、草堆旁,夜深人静时,如果能听到牛郎织女相会的悄悄话,便能得到千年不渝的爱情。也有情人携手偷听天河私语的,所以"七夕节"又是中国的"情人节"。

以前中心村过七夕时,民俗还有拜织女会、化生求子、穿针乞巧和投针验巧等。拜织女会一般由女眷相约在月下摆张桌子,置茶酒、五子(桂圆、红枣、榛子、花生、瓜子)等祭品,围坐桌前,一面吃花生瓜子,一面朝着织女星座,默念自己的心事。据说会心想事成、婚姻美满。化生求子是用蜡塑牛郎、织女故事中的人物,放在水上浮游,其中有一种蜡制的婴儿人偶,叫作"化生",浮于水上为宜子之祥。乞巧验巧之类的则是希望智慧相伴男女珍惜。现在中心村过七夕节的时候,以上大多数风俗已经不存在。

【中元节(七月半)】 农历七月十五日是中元节,又称为七月半、亡人节、鬼节,也称盂兰盆节或盂兰盆会,俗称去世的祖先。七月初阎王会释放半月,故有月初接祖、月半送祖的习俗。中心村的人把月初叫鬼门开,月半叫鬼门关。有些地区过中元节为十三、十四日。这个由来是相传宋代末年蒙古人入侵某地,因为逃难而提前一天过节。旧志载:"七月半为盂兰会期,于家堂焚赙,谓之烧袱子。布筵设馔,视先灵位次,杯箸毕陈,炊新米,献新酒,数行乃彻。乡人虽至微贱,或因事牵率,俱以不能躬与祭扫为耻。"这段时间,村里的各寺庙多办"盂兰会",僧、尼、道、俗置供诸佛。以前,老百姓还有放河灯、点天灯(孔明灯)的习俗。所谓河灯,就是在一块小木板上扎一盏灯,多数用彩纸做成荷花状,花心点灯,亦叫作"水军灯"。按传统说法,放河灯是为那些冤魂引路的。灯灭了,河灯也就完成把冤魂引过"奈何桥"的任务。点天灯则有超度亡灵的意思。

其实,放河灯的由来也是有说法的。中元节是鬼节,也应张灯为鬼魂庆祝节日。不过,人鬼有别,所以中元张灯和上元张灯不一样。人为阳,鬼为阴,陆为阳,水为阴。水下神秘昏暗,使人想到传说的幽冥地府,鬼魂在那里沉沦。所以上元张灯在陆地，中元张灯在水里，才有了放河灯的习俗。后来，放河灯、放天灯已演变成祈福和求祥的娱乐活动。不过，现在在中心村也很少见到放河灯、点天灯的习俗。

另外，所谓"袱纸"，就是在黄纸上写上家族中过世人物的姓名身份，包上纸钱，在堂屋前或者墓地焚烧，以此寄托哀思。中心村的居民在七月十一日至十四日的晚上，家家以纸钱包裹书写成"袱纸"，堂屋中摆上酒食祭品，焚香烛，磕头作揖烧"袱纸"，祭奠祖先亡人，祈求庇佑。十五日夜则将花盘、水饭、钱纸等送至郊外，叫"赏孤"（孤魂野鬼）。

另外，烧袱纸要在七月十五日前完成。民间有个说法："七月半，鬼门关。"所以要赶在七月半关鬼门之前，给亲人"火汇"够一年花销的费用。当然，这是迷信的说法。烧袱纸的人都说"烧点纸，了了心愿"。可见这仅是缅怀亲人自我安慰的一种形式。

【中秋节】 农历八月十五日为中秋节，是阖家团聚的日子。过去，中心村的人们过中秋吃的大都是自做的"麻饼"。"麻饼"是粘了芝麻的麦面甜饼，有的还加了鸡蛋、发粉。现在每年八月初，各超市便出售各式各样的"中秋月饼"，品种越来越多，做工也越来越精致，包装也更精美。中心村的居民不仅会买回家里，也会买来送给亲友。在中心村，过中秋还有一样好吃的，叫麻糖。麻糖是用麦芽加工成的，方法就一个字：扯。中心村流传着一首老童谣："叮叮当，卖麻糖，月亮坝头烧香，烧死麻大姐，气死幺姑娘。"

八月十五日的晚上，一家人围坐庭院，陈列梨子、石榴诸果品，吃月饼、糕点、糍粑、酒食，村民们不会说"举杯邀明月"，说的是"有吃不瞒天！""整一口！"守看"月华"。月亮大得像银盘，老人给孩子们讲关于月宫的传说，一家人守看"月华"。实际上，"月华"是一种自然奇观，月亮四周呈现彩虹般的光环。传说见到月华的人会鸿运当头。只有在天空格外清亮的中秋深夜才有可能见到，所以民间有"守月华"的习俗。此外，中心村的人们还会在中秋杵糍粑。至今仍有此习俗。

【重阳节】　农历九月初九,又称"重九",是旧时文人登高吟诗作赋的节日。中心村的人们也会在这天外出登高,聚会游玩。有些师生还会登山野炊,观赏深秋景色。蒸"醪糟",是具有眉山特色的重阳节文化元素。一般在九月的时候,新酒米上市。相传这一天是酿酒者杜康的生日,民间有"重阳酿酒满缸香"之说,村民们多于是日酿酒(系糯米饭蒸醪糟,又称"甜酒")喝饮,谓之"重阳酒",长期味美不变。醪糟汁液叫"酒胡子",亦称米酒。淡淡的酒香、甜甜的口感,即使喝不来酒的人也能喝一小碗。重阳节这一天,吃一碗惹粑粉子醪糟蛋,也是一份享受。

1987年又将这一天定为"老人节",有些单位邀请离退休老人,在这天进行茶话座谈。现在,除了开展一些群众性的登山活动外,一些社区也会开展关心、帮助老年人健康的活动。"老协""体协"、老年大学等每年都要举办重阳节文艺汇演和体育比赛。直到现在,亦有人在重阳节爬山游玩。

生育习俗

【汤饼会】　汤饼会俗名"红蛋酒",也叫"满月酒",此习俗由来已久。妇女生了小孩告知娘家,叫"报喜"。娘家接到男方的报喜后,马上送去小孩穿的衣帽鞋袜及"月母子"(产妇)吃的鸡、蛋、猪油、醪糟、阴米子(煮熟晾干的糯米),至亲好友们也送来各种产妇滋补食物和婴儿衣服。一般来说,满三日(叫打三朝)、满十日都要备酒祝贺,满月日,亲朋好友到家祝贺"吃满月酒"。小孩满月后,家里要将蛋壳倒在家门外三岔路口。主家择定日期一般是满月之日或之后,宴请送礼者,席上备有蛋壳染红的熟鸡蛋,示意婴儿全家红红火火,这顿宴由此取名"红蛋酒"。产妇一般要满40天后,才能出家门或做家务活。中心村现在仍有此习俗,席上还会备有蛋壳染红的熟鸡蛋。

婚嫁习俗

【仪式】 中华民国三十五年（1946）国民政府颁发《六法全书》明文规定："有配偶而重婚，或同时与二人以上结婚者，处五年以下有期徒刑。"清末民初，男婚女嫁凭"父母之命、媒妁之言"。后来开始倡导自由恋爱，男女到了婚嫁年龄时，有的经人介绍，有的因同学、同事、朋友而产生恋情，开始谈恋爱。恋爱时间有长有短，长则数年，短则数月就结婚。结婚时先到医院进行婚前体检，再到婚姻登记机关办理婚姻登记，领取结婚证，最后举行婚礼。民间婚俗，长期沿用"六礼"，即访人户、合"八字"、看人、下聘、报期、亲迎等程序。其中以迎亲程序较烦琐。

中心村的结婚习俗很讲究。婚期前夜，男女家皆摆席宴客，谓之"宵夜"。亲族邻友前来送礼，施放花红火炮。席间由知客师（喜事主持安排者）陪主人致谢客词。男家举行新郎（称"新贵人"）"挂红、簪花"仪式，要"撒帐"，由司礼先生用花生、糖果、枣子之类向新房的床帐撒去，驱逐邪魔，迎接祥瑞。女家检视嫁妆，姑嫂为嫁女"开脸"（用纱绞去脸上汗毛）整容。"开脸"在20世纪五六十年代盛行，乡坝头以生产队为单位，夏天不落雨的时候，大家不用出工，比较悠闲，村里三四十岁已婚已育的农村女人就要聚在一起，进行一项美容活动，叫"开脸"。开脸的时候，妇女们一般两两结对，互相帮忙。操作的时候，妇女们用一个细线缠绕在手指上，将细线放在对方脸上来回滚动，去除脸上的"苦毛子"和脏东西。大约半小时后，开脸结束，一张光生白净的脸就出现了。开脸除了作为平时的美容手段外，新娘子出嫁前也要开脸。出嫁那天，新娘子很早就要起来打扮，新娘子的家人会请一位家庭圆满、生活幸福的已婚妇女来为新娘子开脸，表达对新娘子的美好祝愿，希望新娘子出嫁后，也能儿孙满堂、福气满满。

婚礼前一天亲戚朋友都要到新郎或新娘家送礼祝贺，主家视家庭经济状况，有请乐队迎接宾客的，有燃放礼花、鞭炮的，有表演文艺节目的，并摆出"九大碗"以谢亲朋，称为"夜筵"或"花夜"。中心村的人们结婚办"九大碗"（九道碗、九斗碗），请四方邻朋、八方亲戚欢聚一堂，同喜同乐，有这样的说法："一家有喜，三天不烧锅""一家有事，九里不烧锅"，"九大碗"男女方都办。第二天早上，在事先翻皇历看好的时间内，男方家的亲友及媒人一道去女方家接新娘，男方家一早准备旗锣鼓伞，笙箫唢乐，抬边猪、坛酒、笼鸡，用花轿到女方家迎亲。女方家先要给男方来人发红包，然后迎进堂屋。吃完饭后，男方来人和女方送新娘的人一起，迎新娘到男家。要保证接送的人来去都是双数，中途不能走人。新娘出嫁前要"哭嫁"（汪洋、禄加等地叫"坐歌堂"，亲友中青年妇女聚集其家，陪着新娘相互作歌）"忌食"。在《离娘调》乐曲声中，新娘哭着被背进花轿，由兄弟送到男家。这时，帮忙的亲戚朋友和地邻将装有锅瓢碗勺、床上用品的抬箱、家具等衾配准备巴适，依次排列，整队送亲。女方除留父母及厨师少量人员外，随队一路送亲到男方吃"正席"。男方送来的猪肉是供女方办酒席的，故有"有女不蚀本，烧起锅来等"之戏言。男家在厅棚外安放香烛、酒醴等待。女方送新娘的人在进男方家前，男方家也要给红包。女方"交礼先生"将送来的嫁妆物品向男家一一清点交付。

由司礼先生烧纸钱、撒米，口诵祝词，叫"回车马"（向女家送新娘的已死亲友辞退），意为遣送"车马神"回去。快到男方家门时，娶亲的早有人报信，将送亲的人数、身份、出力的大小告知男方支客师，花轿送到男家堂屋前，男家给予女家送亲人员每人一个内装礼钱的红纸小包，谓之"封呀"。女方"交礼先生"将送来的嫁妆物品向男家一一清点交付。还有十数丈距离，开始燃放鞭炮，唢呐队吹奏迎亲调，男女老少争相观看新娘，小朋友唱起儿歌："新迎子、新迎子。两个奶奶打腚子，今晚进洞房，明年生儿子。""迎新娘"由亲友中"福大""命好"的妇女，将新娘扶下花轿，搀入堂中，新郎新娘双双在祖宗牌位、红烛前拜天地，拜祖宗，拜父母，夫妻交拜。之后还要拜参加婚礼的至亲尊长，受拜者必须给予馈赠。满井、钟祥等地还有至长辈坟前叩头的习俗。拜堂后，夫妻入新房"坐床"。入新房时，新郎、新娘争先恐后抢着入洞房。据说，谁先进门谁强，先进克后进。于是男女双方的亲眷在新郎、新娘的背后暗中使劲。"入洞房"，夫妻双双坐在床沿上以示和睦相亲，白头偕老，新郎将新娘头上的红布揭下，以睹芳颜。新娘易妆出堂"拜客"，被拜亲友给"拜钱"。晚辈小孩围着新娘要"喜钱"。

  同时，男方家会请女方家来的木匠师傅到新房镶床。男方家的母亲会找那些生儿子的婶婶、姐姐，帮忙给新人铺床，边铺边说吉利的"四言八句"，向床上撒少许大米，口念铺床歌："新人床上一把米，早早生下儿和女。"并在床上撒些枣子和花生，喻义"早生贵子"。铺好床，还要给铺床人红包。新郎为表示感激之情，分别给舅母子、媒婆（介绍人）一人一个红包，一对枕头。酒席由支客师主持，说的是"四言八句"："大家听道，马上开席了，大家不要急，我帮主人家说两句。上席下席，左右两席，不是朋友便是亲戚。我没文化心在跳，说得不好别见笑。张府公子张狗娃今天与李家千金李幺姑喜结良缘……今天如果有整得不巴适的地方，请李府客人和各位乡亲'草辫子背娃儿——搂倒哈'。开席！"这时，鞭炮声、鼓乐声、唢呐吹奏声以及厨馆师的"看哆，拐子来哕！"连成一片，场景十分热闹，只有舅子（娘家兄弟）那桌特别，两个肘子，称为"双膀"。午餐，新娘和新郎要给每桌客人敬酒。散席后，女方除留下舅子接次日"返门"外，其余送亲人员皆回女方家。

  入夜，男方家灯火通明，设酒席款待宾客，新郎偕新娘逐席斟酒致意。吃过晚饭，由亲友们在新房中摆上酒宴，表示祝贺，青年人中也有嬉戏调笑的，同辈人借此提出一些戏谑问题要新娘或新郎回答，直闹至深夜方休。新郎好事的表兄表弟、堂兄堂弟们则演出一幕幕恶作剧：有的在新房门内门框上放一把扫帚；有的在新床蚊帐顶放一碗清水；有的趁新娘发喜糖时，借抢糖之机顺手在新娘身上摸一把，引来新娘一声声尖叫，俗叫"闹洞房"。第二天，帮忙的乡亲地邻来"复筵"，搬各自的桌椅板凳、锅和炉子。成婚后的第二天或第三天及第十天，夫妻备上礼物同到女方家叩拜岳父母，女方家早已宾朋满座相候，叫作"返门"或"回门"。路途远的当天不能返回，就在娘家住上一夜,然后回婆家。婚礼结束后,还以丰富的礼物或金钱赠送媒人,谓之"谢媒"。贫苦农民则不事铺张,礼仪从简,办几桌酒席,酬谢亲朋和媒人。也有人无钱迎娶,只好"打光棍"(单身)。

20世纪40年代,新式与旧式结婚兼有,农村沿袭婚姻旧俗较多。新中国成立后,贯彻新婚姻法,革除陋习陈规,青年自由恋爱,有的虽经介绍人撮合,仍由自己做主,相互了解,情投意合,婚礼简朴文明。1950年起,宣传贯彻新《婚姻法》,男女婚姻自主,废除包办婚姻,废除纳音,允许童养媳回家再嫁,提倡婚礼从简。男女青年到法定结婚年龄,到乡(镇)政府登记,领取结婚证书,取得法定手续,夫妻关系建立,除办理法定手续外,多举行结婚仪式,由新郎家组织迎亲队伍,或步行,或骑自行车,或乘拖拉机、汽车,程序较从前简化。80年代,有旅游结婚者,或选在节日集体举行婚礼,婚后提倡晚生、优生、计划生育。随着经济水平的提高,男方家会给女方准备"三转一响"(手表、自行车、缝纫机、收音机)、"四十八条腿"(床、桌、柜、椅等),到"三机一扇"(电视机、洗衣机、收录机、电风扇),还有新"三大件""四大件"等。

现在婚礼形式逐渐多样化,中心村部分居民结婚多数是男女双方家庭各选一个吉利的日子举办婚礼,也有双方家庭合办婚礼的,婚礼前要送请柬邀请亲朋好友,参加婚礼的都会送礼祝贺。婚礼当天有少则数辆、多则十数辆的迎亲车队到女方家迎亲,还有摄像师跟随拍照、摄像。富贵人家是用高级轿车接新娘,花车引擎盖顶杵了一对童男童女洋娃娃。后面跟着一串轿车,摄像师在一开着天窗的轿车里伸出半截身子摄像,在大酒店、大饭店、宾馆包席,只办中午一顿,不坐二轮。婚礼是中西结合。地下铺的是红地毯,表示喜庆。新娘穿的婚纱是白色透明的,代表纯洁。有专门的婚礼主持人主持婚礼,一般也有证婚人发言,宣读政府婚姻登记机关颁发的结婚证书,说明这对夫妻是合法的,受法律保护。接下来,新郎新娘向双方父母敬香茶,并连叫三声"爸、妈"。主持人问双方大人:"叫得乖不乖?叫得甜不甜?"双方大人齐声回答:"叫得乖,叫得甜。"主持人咄咄逼人:"叫得乖,叫得甜,为啥不掏钱？"整得双方大人面红耳赤，赶紧从包里掏出红封封交给儿子媳妇、女儿女婿。儿女们名义上尽的是孝道，实际上收到的是红包。婚礼结束，门外的六门二十四响喜炮齐发，筵席开始。婚礼一般是中午在饭店举行，由主持人主持。2000年以后，逐步由婚庆公司操办结婚诸多仪式，包括迎亲、礼堂布置、婚礼主持、鸣放礼炮等，有的还有文艺节目助兴。不过，中心村的大部分人结婚依然沿用传统的结婚习俗。目前中心村的《村规民约》规定：全村村民要遵循婚姻自由、男女平等、一夫一妻、尊老爱幼的原则，建立团结和睦的家庭关系；婚姻大事由本人做主，反对他人包办干涉，不借婚姻索取财物。该规定体现了社会主义新风尚。

寿庆习俗

【概述】 祝寿，俗称"做生""吃生酒会"，这种风俗在今天眉山东坡区包括中心村一带的地区沿袭下来。传统习俗是父母健在，儿与媳不能祝寿。办寿酒有的广迎贺客，唱戏、设宴，有的只一家近亲近邻相聚庆祝。较为盛行的是子女为父母、晚辈为尊长做生，至亲好友之间也常互相祝贺生日。子女对父母的寿诞也特别看重，即使远行在外，也要购置鞋袜帽子、衣料和寿面、寿酒等，设法赶回向父母跪拜祝寿。不少机关和企事业单位都将职工生日登记在册，届时以不同方式表示祝贺。《祝你生日快乐》的歌，几乎大人小孩都会唱。以前，主人若逢60、70、80、90等大寿，更要隆重操办，或邀戏班子演戏、或唱玩友、或请僧道"打生醮"，以企盼延年益寿。

做生，有年年例行，也有祝九不祝十的说法，因九谐"久"、十谐"死"，特别是60岁以上老人，隆重祝"九"，逢"十"不祝。旧时做生，富裕人家祝寿放鞭炮、敲锣鼓、唱玩艺、操办酒席宴客祝寿，亲族邻友也来敬送匾对、寿幛、寿礼。前来祝贺的人，多馈赠衣、寿帽、寿鞋、寿屏、寿联、寿金等，主家设宴款待。拜寿时，做寿者（包括配偶）被人扶着至堂屋，拜天地祖先后，依次接受来宾、家属祝拜，做寿者给未成年男女发"百岁包"。

贺客光临，寿星或其子女要下阶拱手相迎。寿高或满十，尤其是60大寿祝寿仪式更为隆重。平时生日，从略从简，父母对子女生日也有所表示。贫寒人家简单从事，只家人亲友团聚以贺。赤贫者生计都感困难，更无力做寿。

新中国成立后，借祝寿大摆宴席、摆阔气余风虽未灭，却大为减少。一般做寿，只备置糕点、菜肴欢聚一餐，以表敬意。近年来形式有所改变，有的馈送生日蛋糕、鲜花、糖果点心等，受贺者也有改宴席为晚会、茶会的。年龄不论大小，尤其是儿童都可过生日（有父、母健在的不能称祝寿），形式也多种多样，有的邀请同学、好友唱歌跳舞，吃生日蛋糕，有的一家人同去郊游野餐、摄影，有的亲友在广播电视中点歌祝贺。现在，民间祝寿礼仪渐简化。中心村的《村规民约》规定：喜事新办，不铺张浪费。这体现了社会主义精神文明的价值追求。

语言习俗

【方言】 汉语方言俗称地方话，只通行于一定的地域，不是独立于民族语之外的另一种语言，而只是局部地区使用的语言，本身有一种完整的系统。方言都具有语音结构系统、词汇结构系统和语法结构系统，能够满足本地区社会交际的需要。

人事称谓

○大爷——大伯。

○干爹干娘——拜的爹娘（无血缘关系）。

○孙孙、末末、灰灰——指下三、四、五代儿女。

○伯伯、老汉——父亲。

○家公、家家——外公。

○婆婆——外婆。

○舅母娘、母母——舅妈。

○讨口子——乞丐，又称叫花子。

○贼娃子、翘杆、刷白匠、刷耳棒——小偷。

○骨碌子——爱打牌的人。

○哭儿宝——爱哭的小孩。

○侧边滑哩——邻居家。

○二架梁——没本事又装作很厉害。

○二恍恍、恍兮忽兮——粗心大意不踏实。

○二簸簸、二不挂五——不老实不务正业。

○几爷子——泛指几个人，或父子几个。

○了不得——自以为要不完。

○山老表——形容人土、俗气。

○大嘴老鸹——指最大获益人。

○干筋筋、干豇豆——指身体瘦弱。

○下四烂——没有本事，不三不四的人。

○小见——目光短浅，只顾眼前利益。

○小话子、小广播——搬弄是非，到处传播小道消息。

○木肘肘——无主见，听从别人指挥。

○木脑壳——笨头笨脑，反应迟钝。

○五香嘴——爱吃零食。

○白嘴、白火石——说假话，会说不会做。

○打广子——到处招摇撞骗。

○吊儿郎当——仪容不整，自由散漫，做事不认真。

○关火——能做主、有权势的人。

○劣骨犟——固执己见。

○行实——能干、做事出众。

○孱头、假精灵、欠耳子——爱出风头的人。

○闷子、闷登——愚笨的人。

○张巴、张花实——做事没头脑，言行急躁。

○扯地皮风——无故掀起惊乱。

○横木头——蛮不讲理的人。

○胀笨——做苦工。

○挂角亲——指间接关系的亲戚。

○洋盘、洋歪歪——穿着打扮装腔作势。

○光子石、光子九——贪玩好耍不踏实。

○假斯文——假装有学问。

○喽溲、烂龙——衣衫不整，脏烂。

○愚骨棒、愚骨包——光做傻事的人。

○疯儿洞、疯婆子——有精神病的人。

○醒豁豁——言行不稳重，轻浮。

○戳脱——指人错过了某事，也比喻人或事物在事故中死亡、消失。

礼仪交往

○大烦小事——大小事情。

○口水话——没有意义的家常话。

○下话——向别人求情、道歉。

○上服——先打招呼，警告。

○巴不得，巴怜不得——迫切希望。

○不认黄——翻脸不认人。

○不来气，不落教——不讲信用。

○日脚——批评。

○方人——当面给人难堪。

○开黄腔——说外行语，不负责的话。

○打头子——顶撞别人。

○打撂边鼓——做事不专一，常出差错。

○打圆戳——替别人说好话。

○出言语——有意见。

○冲壳子、吹壳子——说大话。

○甩袖头子——不理睬，不肯帮忙。

○扶累、劳烦——托人办事的恭敬话。

○刮毒、毒实——做事毒辣、凶狠。

○没经个得——不小心，不留神失了手。

○扭捏、精怪——要求的花样多，难伺候。

○扯筋、扯皮——争吵、推诿。

○扯怪叫——故意不听从或已定的事中途变卦。

○泼烦——向人表示增加了麻烦。

○放黄——答应的事不兑现。

○拉下水——受到诱骗误入歧途。

○带口头——说话时带有骂人的言语。

○说白——说谎。

○说扯拐、说过冈——指桑骂槐。

○倒炉子——做了失威信、丢脸的丑事。

○造口孽——吵嘴闹架。

○得罪——表示自己有罪过的谦语。

○麻馇、麻麻馇馇——含混不清。

○祸包——惹是生非。

○翘盘子——故意为难，不给面子。

○塞包袱——送钱物行贿。

○碍口失羞——言行举止不大方。

○肇皮——故意使人丢脸出丑。

○整冤枉——捉弄、戏耍人。

饮食卫生

○九大碗——农村筵席九个大碗的肉、菜。

○门坎肉——切得又长又厚的肉。

○开洋浑——意外吃到没吃过的东西。

○向料——调味的佐料。

○吃擦活儿——跟着别人吃自己不付钱。

○哈口——腊肉、猪油存放久了发出的怪味。

○宵夜——晚上加餐。

○饿痨饿虾——饥饿难忍，见食物就吃。

○蛋果圆——用蛋皮裹碎肉蒸成的一道菜。

○精巴子——瘦肉。

○酸不溜纠——味道很酸，也指做事迂腐。

○整酒——结婚办筵席。

○水酢酢——食物水分多，不干燥。

○发鸡爪疯——手脚僵硬活动不自如。

○打摆子——疟疾病。

○光胴胴——光着上身。

○告口——伤口愈合，也指事情办完。

○困、困瞌睡——睡觉。

○呻唤——呻吟。

○掰子、拐子——两腿长短不一，走路不便。

○鼾包——气喘、咳嗽。

自然天候

○令杵——冰棒。

○杠——彩虹。

○扯活闪——闪电。

○雪弹子——冰雹。

○一吓——全部，一共。

○一哈儿——一会儿。

○一搂手、一扑笼——指植物一堆、一丛。

○一抹多、一铺揽子——很多，数不清。

○一撮撮儿、一把把儿——很少。

○二天、二天个——过几天、过些时候。

○大天八亮——天已亮明。

○晌午——中午。

○曲抹黑——一片漆黑。

○连更晓夜——从黑夜到天亮。

○宴天、宴个——昨天。

○挨黑、擦黑——傍晚。

○黑窟窿——形容天黑得吓人。

【谚语】　指广泛流传于民间的言简意赅的短语。多数谚语反映了劳动人民的生活实践经验，而且一般是经过口头传下来的。它多是口语形式通俗易懂的短句或韵语。

农谚

○季节不等人，一年无二春。

○若要庄稼好，巧施肥料不可少。

○庄稼人不养猪，好比秀才不读书。

○庄稼一枝花，全靠肥当家。

○深栽芋头浅栽姜，红苕栽在背背上。

○田土炕得酥，犹如下油枯。

○庄稼一枝花，全靠粪当家。

○天晴好薅草，落雨好栽苕。

○春水贵如油，不让一滴流。

○喂猪不赚钱，肥了一坝田。

○雨打初伏头，地沟水长流。

○喂猪没啥巧，窝干食子饱。

○人无科技不富，牛无夜草不肥。

○九荞十麦冬菜籽，菜籽从清明死（菜籽到清明即可收获）。

○犁得深耙得烂，每亩可打二三石。

○亏种不亏苗（种要多下，免得补栽时多用苗子）。

○做庄稼宜早不宜迟（迟则虫病害重）。

○七秒金八秒银，九十月秒来但求滕（但求滕，方言词，表示没用。喻耕地晚了不好）。

○八月大萝卜当肉价，八月小萝卜当猪草。十四十五月团圆，二十分分月起三更，二十七八头月起一头牛。

○清明高粱谷雨豆，惊蛰育苕正时候。秋前十天无谷打，秋后十天满坝黄。九胡十麦冬菜籽，过年才翻豌豆子。

气象谚语

○东虹日头西虹雨，南虹北虹涨大水。

○二月打雷谷堆堆（主收成大好）。

○春分有雨病人稀，春分无雨雨不宜，立春有雨，主来年天干。

○春丙阳阳无水撒秧（立春后之丙日出太阳，主无水），夏丙阳阳干断长江（夏至后之丙日出太阳，主无水），秋丙阳阳干谷上仓（立秋后之丙日出太阳，主有好收天），冬丙阳阳足手不僵（冬至后之丙日出太阳，主无霜雪）。

○乌云著冬越落越凶（雨越落越大）。

○雨打上元灯，中秋月不明。有雨天边亮，无雨顶上光。

○云向南雨成围，云向东有雨也成空，云向北有雨也没得。云向西，骑马拿伞披蓑衣。

○清明要明（明期好撒秧子），谷雨要淋（淋则苗有水灌溉）。

○立夏不下，犁耙高挂（立夏当下雨才妙）。

○雨打佛头（四月八日），干死芋头。

○六月出虹（彩虹），冬水田秒来炕（预测冬旱）。

○立春下大雪，百天下大雨（立春下大雪，其后一百天则有大雨）。

○冻惊蛰，晒清明，春寒有雨夏寒晴。

○一日黄沙三日雨，三日黄沙九天晴。

○笋子不上林，来年饿死人。

○燕子低飞，快把田缺堆。

○雨打二十五，后月无干土。

○雨打秋，一半收。

○早雨晏晴，乌云接日半夜淋。

○先打雷，后下雨，当不上一次大露水。

○七落八落九天晴，九天不晴十天还有一早晨。

○天气闷沉沉，大雨将来临。

○日枷长江水，月枷草头枯。

○明星落湿地，落雨不歇气。

○白露秋分，昼夜平分，夏至日短，冬至日长。

○天黄有雨地黄晴。

○狂风早雨大太阳。

○重阳无雨一冬晴。

○斑鸠叫唤要落雨。

○鸡不进笼要落雨。

○蛤蟆叫，雨要到。

○猪拱圈，天要变。

○丁丁猫赶场天要晴。

○峨山现，落雨不断线。

○只要立过秋，扇子沿河丢。

○惊蛰不起风，冷齐五月中。

○雹打一条线，风吹一大片。

○月亮毛冬冬，不下雨也要起风。

○久晴必有久雨，久雨必有久晴。

○瓦房烟天要晴，草房烟天有雨。

○东虹晴，西虹雨，南虹北虹涨大水。

○先打雷，后下雨，只当一场大露水。

○一日黄沙三日雨，三日黄沙九日晴。

○处暑有雨十八缸，处暑无雨干断江。

○蚂蚁搬家蛇过道，大雨马上就来到。

○早烧不等黑（下雨），晚烧还有半个月。

○天黄有雨，人黄有病。

○天亮落雨尽管来，吃了早饭落雨打草鞋。

○正月打雷黄土堆，二月打雷秕壳飞，三月打雷谷堆堆。

生活谚语

○出门看天色，进屋看脸色。

○闲时办来急时用，急时办来不中用。

○冬吃萝卜夏吃姜，一年到头少医汤。

○早烟早酒，少活八九。

○要小康，农工商；要得富，粮棉油猪加果树。

○杀鸡杀到喉，帮人帮到头。

○远水难救近火，远亲不如近邻。

○家中有一老，犹如有三宝。

○人勤担起山，懒人田埂都坐弯。

○跟着好人学好人，跟着端公跳假神。

○晴带雨伞，饱带衣粮。

○叫唤的麻雀没有二两肉。

○庄稼佬不识货，可以比堆垛。

○皇帝爱长子，百姓爱幺儿。

○家中有金银，隔壁有戥秤。

○鼻子起勾勾，害人的篼篼。

○黄鳝大，窟窿也大。

○秤不离砣，公不离婆。

○萝卜上了街，药铺不用开。

○忍气家不败，和气能生财。

○人心隔肚皮，饭甑隔木皮。

○一个钉子一个眼。

○七犟八烈九天晴，初十还有一早晨。

○十个说客，当不倒一个夺客。

○丁丁猫吃尾巴，自己吃自己。

○人多不洗碗，鸭多不生蛋。

○人多为王，狗多为强。

○大鱼吃小鱼，小鱼吃虾虾，虾虾吃泥巴。

○上梁不正下梁歪，中梁不正倒下来。

○山高皇帝远，猴子称霸王。

○长虹无大雨，短虹雨发颠。

○日落乌云涨，半夜听水响。

○半夜吃柿子，照着软的捏。

○打锣卖糖，各有一行。

○外头绷面子，屋头炒浆子。

○吃桐油噜（吐）生漆。

○吃得亏才钻得拢一堆。

○生有塌塌，死有地头。

○滴水成河，粒米成箩。

○各人屙的屎各人打整。

○豁人哄人，烟锅巴烫人。

○上头一咯屁，下头唱台戏。

○好看不好吃，好吃不好屙。

183

○家婆抱外孙，等于抱草墩。

○人穷怪屋基，瓦漏怪桷子稀。

○酒是人吃的，糟子是猪吃的。

○多一块（个）朋友多一条路。

○胆大骑龙骑虎，胆小骑猫屁股。

○死了的娃儿乖，跑了的鱼儿胎（大）。

○好事不在忙上，好婆娘不在床上。

○有女不折本，烧几（起）锅来等。

○宁可跟讨口的儿不愿跟当官的女。

○好吃不过茶泡饭，好看不过素打扮。

○只有人龌水，莫得（没有）水龌人。

○好的配好的，格蚤（跳蚤）配臭虫。

○有那臭鱼鳅（泥鳅），就有那饿老鹳。

○弟兄不和，侧边有一块（个）铳祸婆。

○月亮都靠不到还靠得到星秀子（星星）。

○只有千年的衙门，莫（没）得千年的官。

○亲帮亲，邻帮邻，土地老汉儿为堂神。

○龙生龙，凤生凤，老须子（老鼠）生儿会打洞。

○鸡公打腚子（架）头对头，两把手打腚子不记仇。

歇后语 地方歇后语，有中心村的人们口耳相传的"展言子"，其特点是前面示意，隐去正义，后面揭晓谜底。

○屁股上挂茶壶——后催

○瞎子照镜子——看不见自己

○狗吃粽子——没解（音改）

○外婆死儿——没救（舅）

○茅坑头栽青菜——将就使（屎）

○三六九赶场——看人回话

○吃稀饭不用筷子——喝饱（活宝）

○红萝卜放海椒面——显不出来

○三尺长的梯子——搭不上檐（言）

○木匠戴板枷——自作自受

○半天云中跑牲口——露马脚

○豆腐干雕罗汉——饮食菩萨

○拳头舂海椒——辣手

○老鼠爬秤钩——自称

○张飞卖豆腐——人强货不硬

○青枫木雕罗汉——硬神

○半夜吃桃子——专挑软的捏

○田坎上种豆子——一路

○扛竹竿进巷子——直来直去

○罗汉请观音——客少主人多

○弹花匠的幺女——会弹（谈）不会纺

○砂罐里头舂稀饭——以烂为烂

○幺姑娘背娃娃——帮忙

○老鹰抓蓑衣——脱不了爪

○豆芽上的脚脚——拐得多

○月亮坝里耍刀——明砍

○鸡公戴顶子——冠上加冠（官）

○六指划拳——新花招

○胡须上生疮——毛病

○鹅蛋补巴巴——大坏蛋

○狗坐鸳笼——不受抬举

○脱了裤子打屁——多事

○茶壶装汤圆——有货倒不出来

185

○老母猪打架——光使嘴

○房顶上的冬瓜——两边滚

○麻子打呵咳（呵欠）——全体动员（圆）

○吃苞谷粉打呵咳——满口黄腔

○鸡婆叫明——（你）也想称雄

○光屁股上吊——既不要脸也不要命

○木匠做枷——自做（作）自受

○快刀打豆腐——两面光生

○豆渣粑打秋——特（得）意圆了

○茅斯坎栽菜——将就屎（使）

○茅斯头划船——粪涌（奋勇）

○校场坝的狗——吃死人

○鲢梆唧过河——牵须（谦虚）

○老须子爬秤钩——自称

○老须子给猫保窝——提起老命耍

○茅斯头的石头——又臭又硬

○茅斯坎打灯笼——照屎（找死）

○校场坝的桅杆——独一无二

○吃玉麦粑打哄嗜——满口黄腔

○糠萝兜跳米萝兜——强多了

○光洞膀鸡娃儿下锅——莫烫（没谈）头

○城隍老爷吃干胡豆——鬼炒（吵）

○倒须毫不扎尾巴——鱼（余）

○一张纸画个人脑壳——好大的面子

殡葬习俗

【丧事】 旧社会，眉山东坡区的有钱人家很讲究丧葬。传统的丧葬观念是人死后入土为安。那时，中心村的老年人要提前为自己备办寿衣寿棺，大多还要请风水先生勘选阴宅坟地，富贵人家还要预先修造拱门墓椁，谓之"修山"。有单门墓椁，也有双门墓椁（夫妇合墓）。死者临终时，儿女亲属要到床前守护送终，待死者断气后，立即跪烧香烛纸钱，谓烧"落气钱"。亲人死的那一刻，家里人还要将剪刀绑在竹竿上，对准死者头上房屋戳穿一个窟窿，三呼："出不出？"三答："出！"称作"出死屋"。将竹竿由窟窿中猛掷出房外，意让死者魂灵由此升天，谓之"出煞"。子女号哭，俗称"号丧"。接着鸣放鞭炮，叫作"升天炮"或"落气炮"，焚烧死者床上草垫，叫"烧落气草"。接着为死者沐浴更衣，陈尸中堂，这叫"小殓"。沐浴更衣是有讲究的，先将亡人全身清洗，男子剃去头发，穿3套或5套或7套衣服，放入棺材中，盖衣衾，手捏金褡裢。死者是老人的，将棺材或骨灰盒放在正房堂屋正中，是晚辈的，则放在横房阶沿走廊。前置香案，设灵位，点香烛，放置酒、肉、糖果糕点等供品，在棺材或骨灰盒四周点香烛，在龙门外或户外用竹竿撑一笼望山钱和招魂幡。

老人灵柩停在堂屋正中，脚下点一盏油灯，昼夜不熄，直至出殡，称为"点路灯"。用白纸贴家神、门神，在大门外按死者性别（男左女右）挂纸钱，称"望山钱"。人死后，儿孙及全家人要披麻戴孝，分别到各亲友处下跪叩头报丧。男性死跪左膝，女性死跪右膝。同时讣告亲友，告亲友安葬开奠时间。出殡前一天晚上，家人要设宴招待亲朋，有的还要请道士做道场（有1天1晚，有3天、7天，有9天"九灵进贡"等），念经超度亡灵，俗称"大夜"。在这天晚上，亲戚邻朋前往祭奠，道士做道场，本家直系旁系血亲晚辈皆跪在铺好的晒垫内聆听道士宣读《通关文约》，道出严父慈母抚育子女经营家庭的艰辛。全场泣不成声。"一叩首、再叩首、三叩首""孝子一献香、再献香、三献香""孝子一献帛、再献帛、三献帛""孝子献酒樽肴馔、献时果素品"。亲属每家依次超度亡人，转伏一堂。家属穿白色孝服，在死者遗体前设灵堂，燃灯、设供，不停地烧纸钱。死者入棺时，着上头巾，身穿寿衣，寿衣一般以三、五、七单数穿，盖上衾被，请道士到灵堂做"开咽喉""亮路""绕棺"等法事。待亲人齐聚时，"闭殓"（封棺）、家祭，停棺3日后埋葬，也有的停棺宅旁，择"吉日"安葬。

出殡前需做很多准备工作，将死者生平事迹写成"家祭"，对灵唱读。然后，阴阳先生撵地脉，以罗盘定墓穴方位、朝向。乡亲地邻帮忙在墓地开挖坟坑。道士按死者出生年月日时辰与死亡年月日时辰测算出殡时间。一般3日，最多7日即可出殡。清晨出殡时，道士请亲属瞻仰死者遗容或火化后的骨灰，然后封棺。棺木上置一只灌过酒的公鸡，谓之"踩丧鸡"。这时，道士大声问道："生魂出不出？"有人大声回答："出！""死魂出不出？"道士又问。"出！"又有人回答。道士大声喊道："生魂出、死魂出，出！"这时有人用竹竿将房顶的瓦片捅向屋面。道士用小斧头将一瓦片敲碎，随着"叭"的一声，道士把斧头抛向地坝中央。此时，8条汉子摸着捆着棺材的杠子，起首的"龙头"一声吆喝："前后！"末尾的"龙尾"应道："起！""一进孝堂三献礼，八位弟兄来得齐"讲的就是人死出殡时，所讲究的抬工礼仪。平平抬起棺材在一片哭声中步出屋门。4人抬棺木（也有8人抬或16人抬），讲排场的用"龙杆"（特制的抬丧器具）。孝子抱灵幡走在棺木前，送丧队伍随棺木后，打火把、提马灯的，放炮的，扛望山钱的，举招魂幡的，撕钱纸的，捧灵位的，抱遗像的，抬棺材的，还有哭丧的家属以及扛着花圈送丧的亲戚朋友、乡亲地邻一路走向墓地，鼓乐吹打、鞭炮不断。沿途抛撒"五谷"（稻、粱、黍、麦、豆）、撕撒纸钱，谓之"买路钱"。

到了墓地，经道士做法事后下葬。棺材放入墓穴，由法师摆罗盘，拨正方向落葬，棺前还要放1只装五谷、银钱和纸钱灰的瓦罐，谓之"老纸罐"，正式"落葬"。法师会举行特定的谢坟、安位仪式，孝子下跪焚香烛、烧纸钱。下窖后，由道士做法事撒米，由死者的子女孙儿辈排成行，背对墓窖，两只手分别拉起衣服下面两个角形成一个兜，道士抛撒米，子女扯起衣兜去接米，这称为"讨衣禄"，接得多者为祥。道士即令下葬出魂，亲属烧纸钱、点香烛，帮忙的地邻开始垒坟。道士领着亲属围着坟墓转三圈，为死者圈地。由内到外，不断延伸，面积越转越宽。但须避开农家住房，不得圈在其中。法事做完后，撮土掩埋，垒成坟丘，立上墓碑。最后孝子绕坟三圈，摔土垒坟，收起孝帕，摘松枝插在头上，以最快的速度跑回家，先到者为福。坟墓前晚上要点长明油灯，谓点"孤坟灯"。安葬完毕后，家人设宴答谢亲友邻居等人。安葬后连续3天下午，孝子们要到墓地烧钱送纸，俗称"歇脚"。

自此七日一奠，依次至七七，到四七的二十八日，择吉延僧，讽经祈福，取灵位、杖经等物焚之，称为"除灵"。经"五七"结束，此后的"小祥"（死期一周年）"大祥"（死期两周年）"除服"（死期3周年）追修。孝子在100天内不理发，称为"蓄百期"。服丧期间，在职官员要居家守孝3年，每天早晚要向灵位焚香跪拜，每餐要盛饭筷祭献灵位，家人不婚不嫁，不办庆贺宴会，不弦歌丝竹，不衣丝织品和彩色艳服，言谈不谐谑，对来宾不迎不送等。礼仪如此，完全照办的并不多，一般以尽哀为主，不甚铺张。贫寒人家丧葬礼仪较简单，一般以旧木板镶成薄棺（俗称"火匣子"）将死者装殓入葬，有的甚至只能用竹篾笆裹死者入土，称"软埋"。婴儿夭亡，一般只草草地掩埋于河滩或直接丢进河中让水冲走。

新中国成立后，代之以简单文明的悼唁仪式，送花圈、赠祭幛、举行追悼会。20世纪70年代起提倡火葬，火化数逐渐增多。除夕、清明、七月半等节日，为缅怀亲人，到墓前敬献花圈、锄草、培土。有的到殡仪馆骨灰存放室瞻仰遗像，献上白花、黑纱、青松、翠柏或水果，在骨灰盒前默哀致敬。乡村中修山、做棺土葬，请星士择吉日，看阴地，焚楮设宴，念"祭文"等习俗仍存在。1993年以后，除少数边远山区的村、组尚有土葬外，全县逐渐推行火葬。城镇和乡村的丧葬形式视经济条件、丧葬观念的不同各有差异。

灵堂有设在家中、小区的，多数设在笔架山公墓悼念厅。火化时间有的先火化，将骨灰盒安置于灵堂；有的将遗体安置在灵堂，出殡时再送至眉山火葬场火化。家人守灵三五天不等，亲朋好友纷纷前往悼念，并送花圈、礼金等。出殡那天，举行追悼会和告别仪式后，将遗体送火葬场火化，再将骨灰盒送往自选墓地或公墓安葬，下午设宴答谢亲朋好友。也有部分居民去世后，不发讣告、不置灵堂，火化后直接送公墓安葬。农村居民多数按照传统丧葬习俗进行，俗称"打图子会"。亡人过世时，家人为其烧"落气钱"，火化后将骨灰盒安置在灵堂，灵堂一般设置在堂屋，守灵数日，有的还要请道士念经超度亡灵、确定墓地和出殡时间，亲戚朋友和乡邻要带花圈、钱纸、礼金前往祭奠，乡亲地邻要到场帮忙。中心村的《村规民约》提出：丧事从简，不搞陈规旧俗。这也体现了社会主义新风尚。

禁忌习俗

【言语与行动禁忌】 中心村旧俗在言语和行动上禁忌颇多。正月初一，忌"死、病、霉"等不吉利的词语，不扫地，不动针线，不向屋外泼水，图喜庆、避口舌、防财帛外流。一些姓氏忌直呼，"梅"姓改叫"喜"，"孟"姓改叫"混"。办喜事忌见抬丧的，外出求财忌见抬空棺材的。坐凳子忌踩别人的凳头，叫踩了"龙头方"。早晨起床忌立在床上穿衣服，叫"蹬坛子"。拿了药忌去别人家串门，认为"药便不灵"。陈尸堂前忌猫跳过尸身，认为"要惊尸"。入席宴饮忌敲碗、筷和反扣碗盏。孕妇忌入新房、忌摘人水果、忌抱人小孩。早晨忌说梦，船家忌说翻、沉、撑等词。矿山工人忌说压、垮、榨。

过去，由于人们认为孩子夜晚哭闹是一种病，父母将写有"天黄地绿，小孩夜哭，请君念过，小孩不哭"的红纸，于夜晚四周无人时贴在中心村村头的古树上，希望路过的人念过以后可以治好小孩夜哭。

中心村古树名木　　　　　　　古树上的红纸

民间会事

【行会】　新中国成立前，同业或相关行业的工商业者为保护同行业利益，规定生产或范围，解决同业之间纠纷、争议和业主的困难，联合组织行会。会内推举会首一人，负责处理日常事务，收缴官府的各项税款和摊派等款，执行政府各项法令。各行业有自己的行规和供奉的神祇。民国十九年（1930）县内行会改为同业公会，到1949年全县共有同业公会48个。

附：

部分行业崇奉神祇活动日期表[①]

行会名称	崇奉神祇	集会日期（农历）	行会名称	崇奉神祇	集会日期（农历）
商业	赵公明	三月二十二日	酿酒、零酒业	杜康	九月九日
香蜡纸火业	蔡伦	九月二十三日	碾磨业	王爷	六月六日
苏裱文具业	孔丘	春二月秋八月	五金业	李耳	二月五日

---

① 眉山县志编纂委员会：《眉山县志·民俗篇》，四川人民出版社，1992，第1000页。

续表

行会名称	崇奉神祇	集会日期（农历）	行会名称	崇奉神祇	集会日期（农历）
医药业	孙思邈	四月二十八日	泥木业	鲁班	腊月二十日、正月初七
屠宰业	张飞	八月二十三日	制鞋业	孙膑	九月十三日
宴席业	詹王	八月十三日	缝衣业	轩辕	三月十三日
面饭小食业	雷祖	六月二十五日	织履业	刘备	正月二十日
茶水业	三官（尧、舜、禹）	正月十五日 七月十五日 十月十五日	船户业	镇江王爷	六月六日
理发业	罗祖	七月十三日	梨园业	李隆基	六月六日
染业	梅葛仙翁	六月二十四日 九月九日	纺织业	嫘祖	九月十八日
豆腐业	淮南王	五月十三日	胥吏业	萧何、曹参	三月

【庙会】 中心村的极乐寺一般都有定期庙会，俗称"香会"。届时，居士、游客、商贩，三教九流云集。香会期间，烧香拜佛、求神祈祷的人络绎不绝。每逢农历初一、十五，寺庙的斋饭也随着香客不断增加而成为一方民俗。每到这个日子，附近信佛的善男善女们就会自发聚在寺庙用斋，以表示对佛祖的诚意。斋饭每人5元，有豆腐、苦瓜、茄子、豆角等小菜。"素九大碗"则要提前预订，品种多，菜品也更为讲究。平常斋饭日，用斋人数数百千人不等。佛教生日或春节等节假日，用斋人数多达数千之众。吃完斋饭，各人得洗干净自己用餐的饭碗筷子。

艺 文

民间传说

【八大王屠川】 明末清初，四川荒野千里，人烟极其稀少，而这种局面长期以来归罪于"八大王洗四川"，说是八大王张献忠大规模屠杀四川人造成的。张献忠是明末农民起义领袖，明崇祯十七年（1644）在四川建立大西国政权，《蜀碧》《蜀乱》等书对张献忠屠川有详细的记载。

传说，张献忠小时曾经跟随父亲赶着一头驴，到四川贩卖大枣。来到集市上，便顺手将驴系在一个大户人家门前的石牌坊上。待卖完枣回来牵驴时，却发现乡绅的家奴正在用鞭子抽打他家的驴。原来是驴在石牌坊下拉了屎尿，弄得很脏，张父便赶紧赔不是。但该家奴就是不依不饶，张父只得忍气吞声地把驴粪和驴尿收拾干净。这一侮辱性事件，自始至终被张献忠看在眼里，深深地刻进他幼小的心灵。于是他临走时，发誓说："我复来时，尽杀尔等，方泄我恨！"

又据传说，张献忠带兵入川，有一天他走出军营在山脊上大便。排完大便后，张献忠顺手就扯了一把草，来擦屁股。没想到他抓的是一簇荨麻，荨麻茎叶上的蛰毛有毒性，人一碰上就如蜂蜇般疼痛。张献忠当时痛得直叫，大怒道："四川人凶，连草都这样凶，该杀！"所以，当张献忠进入四川后，就大肆屠杀四川人。

许多学者认为，所谓"八大王洗四川"之说，是清朝统治者在平定四川后，为了把"几乎杀尽四川人"的责任推给张献忠而散布的流言。"八大王洗四川"的真相掩藏在岁月之中，留待后人甄别评说，而当时蜀地荒野千里，十室九空的惨况，正是清初长达百余年的大规模移民——"湖广填四川"的根本原因。

【极乐寺传说】 极乐寺原来叫麻依禅院或称麻依院，为一陈姓住宅改建而成。据传清朝年间，当地群众在掏井时无意间掏到一些石像、石碑等。当时由于官僚腐败无能、民不聊生，人们只得求神拜佛，所以家家烧香拜佛。有一晚，陈姓主人睡到半夜，只见寝室内闪闪发光，观音菩萨脚踏莲花而至，慈祥庄严地对他说："众生都在求拜我佛，望减除苦难，何不修一寺庙，好让我佛普度众生。你们几年前所掏石像、石碑便是我佛，为何改作他用？"一觉醒来，主人方知南柯一梦。他一直牵挂此事，与家人商量后，找回石像、石碑，供奉在自家客堂，早晚上香礼拜。慢慢地，周围群众也来朝拜。主人乐善好施，对拜佛之人均施以斋饭，所以素养斋一直延续下来。随着朝佛烧香的人越来越多，主人决定撤房修庙，出家为尼。她找一得道高僧为她削发，并取名能清能福。因当时修庙山门外有一堰叫麻柳堰，根据麻柳堰的地名，能清能福便命名该院为"麻依禅院"，之后，又广招门徒，弘扬佛法。

【极乐寺观音诞传说】 观音诞，汉族民间信仰节日，也可以解释为观音菩萨得道日，观音菩萨成道日。观音，又称观世音、观自在、观世自在，俗称观音菩萨、观音娘娘，是四大菩萨之一，是阿弥陀佛座下的尚首菩萨。在佛教、民间被奉为大慈大悲、救苦救难、有求必应的菩萨，遇难众生祇须诵念其名号，其即前往拯救解难，故名观音。在中国寺院和民间，观音的一般塑像和图像多作女相。极乐寺主要供奉的观音塑像，在观音生日（2月19日）、得道日（6月19日）、出家日（9月19日），当地村民均会前来焚香祭拜，逐渐形成了当地的节会。中心村也流传着关于极乐寺观音诞的传说。

民间信仰的观音，则是传说中古天竺一处叫兴林国的三公主名妙善，姐妙音、妙言（也有传说，观音名妙善，姐妙言、妙元）。民间传说的观音，是慈航古佛化身，从小吃素，她16岁时，因不肯依父命招驸马得罪父亲，在白雀寺修行，受到考验。由于妙善的父亲不喜欢她修行，便对出家的女儿一再折腾，但妙善信心不退，中间还出现许多神明佑护的神话。最后她终于救渡了造罪深重的父亲，也修成正果。民间信仰俗称，观音为妙庄王的第三女妙音，母称为宝德后，其姐为妙言、妙元。

观音是慈航降生，救世间万劫。而民间俗传以农历二月十九，为观音转劫、诞生人间之日，因此，人们便以祝寿的形式供奉观音。又俗传观音是在六月十九日得道升天，各寺庙及斋堂在这一日也都以素菜为供礼。依旧俗，在这一天，人们要把刻有观音名的银牌挂在小孩胸前，或为孩子举行上契仪式，祈求平安长大，称为"棺綮"。民间还相信观音是在农历九月十九得道，传说她在人间成就一切事业之后脱凡胎，经中国东海普陀洛迦山，转向中原开始其普度众生之生。因此，又以此日称为"观音挂璎珞日"。

【极乐寺千手千眼观音传说】 据元代赵孟頫夫人管道升撰的《观音大士传》记载：相传观音是兴林国国王妙庄王的三女儿妙善，人称"三皇姑"。妙善喜欢修行，曾出家在白雀庵为尼，因妙庄王逼迫其还俗，而火烧白雀庵，致使数百名尼姑身亡，于是妙善乘白虎远走苍岩山修行，后因父王得怪病——人面疮，需用亲生女儿的手和眼作药引子，三皇姑便舍出自己的手和眼为父王治病。妙庄王病愈后，想把三皇姑封为全手全眼菩萨，为其建造庙宇，更塑金身，由于过分激动，竟说成"千手千眼"。妙庄王本是天神下界，真龙天子都是"金口玉言"，一句"千手千眼"，传达圣旨给修筑者，于是建造庙宇时就给三皇姑的金身多出许多手眼，手里又长眼，即为如今的"千手千眼"菩萨。

极乐寺的四面千手观音，主像皆结跏趺坐，二手当心合掌，神情安恬，身披璎珞，头戴宝冠，容貌丰腴，鼻梁高起，两眼半垂帘，嘴角绫线美，额正中·朱记，肩出千臂，每掌中各有一眼。有的手中执法器，有的则是空手。

据说，多数千手观音像虽然真的雕了上千手，也仅四十手持有法器，其他仅作手掌及眼睛。千手观音除了表示修正圆通，现众多妙容之外，其千手之持物，均各有深切的含义，或表示其利益三界众生，或表示医治一切患苦萦身，或表示满足一切愿望，而令众生保安乐圆满无碍，等等。

歌 谣

【童谣】 童谣是指儿童传唱的歌谣，是一代又一代人通过口耳相传、具有浓郁地域特色的，诙谐幽默、音节和谐，形式简短、朗朗上口的儿童歌谣。

〇王婆婆，会烧茶，三个观音来吃茶。后花园，三匹马，两个童儿打一打。王婆婆，骂一骂，隔壁幺姑儿说闲话。

〇老天爷，快下雨，保佑娃娃吃白米。白米甜，白米香，今年不得饿莽莽（饭）。

〇又哭又笑，黄狗飙尿。公鸡打锣，鸭子吹号。

〇黄丝黄丝蚂蚂，请你出来吃嘎嘎。黄丝黄丝嬢嬢，请你出来喝米汤。黄丝黄丝舅舅，请你出来吃肉肉。大的不来小的来，牵起嘟嘟一路来。

〇推磨，扬磨。推粑粑，吃嘎嘎；推豆腐，请舅母。舅母不吃菜豆腐，要吃隔壁的肥鸡婆。

〇楼上客，楼下客，听我老板来交涉：要屙屎有草纸，不要扯我的篾席子。要屙尿，有夜壶，不要在床上画地图。要放屁，有罐罐，不要在床上放闷烟。要起早，打招呼，滑竿儿抬你上成都。

〇扯锯，解（改）锯，家婆门前唱川戏。请你外孙来看戏，看个牛肉包子夹狗屁。

〇胖娃胖嘟嘟，骑马上成都。成都又好耍，胖娃骑白马。白马跳得高，胖娃耍关刀。关刀耍得圆，胖娃坐海船。海船倒个拐，胖娃跰下海。

〇墙上的冬瓜两边滚，你喊老子去买粉。粉买来你不搽，你喊老子去买茶。茶买来你不喝，你喊老子去买锅。锅买来你不煮，你喊老子去买鼓。鼓买来你不敲，你喊老子去买刀。刀买来你不磨，你喊老子去买鹅。鹅买来你不喂，你喊老子去买柜。柜买来你不装，你喊老子去买枪。枪买来你不打，看你龟儿哈（傻）不哈（傻）！

〇三十晚上大月亮，贼娃儿出来偷尿缸。聋子听到尿缸响，瞎子看到翻院墙，爪（zhuǎ）手提根大棒棒，哑巴在床上开了腔，【足拜】子跟倒喊娃儿撵，贼娃吓来拄拐杖。阴沟掉到鞋子头，出得门来人咬狗，捡坨狗来打石头。

〇点脚斑斑，脚踏南山。南山大斗，一丈二斗。猪蹄马蹄，四马攒蹄。快快缩脚，谁人打湿一只大花小脚。

〇城门城门鸡蛋糕，万十万丈高。蔫（Lír）锁？铜锁，蔫（Lír）开？一把钥匙大打开。一匹骡子一匹马，送你鹦（en）哥进城耍。鹦哥不得空，请你钻狗洞。

〇走到香街子，捡到死耗子，提起进馆子，炒了一盘子，吃了一肚子，拉了一裤子。

〇大月亮，小月亮，哥哥起来学木匠，嫂嫂起来纳鞋底，婆婆起来舂酒米。酒米舂得香喷喷，打起锣鼓接姑娘。

〇一罗穷，二罗富，三罗四罗卖豆腐，五罗六罗开当铺，七罗八罗把官做，九罗十罗享清福。（注：手上指纹中心的"O"为罗，没有"O"的称筲箕。）

〇鸡公鸡公叫咕咕，杀来款待亲家母。亲家母，眼睛鼓，一夹夹到鸡屁股。

〇烟子烟，别㷇（qíu）我，杀个鸡来打平伙，我吃鸡脑壳，你吃鸡屁股。

〇一二三四五，上山打老虎。老虎要吃人，黑了要关门。门对门来虎对虎，一对对到中指拇。

〇巴巴掌，煎油饼。又卖胭脂又卖粉，卖到泸州蚀了本。你跳河，我跳井，买个猪头大家啃。

〇说背子就背子，正月十五汤圆子。二月惊蛰抱蚕子，三月清明坟坝子。

四月农忙栽秧子，五月端阳包粽子。六月间，扇扇子。七月间，烧袱（fú）子。九九重阳好日子，冬月间，穿袄子。腊月间，抱起烘笼贴对子。

○红萝卜，蜜蜜甜，看到看到要过年。大人吃饱三顿饭，娃儿要拿压岁钱。

○张打铁，李打铁，打把剪刀送姐姐。姐姐留我歇，我不歇，我要回家打毛铁。

○月亮走，我也走，我给月亮打烧酒。烧酒辣，买黄蜡。黄蜡苦，买豆腐。豆腐薄，买菱角。菱角尖，尖上天。天又高，好耍刀。刀又快，好切菜。菜又青，好点灯。灯又亮，好算账。一算算到大天亮，桌子底下拱出个大和尚。

○方脑壳，憨戳戳，不转弯，走直角，遇到事情跑不脱。

○一个丁老头（鼻子），欠我两个蛋（眼睛），我说三天还（额头），他说四天还（嘴），去你妈的蛋（脸），三根油条3毛3（头发、耳朵），一块大饼（身体）6毛6（手），一串葡萄（扣子）7毛7（腿）。(唱儿歌，画人像)

○叮叮当，敲麻糖。麻糖甜，不要钱。麻糖酸，一角三。麻糖苦，五角五。

○老表老表，下河洗澡，爬海嗷（夹）了一爪（zāo），搂起裤儿就开跑，跑到峨眉山，裤儿还没有穿。

○排排坐，吃果果，你一块，我一块，弟弟回来留一块。

○牙尖十怪，偷油炒菜。先炒妖精，后炒妖怪。

○花脸巴儿，偷醪糟儿，被人逮到打嘴巴儿。

○歪戴帽子斜穿衣，长大不是好东西。

○你打我，我不怕，你是我的揩脚帕。

○我不吃鹅蛋我不变鹅，我不吃花生我不吐壳。

○讨口子，背坛子，背到一个大院子。赏你一个烂梨子，吃了拉肚子。

○鸡公鸡婆叫，各人找到各人要。

○城门城门鸡蛋糕，三泡牛屎高，骑马马，三把刀，走起路来砍一刀。

○羞羞羞，不要脸，人家吃饭你舔碗。

○穿名牌，吃名牌，身上的虼蚤都是金利来。

○点兵点将，点到哪个，哪个就是我的大兵大将。

○干筋筋，瘦壳壳，一顿要吃几钵钵。

○跟倒人家学，变麻雀。麻雀飞，变乌龟。乌龟爬，变你爸。你爸屙屎，爬、爬、爬。

○自行车响当当，上面搭个瓜婆娘。拖拉机，突突突，上面坐个老母猪。

○我们两个好，上山偷红苕。你吃多，我吃少。你拉稀，我开跑。

○折耳根，满坡生，我是家婆的好外孙。我走（从）外婆的门前过，外婆请我进屋坐。

○月亮光光，芝麻香香。婆婆关灯，烧到眼睛。烧死麻大姐，气死幺姑娘。姑娘不要哭，买个娃娃打鼓鼓。鼓鼓叫唤，买个灯盏。灯盏漏油，买个枕头。枕头开花，结个干妈，干妈脚小，气死癞疙宝。

○莲花白，白又白，里面包了个美帝国。美帝国，不小心，出门碰到解放军。解放军，会打仗，一枪打在它的屁眼上。

○雁鹅雁，扯扁担，扯拢成都吃午饭。娘吃锅巴我吃饭，老汉回来洗罐罐。

○钩钩儿去，钩钩儿来，钩钩树上挂招牌。你把招牌拿给我，我把台湾取回来。

○鹦鹉耳，咕咕蛋，哪里来，天宫来，天宫城门有好高？万十万丈高。"城墙"，打灯笼，火烧灯笼满天红。尖叶叶，雷公虫，蛇呀颠转咬一头，"城墙"，鬼叫唤，咕噜咕噜生个蛋。

○小镰刀，大背篼，歪歪扭扭旱地中。左一棵，右一株，快到晌午篼还空。抖松，抖松，回去哄老家公。

○转，转，转，一转就开花。开的什么花？豆花和糍粑……喂饱馋嘴巴，童年乐开花。

○猜中指儿，打中皮，一连打你十二皮。老南瓜，煮不炁豇豆茄子煮得溜溜炮。

○菜籽花，菜籽红，菜籽林头点灯笼。风吹灯笼团团转，火烧灯笼满天红。尖叶叶，蜈蚣虫，蛇儿颠转咬野龙。

○月儿光，亮堂堂，照在我家窗子上。哥哥起来学木匠，嫂子起来补衣裳。东一补，西一补，补成一个鸡屁股。打掌掌，拍巴巴，家婆有米不做粑。烧锅水来烫蛤蟆，烫得蛤蟆扳，家婆吓得惊叫喊。

○张大娘，王大娘，打开后门晒衣裳。张先生，王先生，打开后门放学生。学生跑，狗儿咬。

○妖精妖怪，偷油炒菜。先炒妖精，后炒妖怪。妖精死了我还在，我到妖精坟山上捡狗屎卖。

○鹦哥呵，你到啥儿去了来？我到高山顶上去了来。高山顶上有好高？万十万丈高。十匹骡子八匹马，接你鹦哥儿进城耍。

【劳动歌】　新中国成立前，劳苦群众在集体劳动时为协调彼此动作和减轻疲劳，创作了不少号子。这类歌与劳动工种有直接联系，通过歌唱解乏加力，歌词多诙谐逗趣。

○《拉车歌》七十二行，板车为王。衣裳拉烂，颈项拉长。

○《抬运》　吆二嗬嗬嗨哟，嗨呀（嘛）海棠花咧。吆哟吆嗬嗨嘿，嗨呀（嘛）嘿二溜咧，吆哟吆嗬嗨呀，嗨呀（麻）嘿嗬嗨嘿。

○《划船》　好男当兵上前线（呐），当兵队伍出眉山（咧）。坐我大船去武汉（呐），战争火线扯得宽（咧）。哪怕飞机丢炸弹（呐），哪怕大炮起狼烟（咧）。冲锋杀敌走前边（呐），立功喜报送周山（咧）。抗战胜利时运转（呐），你我大家都团圆（咧）。

○《抬工歌》　喂呀喂儿闪啦前，闪啦喂闪喂哓呃，吆哎吆嗬嗨呀呢，嗨呢呀嗬嗨呢。嫂子好伤心，猪儿拱花生。豆渣当顿喂，细糠米汤均。屠户下乡问，猪儿几百斤。拖到杀房去，尖刀戳进身。捶它几棒棒，吹胀八股筋。烧起滚开水，刮得光生生。连环高吊起，开膛又抽筋。短斤少两卖，常常扯大筋。扯筋就扯筋，啫（土语，骂人的意思）他老母亲。喂呀喂儿闪啦前，闪啦喂闪喂哎呢。吆哎嗬嗨呀呢，嗨呢呀嗬嗨呀呢。

○《做鞋谣》　青菜苔、白菜苔，妈妈教我学做鞋。加加劲、密密排，连夜做起十二双大花鞋。赶快交到妈妈手，拖张桌儿摆起来。

○《薅秧歌》　太阳出来白篙篙，情妹下回把秧薅。只要情妹跟我好，你去乘凉我来薅。大田薅秧叶子长，薅来薅去没心肠。左边埋头扯稗子，右边抬头望情郎。情妹妹，快薅秧，薅完秧子过端阳。只要情妹不嫌弃，给你买件花衣裳。大田薅秧行对行，一盘萝卜一盘姜。萝卜没得姜好吃，媳妇没得女好当。远看情妹小娇娇，好似田中嫩谷苞。心想变个油炸蜢，一翅飞来抱妹腰。情哥说话好蹊跷，咋不变根老篾条？篾条用来箍甑子，一天到晚抱着腰。

【号子】　号子是配合体力劳动歌唱的歌曲。在劳动中，号子起着发号施令、鼓舞士气、振奋精神、统一步伐、协调动作和减少疲劳、提高效率的功能。号子既有规定唱词，也可触景生情即兴发挥。中心村民间号子主要有开山号子、板车号子、打夯号子等。

开山号子　开山号子是开山修路、建房采石时所唱的号子。

○好久没到这方来，这方的二嫂长成材。心想棒口凉水吃，恐怕这青苔顺水来。凉风悠悠吹过来，这方的凉水长青苔。

板车号子　新中国成立初期，板车是中心村陆路的主要运载工具，当地人人称板车为"板板车""架架车"。板车可由一人拉、两人拉、三人拉（中杠和左右各1个"飞蛾儿"）。板车号子即在拉重车时所喊（唱），一般只有简单字句。由于拉车者基本都是头向下（埋头拉车），无心也无法观山望景，因此只需简单音节统一步伐和力度，即兴喊唱。

○嗨左左嗨嗨呀嗨左左嗨/嗨呀嗨左左嗨嗨呀嗨左左嗨

○嗨左吆啰嗨/嗨呀左吆啰嗨

○七十二行，板车为王，衣裳拉烂，颈项拉长。

打夯号子 打夯是过去修房铺路、造坝筑堤、夯实基础的一道重要工序。打夯有2人一夯，也有4人或多人一夯。夯体由沉重的石材制成，称为夯石。在夯石上，两方或四方绑着木杠或竹竿，作为抬杆。打夯号子由领号人领号，领号人是这个夯石劳动群的指挥。领号词有固定词也有不定词，不定词随所夯地点情况和现场氛围而变，但合唱句是不变的。领号词是夯石准备抬起时所唱，合唱词在抬夯时唱，最后两个字"舂嘞"的"舂"字抬杆脱手，夯石落地。

○（领）嘿呀嘿儿舂嘞，（合）嘿呀嘿儿舂嘞。
（领）嘿呀依嘿舂嘞，（合）嘿呀嘿儿舂嘞。
（领）黑呀依嘿儿舂嘞，（合）嘿呀嘿儿舂嘞。

（领）地下的土巴松嘞，（合）嘿呀嘿儿舂嘞。
（领）大家的肚皮空嘞，（合）嘿呀嘿儿舂嘞。
（领）腰带要拴紧嘞，（合）嘿呀嘿儿舂嘞。

（领）走呀走到边嘞，（合）嘿呀嘿儿舂嘞。
（领）跟倒就转弯嘞，（合）嘿呀嘿儿舂嘞。
（领）大家看倒点嘞，（合）嘿呀嘿儿舂嘞。

吆猪号子 即吆猪儿上路时所唱的号子：吆猪者一人在前唱着温柔的号子领路，左右各2人手拿竹竿，维护着肥猪群的队形徐徐前行。这些肥猪儿虽不懂主人唱的是什么曲，却也是哼哼唧唧地附和着号子，悠闲地前进。

○猪儿猪来嘛连咄啼啰啰啰，连咄啼啰啰啰啰啰啰啰啰，连咄啼啰啰啰。（白）吼什！得咦！连咄啼哦连咄啼哦啰啰啰啰啰啰，连咄啼啰啰啰。连咄啼啰啰啰啰啰。（白）吼什！者者者者，者什！吼喔！连咄啼啰啰啰，连咄啼啰啰啰啰啰啰啰啰，连咄啼哦啰啰啰。猪儿猪来嘛连咄啼啰啰啰，连咄啼啰啰啰啰啰啰啰啰，（白）得咦！

【情歌】 情歌是表达爱情的歌曲，是传递和表达爱意的方式。东坡区境内民间情歌主角一般多为幺妹、哥哥、嫂嫂。语言质朴、表述含蓄，多以借人述情、借事表情。

《白木水桶三道箍》 白木水桶三道箍，我看到你轻轻巧巧挑上坡。我在这里悄悄喊哥哥，亲亲我的哥哥。你来给我挑上坡，我才晓得你男人是耙耳朵。

《芝麻开花遍地白》 芝麻开花遍地白，这个嫂嫂认不得。心想唱个山歌子，说来又怕失了格。回头见那山川青，不知河中水浅深。拣个石头试水深，唱个春歌试嫂心。

韭菜开花绿茵茵，筲箕滤米甑子蒸。心想和嫂嫂说几句，埋起那脑壳不着声。阳雀点头凤点头，情嫂子去了没来头。三月桃花满山都有，卸掉胭脂遍地丢。

《泡杯香茶等妹来》 金花银花掉下崖，幺妹穿双绣花鞋。金花银花我不要，我爱幺妹的绣花鞋。金花银花掉下河，小哥干活上山坡。

幺妹将花摘几朵，送与阿哥泡茶喝。幺妹送花我心爱，双手把花抱在怀。拣把干柴烧起火，泡好香茶等妹来。

《无名》（原本是抬工号子中的一段） 栀子花儿白，桃子花儿红。桃花头上戴，栀子戴在胸。手比栀子白，花红脸更红。白呀白如雪，红呀红彤彤。幺姑逗人爱，情哥情意浓。哪天成婚配，花开月月红。

《情哥到绣楼》 月亮爬上东山后，情哥来到奴绣楼。奴家坐在大门口，假意绣花把线抽。情哥门外咳嗽声，脚踩脚儿上绣楼。共同品尝交杯酒，恩恩爱爱到白头。

《望夫歌》 正月里来春景美，年酒虽甜懒端杯。懒心懒肠无心睡，眼泪汪汪望郎归。二月望夫心似灰，燕儿双双梁上飞。鸟儿都是成双对，人不如鸟事难为。三月阳雀开了嘴，然何春回夫不回？丢下妻儿在家内，孤儿寡母泪双垂。四月望夫蚕房内，养蚕思郎多少回。儿放田边桑树下，浑身滚满泥和灰。五月望夫端阳会，龙舟下水浪花飞。奴心恨不付江水，顺流而去把郎追。六月河里涨大水，然何水归夫不归？河中多少望夫泪，岸上多少妻儿悲。七月望夫鹊桥会，空渡鹊桥去会谁？牛郎织女年年会，夫君为何久不回？八月望夫相思泪，月饼圆圆瓷盘堆。月圆饼圆人不圆，孤孤单单心似灰。九月望夫重阳聚，秋风落叶把根归。冷冷清清在家内，沉沉长夜难入睡。十月望夫小阳春，遍地草叶尽枯萎。风卷残叶飘万里，音信杳无夫理亏。冬月望夫寒霜冻，雪花朵朵满天飞。雪花似妻盼夫泪，哭断肝肠多少回。腊月望夫除夕尽，送了旧岁迎春回。人家门前贴红对，奴家只贴"盼夫归"。望夫望断长江水，望夫望断白云飞。望去望来夫不归，朝朝暮暮珠泪垂。

【生活山歌】 生活山歌是歌者根据家庭和生活琐事编唱的，有焦虑的、有高兴的、有夸张的、有教导的，涉及生活的方方面面。

《唱歌要唱童子声》 唱歌要唱童子声，打鼓要打鼓当心。做官要做包文正，日管阳来夜管阴。

《丝瓜苦瓜瓜打瓜》 丝瓜苦瓜瓜打瓜，接个媳妇不巴家。正二三月起脚要，栽秧打谷回娘家。我喊娃儿去接她，接起回来就分家。

《一把芝麻撒下河》 一把芝麻撒下河，我的神歌放牛驮。大牛驮得来张起口，小牛驮得那眼泪流。

《贤妻病了我心焦》 风吹茅草闪了腰，贤妻病了我心焦。那一边有个城隍庙，我去那庙内把香烧。喊一声城隍老爷保佑我妻早点好，我一定为你穿靴换金袍。要是你病儿还不好，我再请几个端公把锣鼓敲。头坛二坛敲得好，三坛四坛跳得高。五坛六坛跳完了，又请那阴阳先生把魂招。招了三魂你还不好，我才去请来先生把病瞧。太医先生药功好，连吃几副病就好完了。

《壮丁谣》 正月里来是新春，我娘午时把我生。生下地来是苦命，长大又遇抓壮丁。白天惊来晚也惊，不知何人敲我门。打开门儿看，吓得身发抖。保丁一大帮，保长领着头。动脚又动手，估倒抓起走。婆娘拉着手，满脸泪长流。送到乡公所，锁在角角头。转到营管区，关进破板楼。臭虫虼蚤咬，满身黄水流。可恨保甲长，一帮撵山狗。撵得男丁躲，不敢在屋头。

《接了婆娘忘了娘》　鸦雀飞来尾巴长，接了婆娘忘了娘。老娘吃的粗茶饭，媳妇吃的炖鸡汤。老娘睡在板板铺，媳妇睡的雕花床。老娘穿的破棉袄，媳妇穿的绸缎装。

《教子歌》　为娘从此去修行，叫声我儿听分明。一尺五寸养你大，送你读书长成人。你娘今后离家去，切莫懒惰混光阴。赶场买卖少喝酒，花街柳巷万莫行。早晚勤劳别懈息，何愁粪土不成金。

《长工歌》　栀子花儿粉酥酥，我为卖工把妻丢。头一回想把你主人家的肉吃够，煮一锅萝卜浮秋秋；第二回想把你主人家的肉吃够，斗碗里装的是光骨头；如今过年想把你主人家的肉吃够，半碗剩菜净是杂溜溜。我把你主人家日囔够，叫你死了变成牛。那瘟牛落在我长年手，看我收拾你哑闷牛。清早给你灌饱清亮水，响午牵你到河坝啃石头。我叫你瘟殃快点走，谨防"蜡条子"抽得你屎尿流。主人家呐！别怪我长年心肠硬，只怪你碗头没有肉。

《扁担歌》　一根（那）扁担（是哟哟）四个（哟嚅）钉勒，一头重来是（呀妹儿）一头轻（哟勒），一头挑的是（哟哟）韩湘（哟嚅）子（也），一头挑的是（呀妹儿）吕洞（的）宾（哩）。韩湘子（呵哟哟）吕洞（哟嚅）宾（呵），唱个童子（呵妹儿）拜观（罗）音（勒），童子没得你那（哟哟）观音（哟嚅）大也，秤砣虽小（呀妹儿）压千（哟）斤（罗）。

《放鸭歌》　太阳（嘛）出来（就）六点多，放（啊）起鸭子我唱起歌。来（哟）、来（哟）喔！敲起段段（哟）撬坨坨（哟），跑起跑起——咿！太阳（啊）出来千焦焦（哟），吆起（吗）鸭子我回家（哟）。跑起（啊）、跑起（啊），跕倒、跕倒、跕倒，理毛毛、理毛毛。

【仪式山歌】　过去在农村接过儿打发女、发丧生娃、红白喜事都要举行仪式，而在这些仪式中，少不了要唱一些仪式歌，歌者多为办事者所请"先生"。唱歌时，还要辅以手舞足蹈的肢体动作。

《抬新人子歌》　　花花轿儿四人抬，抬个美女过门来。头上流的乌云盖，脚上穿的花花鞋。烧锅督灶好勤快，烧茶煮饭不费柴。问声主家好不好，快把封封儿拿出来。(新人子即新娘子，封封儿即红包。)

《婚拜》　　郎牵新娘跨火盆，红红火火过一生。进堂起首拜天地，保佑夫妻永太平。再拜高堂父母亲，养育大恩刻在心。夫妻对拜誓恩爱，今生今世永不分。

《祭门歌》　　一把小刀白如银，主家请我来钉门。手拿钉子十二个，钉起两扇状元门。左边一扇生贵子，右边一扇成功名。状元门来状元门，头戴金花手捧银。

《修坟山歌》　　梁山伯与祝英台，众家弟兄命我来。一来我也不会喊，二来我也不会抬。一说主人多厚道，二说主人会安排。主人今天好酒菜，要在今天把梁抬。此梁来是珍珠宝，用于主家修外棺材。后来寿高比彭祖，后来把你双亲埋。此处地龙把气涌，儿子儿孙登龙台。

《上梁类》

(拜梁) 家修建新华堂，主家请我来拜梁。一祭地久，二祭天长。三祭四祭，连接天地。拜谢鲁班师，辞谢凤凰鸡。头顶红冠子，身穿绿毛衣。主家拿来五谷米，弟子提起拜梁鸡。凤凰头上咬一口，主家"封呀"转个手。

(祭梁) 一祭梁头，代代儿孙做诸侯。二祭梁腰弯又弯，代代儿孙做高官。

梁尾我不祭，留给主家买田地。

(说梁) 不说梁来不知底，说起梁来有根基。生在何方，长在何地？生在昆仑山前，长在昆仑山后。上权朝北斗，下权凤凰头。满山去寻访，砍来做中梁。请来大师傅，一锯头，二锯梢，锯掉两头要中腰。请来二师傅，牵起墨线弹几行。请来三师傅，刨儿刨得亮堂堂，两头吊起悬中央，梁身闪闪放毫光。

(扯梁) 划过头川划二川，儿孙代代做高官。恭喜又恭喜，主家发财今天起。

【报路歌】 旧时肩舆工,为协调步伐和互通道路情况,在抬人走道时常用暗语。前呼后应,前半句暗示,后半句点明暗示内容。

满天星,看得清。跑不脱,踩倒脚(上两句的前半句提示步伐不一致)。天上明晃晃,地下水凼凼。头顶一朵花,地下稀泥巴。两石夹一缝,踩石莫踩缝。前边力大,让它一下(上半句暗示道上有牛)。幺二拐,两边摆(上半句暗示转弯)。照高,弯腰。(上半句暗示头顶有物)。

【节气歌】 这类歌谣主要与传统节气及劳作有关。

《月份歌》 正月初一打毽子,二月春分泥雀嘴,三月清明烧袱纸,四月间栽秧子,五月间包粽子,六月间摇扇子,七月间打谷子,八月中麻饼子,九月重阳醪糟子,十月一糍粑子,冬月间火炉子。

公 文

报 告

1952年2月27日于眉山秦家乡

我县第四期土改工作中,在郑军、多悦、秦家等数乡均发现一种传染病,患者全系12岁以下小孩。起初以为是天花,经了解是麻疹,传染性极为迅速,死者与患者不少,现将病症发生及传染情况报告如下。

九区郑军乡于去年11月开始发现麻疹,最先十三分会五小组农民张宝太儿子张玉龙(8岁)在郑军乡郑山口中心小学读书时得了麻疹,回家后4天即死去。之后传染到了三组,以致全分会继由十三分会再向十四、十五等分会蔓延。除第一、二、三、四等分会未传染外,至今一共传染了12个村子,共患麻疹者602人,已愈397人,死去121人,现尚有944人正患中。从患病人数与死人数上看,以十三、十四分会为最严重,十三分会共患病者119人,死去25人;十四分会患者有131人,死去29人,现该乡正由县卫生院派医生治疗中。

秦家乡最近也发现麻疹病,本月24日五分会即死去两个小孩,到现在已患病不治者有18人。

又据七区多悦土改工作队调查该乡十七分会均发现有麻疹，以五分会为最严重，患者36人，死去5人。全乡患者共143人，不治而死者29人。白马乡亦发现有麻疹，且已死去5人。除麻疹外，现在各乡尚有一种俗称"包耳寒"的传染病，大人小孩均传染。病患情况正在调查中。

从以上情况来看，麻疹在我县西部七八九区传染是相当普遍而严重的，当前我们除采取将患者隔离和派卫生工作组赶赴郑军乡外，其余乡因无人尚未治疗。并据卫生院说现尚缺乏治疗与预防的药品和医疗人员，希望上级卫生机关及时设法处理，以免病情发展更加严重。将此报告。

又及：报告正写完时，据报麻疹传染已更加严重，详情待查。

眉山县土改工作分团部

眉山县第九区秦家乡第八分会（三官村）李俊良互助组总结

秦家乡第八村的李俊良互助组是由该村积极分子李俊良（主席，青年团员）在5月中旬（旧历八月十八日）开始组织起来的，在原先是5户人，中农1户，贫农4户，有26人，男13人，女13人，全劳力15人，半劳力3人，非劳力8人。有田50多亩，都是平坡田。由于在芽秧后起了一些作用，其他群众要求加入，于是又扩大了田产（有一户因其他原因退出）。现有8户，中产1户，贫农7户，组员共40人，男19人，女21人，全劳力男10人，女10人，半劳力男1人，女3人，非劳力男8人，女8人，全组有田65亩，地6.7亩，耕牛2.5/12只，猪16只，犁6.1/3乘，耙子4.5/6只，水车6乘，拌桶3乘，晒垫14床，锄头12把，风车3.1/4乘。在生产工作中由于组织起来，发挥了一些作用和取得了一些经验，并述如下。

一、组织的过程

土改后在抗旱运动中李俊良等即约了5户人，组织了一个互助组，车水灌田起了一些作用。但由于对互助组认识不够，大伙做也不评工计分，做了就算了，因此河边田少的就不愿干，而且无人领导，所以不久就垮。在5月，李俊良到城内开了互助组长会议后，才明白了以前的做法不对，仍又组织了互助组。首先进行了动员和教育，打通了群众思想，如怕无饭供给，怕不还工等落后思想。大家决定了评工计分制度，并讲清了不要求吃好的，对做自己活时使劲，而对做别人的就不重视的思想和行动，马上展开批评。如李兴成，做工时不努力，在田里受到批评，曾善有吃早饭才来，吃午饭就走了，只评了四分，并进行了教育，他们做活路就变积极了。这样莳秧中普遍莳好了两道秧（比去年多一道）及把草扯干净了，使产量提高了。如马福成的农田，今年比往年多莳了一道，没有泼粪（往年泼八担），结果今年谷子比往年还好些，因此都认识到精耕细作的重要。另外解决了生产和生活上的困难，节省了劳动力，如组员曾仕洪往年栽秧子过后都没有莳过，因为要去担硝维持生活，在家中无其他人，今年他的田都莳了三道。五亩多田，可增产五六斗（估计）。互助组的田里都没有草，也推动了村上生产工作，其他人都勤快地多莳一道，认识到了精耕细作的好处。另外，还在农闲时加工米350斤，解决了猪食等问题，使猪多增3头，因此树立威信，大家都想加入互助组（因为互助组的田都很好），纷纷要求加入。他们能取得的成绩，主要是做好了以下几点。

1. 评工计分，改进得比较好、合理，并用批评与自我批评的方法来贯彻执行。他们把较重工分为甲等工，每个工二斤米，乙等工每工一斤半，一个工为十分，早上为二分，中午下午各四分，晚上评工计分。对工作马虎的人展开批评，李素芳做活路时爱开玩笑，不好好做，扯草不干净，所以少评工分。妇女马李氏做活路与男的一样，就评十分。因此是解除了怕不评工计分、怕人多搞不好的思想，发挥了大家的生产积极性。由于大家感到集体做的好处，工作积极性大大提高，如李俊良的1.20田要五六个工才做得完，由于大家一早就去帮他做，只用了四个工。

2. 交流了生产经验，研究技术。大家在莳秧中由于具体的看到精耕细作的好处，如李俊良的一亩四分，一边是葫豆田较肥，一边是麦子田，在这次麦子田多莳了一道，使麦田这边比葫豆田还好。大家看了这块田的秧子后，都说"多莳一道比粪还强"。另外也认识到深耕的好处，有一块田半边是锄头挖的（较深），一边是用犁头犁的，结果犁得较好。大家对研究技术都提高了思想，如田坐秧苗后，立即想出办法解决。

3. 制订了生产计划和制度，建立起民主制度。由大家自己选出了组长和评工计分委员、技术指导和读报组等，推动了工作，每3天读报一次，加强政治教育。

二、存在问题

由于互助组组织起来后，对互助组的领导缺乏，所以也存在一些问题，以后应改正的：

1. 政治教育缺乏，在组织宣传时注意光从经济利益上去宣传，少有政治教育，因此产生了对互助组认识不够，只是想如何解决自己困难等，读报制度也是才建立。

2. 剩余劳动未处理。由于组织起来后劳动力剩余，而副业又未发展起来，所以在农闲时没有事做，所以，以后还要发展副业等，以利用这部分劳动力解决一部分生活困难。

1952年

中店公社《决议》宣讲工作情况汇报

按照总团和分团的部署，中店公社宣讲队，自10月4日到公社，在乡党委领导下，历时两个月时间，分四个专题宣讲了《决议》，发动和组织了党员、团员、干部、民兵、户主等学习讨论《决议》，贯彻执行《决议》精神，在不同程度上，进一步解除了党员和干部的思想疑虑，统一了模糊认识，增强了团结，振奋了精神，推动了生产和工作，发展了大好形势。现将情况简洁汇报如下。

一、加强党委领导，提高对《决议》宣讲的认识

宣讲《决议》工作队进村后，普遍反映冬季农村事情多、任务重、压力大，抓当前生产都忙不过来，还说宣讲什么；讲技术还可以，学政治很多人不感兴趣，群众难发动，思想难统一，宣讲难收效。为了统一宣讲队员思想，

增强宣讲自觉性，乡党委加强了对宣讲工作的领导。在宣讲过程中，一方面加强各支部教育，另一方面对宣讲员进行两次思想整顿。采取摆农村党员、干部和群众压抑、沉闷思想状况，谈宣讲《决议》把人们的认识统一在《决议》结论上的重要性；摆脱一部分人怀疑党中央，对现行方针、政策左观右望的心理，谈宣讲《决议》消除人们疑虑的必要性；摆实现四个现代化的宏伟目标，谈宣讲《决议》调动干部群众积极性，团结一致搞建设的迫切性。通过整顿，队员思想明确了，普遍克服了"三难"情绪，增强责任心，深入调查研究，积极组织发动群众，联系实际宣讲《决议》。武装部长蒲明才同志征兵工作刚一结束，就放弃自己的休息，前往灯塔大队抓宣讲；粮站主任邹元琴同志抽出在团结大队搞宣讲后，本单位无人负责，既认真抓宣讲，又抽空抓本单位业务；公社主任张国银同志负责兴无大队宣讲，为使宣讲《决议》的深度和广度达到要求，他深入做干部群众的思想工作，采取多次补课等办法，使受教育面达到最高度；宣讲队员邹汝林同志，虽然家里孩子无人照管，困难较多，但未考虑私事，严格遵守组织纪律，深入调查研究，逐队逐户发动群众，宣讲《决议》精神，基本深入人心。现在每到一处，干部群众都亲昵地叫她"邹技师"！听说宣讲快结束了，很多群众希望她留下来不走。

二、采取多种形式发动群众学《决议》，把受教育面组织到最高度

全公社应培训骨干372人，实际培训骨干1304人次，日课平均326，占90.4%；应参加听讲受教育对象3272人，已参加听讲受教育的12011人次，平均每次3002人，占91.7%，其中第一讲听讲人数3033人；二讲听讲人数2951人，占90.1%；三讲听讲人数2908人，占88.8%；四讲听讲人数3169人，占96.8%。宣讲《决议》，我们在调查研究、联系实际的基础上，组织发动工作方面主要抓了以下几点。

1. 大造宣讲《决议》的舆论。宣讲队来到公社之前，乡党委在召开各大队、生产队干部会议上，就作了宣讲《决议》的思想发动工作，大讲了县委要组织宣讲团来公社宣讲《决议》的重要意义。同时讲明《决议》运用马克

思主义的辩证唯物论和历史唯物论，对新中国成立32年来党的重大历史事件，特别是"文化大革命"作出了正确的总结，科学地分析了在这些事件中党的指导思想的正确和错误，实事求是地评价了毛主席的历史地位，充分论述了毛泽东思想作为我党指导思想的伟大意义。《决议》还肯定党的三中全会以来逐步确立的适合我国情况的建设社会主义现代化强国的正确道路。这是我们党的一份十分重要的文件，是全党智慧的结晶、宝贵的精神财富。我们要通过这次宣讲和学习，使广大干部和群众的思想明确起来、认识统一起来、团结一致向前看，同心同德干"四化"，把我们公社快快建设好，快快富起来。舆论一造出，多数队的干部群众对宣讲《决议》是个盼望心情。

2. 正面动员，积极发动，利用各方面的力量组织群众学《决议》。首先培训好骨干，让骨干去做发动群众的工作。万冲大队应培训骨干46人，实际培训54人。这些骨干参加培训后，回队都各自去做发动群众的工作。第一讲时全大队应听讲的有313人，实际参加听讲受教育的达376人，占120.1%。第二讲分别召开党员、团员、干部、老年人等学习座谈会，扩大受教育面，加深对《决议》精神的理解。

3. 采取逐队逐人和宣讲总结等形式补课，把《决议》精神深入人心。由于宣讲两三个专题时，季节已进入小麦备耕和播种阶段，听讲人数只达到80%左右，各大队都采取分队、分片、分支点，甚至到户进行补课，现在一般受教育面都达到90%以上。

三、《决议》像明灯，照亮群众人心

中店公社宣讲《决议》后，初步收到了以下效果。

1. 统一了认识，稳定了人心

原来说毛主席有错误、缺点就不赞成，就冒火三丈的人，多数认为《决议》公正地评价了毛主席，正是为了确立毛主席的历史地位，表明中央是坚持毛泽东思想的；原来认为放宽政策、搞活经济、农村推行多种形式的责任制是"倒退""变修"的人，多数认识到现行方针、政策，正是中央指导思想上纠正"左"倾错误，运用马克思主义、毛泽东思想原理指导中国革命实践的表现；原来认为改选和增选中央领导人是中央投机分子在争权的人，多数认为六中全会改选和增选中央主要领导成员是正确的，是全党的愿望，是我国长治久安的战略措施。随着人们思想疑虑的解除，把中国现状与苏联斯大林死后马林科夫被赶下台的模式相比的人少了。特别是党员干部的消沉、压抑和不满的情绪消散了。反帝大队书记岳兴龙说："三中全会后中央实行很多新的政策。开初搞责任制，上面强调很凶，我们思想疑虑不小，当时不搞不行，搞又怕出偏差。学《决议》后晓得中央硬是要'四坚持'，那样搞责任制，就不会出现两极分化了，也明确了搞责任制不同于改变既有制。现在施行责任制的结果，确实很好，社员出工不用喊，天亮就出来，肚子不饿不收工，农活质量比任何时候都好。"反帝七队党员张青云说："我过去怀疑责任制能搞好久，包产到户是不是单干啊？1960年那么困难都没有分田到户，现在这样搞是举的什么旗、走的什么路？通过学《决议》我才明白责任制是一种管理形式。新中国成立前我是打长工的，一家人从来没穿过洋布，家里经常打鬼的米都没有一颗。现在不仅穿洋布、灯芯芯，而且穿涤卡，吃更不成问题。今年小麦包到户，各家各户把什么劲儿都使在生产上，像这样搞肯定要增产，这才真正体现了按劳分配。搞生产再像过去那样没责任，就会人哄地皮，地哄肚皮。"丰收大队七队队长刘国浩说："现在学《决议》大家思想统一了，说是如何搞生产，既饱肚子，又要有票子。"

2. 振奋了精神，增强了团结，鼓舞了干劲

学习《决议》，党员和干部沉闷灰色的情绪消散了，班子内部和干群团结增强了，遇事敢抓敢管的多了。一江大队原支委成员互相不团结，互不支持，使许多工作不落实。大队长马登贵与妇女主任俞淑华因队上八户人修房子占地，俞不同意社员多占集体土地，而马偏向个别社员要让他修房，就发生矛盾。加之俞身体不好，常有病，在工作上带不起头。因此，马对俞不仅看不起，而且在工作上挑刺，造成见面不打招呼，工作不支持。学《决议》后，马登贵觉悟到自己不对，主动找俞淑华交换己见、搞好团结、研究工作。兴无三队队长徐世平认为当队长没意思，早就放话不干了。加之队上出了两

件事：一是徐的娃儿守公房被盗两箩谷子没有进行追究，会计和一些群众说他不执行制度。二是队上买牛请吃午饭，有人说出纳马守清未请到，徐说："他来也宰不到子。"这话又被人传到马守清耳朵里。这下队委之间关系更紧张，徐世平更不想当干部了。学习《决议》后，队长徐世平想：中央号召我们团结一致向前看，同心同德搞四化，干部在社会主义建设事业中要起"骨干"和"中坚"作用，队委不团结，我又不干工作，咋个行呢？他一方面积极抓队里的工作，另一方面主动同队里会计、出纳交换已见，作自我批评，并表示被盗的两箩谷子要积极破案和处理。会计、出纳见他不搁担子，又做了自我批评，也十分高兴地讲了自己的不足之处。3个人通过谈心，表示要按《决议》精神团结一致搞好队上工作。万冲七队队长刘克成（党员），过去总觉得很多事情不顺眼，对于工作缺乏信心，多次向支部反映不愿当队长，秋收秋种都准备撒手不管。现在思想转变很大，工作较积极，队上的事情敢抓敢管。这个队实行水统旱包，小麦包到户。社员反映刘队长为我们办了三件事：①小麦作物实行统筹计划，分片安排，为大麦茬口衔接打好了基础；②队里缺资金，发动社员投资300多元买肥料，原愁缺肥搞不好生产的社员放心了；③积极传授农业技术。小麦田基本上做到两翻两整，化肥深施，小麦全部撬窝点播和窄洪点播，播种匀，底肥足，质量数全大队第一。很多社员称赞说："刘队长学《决议》又发威了。"

3. 落实了农业生产责任制，推动了当前生产

全公社85个生产队，实行联产到组的22个，包产到户或包干到户的63个。办有工副业的60个队，全部实行"四专"。由于责任制落实，今年小麦比去年良种面积扩大、适期播种快、整地质量好、播种质量高，底肥比较足，为小麦高产打下了基础。据调查，全公社小麦计划6000亩，从10月27日开始播种，到11月10日基本结束，实播6122亩，比去年5671亩扩大7.9%；品种上，今年播"川育6号"3300亩，占58.3%，"凡六"和"新选16号"1750亩，占28.5%，"绵阳11号"700亩，占11.4%，"980—16"372亩，占6.3%，基本淘汰了去年约占10%的低劣品种。种植规格上，今年撬窝点播

2620亩，占42.7%，窄洴条播2866亩，占46.8%，撒播636亩，占10.5%。与去年（撒播1069亩，占播种面积18.8%）相比，减少69%；底肥施用量，去年小麦每亩施纯氮16.7至22斤，今年以组作业的队平均每亩施纯氮17~29斤，包产到户队每亩施纯氮14~42斤，一般施氮20~22斤，比去年略有增加；苗情上，基本苗今年最低15万苗/亩，最高13万苗/亩，一般每亩20~25万苗/亩。同时理洴排湿抓得早、抓得好，播种干散，为小麦播种打下了坚实的基础。

公社党委根据今年小麦由于责任到户的面大，底肥用量、基本苗数等存在极不平衡的特点，在管理上提出：分类指导，区别对待，适时适量，狠抓早管，采取补匀攻控的办法，力争达40万以上最高苗过大年的要求。现在小麦管理已成为热潮，普遍小麦已管理第一次，甘蓝型油菜已管理2~3次，苗价长势正常。

通过《决议》宣讲，总的来说收到一定的效果，但问题也不少：一是发动和组织工作较差，大队之间宣讲面不平衡；二是组织讨论不够，有的队还没有组织讨论过；三是对一些工作总结较差，如计划生育宣讲过程中，仅人工流产的1人，引产的1人，做了结扎手术的20人，办理独生子女证的8人，现在无计划怀孕还有26人。

中店公社宣讲《决议》工作队
1981年11月9日

（82·9）县委、县政府工作会议　9月6日部分参观点简介

中店公社中心五队油菜育苗情况简介

这个队，地处丘陵，土质为老冲积黄土，酸、板、瘦，不出庄稼。全队167人，237亩耕地，今年种油菜70亩，总产21200斤，亩平303斤。其中西南302有50亩，占油菜面积的71.4%，总产17000斤，亩产345斤。今年油菜总产比去年增长41.33%，人平生产油菜籽127斤，收入67元。

1983年计划保持70亩油菜面积，甘蓝型油菜扩大到60亩，占总面积的85.7%，计划总产24500斤，亩平350斤，比1982年增长15.5%。

实现计划，育苗是关键。为了抓好育苗，在领导方法上，实行"三统一"：即通过示范户，统一指挥，统一播种规格，统一质量要求。在具体措施上，抓好以下四个方面：一是根据品种特性掌握好高产播期。西南302统一在9月10日起播种，15日播完。二是整好苗圃地。苗圃地要两翻两整，炕土3至5天，做到松、软、肥沃；采用四尺五宽的播幅、一尺宽的人行道、两厢一沟，防止积水，方便管理。三是施足底肥，每亩100担清粪，100斤磷肥，50斤碳铵，10挑草灰盖种。做到有机、无机、迟效、速效配合，源源不断供给幼苗生长的养料。四是种子处理，每亩用精选后的种子7至8两，采用1斤下选（10%~15%的食盐水选种），磷肥拌种，分厢称种匀播。有利于培育健壮、无病的油菜苗，为高产打好基础。

连山一队科学种果早产高产情况简介

中店公社连山一队果园共20亩，1976年定植温州蜜橘1000株，1977年产果400斤，产量逐年增加，今年可产果4万斤。他们取得成功的经验有五条。

一、下功夫，出大力。种树之初采取壕沟改土，分层压绿压草和宽行高埂的办法，以利于果树生长发育。

二、良砧良穗栽大苗。选枳砧作温州蜜橘的脚树，嫁接良种温州蜜橘龟井、宫川两个品种，先假植两年，培育成大苗后再定植到果园，规格13×8尺，每亩57株。

为了充分发挥良砧良穗的优势，分别在1979、1980年利用温州蜜橘枝条的披垂和稀疏性，在内膛主枝上腹接九号脐橙21株，推行三元一体的遗传育种，获得成功（简称三重砧），使蜜橘结果成串，脐橙挂果成堆。

三、留足树盘（树埂）。不搞高秆作物，只在大行行间间种矮秆作物。

四、每年抓好"四环""三关"。"四环"指：修枝、治虫、松土、施肥。

"三关"指：冬管关、稳花稳果关、壮果促发秋梢关。

五、固定专人，奖惩兑现。这个队根据果树生长周期长的特点，固定3人专业管果（这3人不包责任田和口粮田，口粮由队统一解决），并建立了奖惩制度，超产奖25%（一直都是超产）。这样调动了专业人员的积极性，计划扩大果园面积4亩。已定植枳壳小苗2000株，准备采用坐窝密植法，以缩短缓苗期，争取两年试花，3年投产，5年实现亩产5000~10000斤。

中店公社太保大队联办果园简介

中店公社太保大队果园共68亩，由8个生产队平股投资、投劳、投土地联办，有专业人员29人。

这个果园从1975年开始开荒建园，实行宽行带状条栽密植。栽下的6000株柑橘长势很好，树冠挺直，常年青枝绿叶，五六年过去了，却有85%的树不挂果，一年收果仅300来斤。群众幽默地称为"风景树"。1980年果场开支7000元，收入仅1800元，亏损5200元。年年亏损，原因何在？农业局的水果技术员会诊后发现，主要是接穗来路不明，砧穗不对号，解救的办法是改换为良种。1980年春季改接了30株九号脐橙，秋季又改接了60株，一年后长还树冠。1982年凡改接为九号脐橙的每株结果20到50斤，预计今年可产果800斤。今年7月，他们又组织力量改换2800株，计划明年全部改完。

该果园新搞的两亩矮蜜早丰产果树，行距3×6尺，栽植果苗560株，去年嫁接，今年挂果，为发展小果园作出了榜样。

全场预计1985年可产果6万多斤，收入15000元左右。

社员何绍成发展家庭副业的情况简介

秦家公社火花五队社员何绍成，近几年来，大力发展家庭副业，逐步由穷变富。

何绍成，60多岁，全家6个人（老伴、儿子、儿媳、两个孙儿）。前些年，他家人平分粮 400 来斤，每年倒补 100 多元。既缺粮吃，又缺钱用，成了当地有名的困难户。粉碎"四人帮"后，党的一系列利民政策给他带来了生活的希望。何绍成想，党的政策这样好，只要勤快，搞好家庭副业，就会由穷变富。1970 年以来，他利用房前、屋后、院坝、边角隙地，先后定植红橘 80 株。1976 年，他又养起了地乌龟、蜜蜂、家兔。1980 年大见成效，各项副业收入 1000 多元，还清了旧账，家庭经济开始好转。今年，何绍成的家庭副业收入更大了：去年收的 800 多斤红橘，存放到春节期间才销售，果实鲜美，很受买主欢迎，6 角钱一斤，收入了 480 多元。他养的地乌龟已由 1976 年的两个笼子，发展到 8 个笼子，现有地乌龟 100 多万头。今年出售地乌龟种 4 万头左右，收入 1200 元。养兔、养蜂已收入 130 元。全年家庭副业共收入 1810 元，人平 300 多元。

现在，何绍成的家庭经济发生了较大变化，七间草房已换为瓦房，购置了自行车、收音机。屋内外干干净净，日子越过越幸福。何绍成还打算新栽部分果树，在近年内办起一个百株以上的小果园。

县委、县政府工作会议秘书组
1992 年 9 月 4 日

依法充分发挥村委会作用　为小康大搞农田基本建设

尚义镇中心村村民委员会

中心村是原来的三元、中心两村合并的，地处浅丘，全村 16 个村民小组，706 户，2584 人，耕地面积 3216 亩，人均耕地 1.24 亩。1996 年人均纯收入达 1650 元，比 1995 年 1270 元净增 380 元。特别是今秋以来，我们依法实行村民自治，充分发挥村委会作用，为村民大步奔小康大搞农田基本建设和公益事业，得到了全村村民的拥护，受到了省、市、县各级领导的高度赞扬。12 月初，乐山市政府组织各县领导到我们村召开了现场会，与会领导实地考察了我们为村民大搞农田基本建设所做的实事，给予了高度评价，在工作实践中，我们体会到：

一、依法加强村委会班子建设，是为小康大搞农田基本建设的关键

班子建设好了，就有凝聚力、号召力、吸引力，说话村民听，指挥村民动，说办集体公益事业，村民积极拥护。在建设过硬的村委会班子中，我们特别注意了把好三关：一是选举关。能否依法、直接、差额、无记名投票选举村委会班子，是建设过硬班子的关键。对此，在1995年12月换届选举时，我们严格依法按程序首先在全村16个村民小组选举村民代表60名，其中党员代表28名，群众代表32名，妇女代表2名，平均年龄38岁。在选举村民代表的基础上，我们在镇党委、政府的领导、指导下，严格依法按程序、差额、无记名投票选举产生了5名村委会成员（其中2名高中、3名初中），个个精明能干、作风正派、思想解放，在群众中有威信。二是用权关。村民选我们当家，如何依法当家，这是对我们新一届村委全班子的考验。为依法用好权，我们于1996年2月召开了这届的第一次村民代表会议，根据村上的实际情况、地理位置、环境条件，认真讨论通过了村委会章程和一系列管理制度，并装镜框上墙，自觉接受村民监督。特别是注重研究了村委会工作学习制度。规定：村组干部每月2号、18号为学习日；会议制度方面，规定每季度召开一次村民代表会议，专题研究村上的经济发展、农田基本建设、集体经济、工程建设等重大问题，把用权自觉置于党支部和村民代表会议的领导、监督下。三是财务关。在财务制度方面，坚持一支笔审批，村组开支发票由村会计统一管理做账。100元以内由村主任签字方可报销入账，100元~1000元由村党支部、村委会集体研究审核发票后报销；一次性1000元以上开支由村民代表大会审议通过。每项工程建设完工后，都要建立专账。整个村、组集体财务每半年都要张榜公布，自觉接受村民监督。并要一式几份分别书面上报镇党委、镇纪委、村委会各存一份备查。同时还要向全体共产党员、村民代表会议公布，接受审议。

二、依法按程序大搞农田基本建设，是带领群众奔小康的重要途径

我们中心村是李善桥水库的最尾部灌区，多年来用水十分困难，为了保证我村3000多亩旱片死角难灌溉的良田能够满栽满插，夺取农业丰收。我们

召开村民代表会议进行了认真讨论，一致通过了浆砌三面光放水沟渠、兴修一座小二型水库的决定。村民代表会议决定了的事情，我们村委会就要率领全村村民去实施、去完成。7月18日，我们就组织70多人的专业施工队伍，分各组承担土方工程。支部、村委干部每天轮流值班，检查质量，解决沟渠两边的树木和飞沙等矛盾问题，头顶烈日，奋战34天，投工4000多个，投资15万元，修起了一条长3000米、沟底宽1米、高0.8米的标准化三面光沟渠，彻底改善了李善桥水库尾部灌面3000多亩的用水难问题。秋收刚一结束，我们又组织村民修建了一座六角丘小Ⅱ型水库，蓄水面积63.5亩，可蓄水18万立方米，整个水库浆砌坝埂3根，全长167米，其中新筑坝一条82米，动用土石方3000多立方米，投工2000多个，投资14万元。这个水库修好后，全村7个村民小组、800多亩农田多年用水难的老大难问题得到了彻底解决。

为了解决村民发展经济的需要，让村民晴雨都通车，经村民代表会议讨论，决定把村上的联网路修成水泥路面。10月4日，我们动工新修了中店—新四联网路的水泥路面，全长3200米、宽3.6米、厚0.16米，历时26天。村党支部、村委会一班人不分白天黑夜在路上轮流值班，监督检查质量，于10月30日保质保量地完成了这条联网路水泥路面的修建。总投工3400多个，总投资15万元。在此基础上，我们又会同三官村联合修通了中心到三官村的联网机耕道水泥路面。我们中心村出资1400元，修建了700米的水泥路面。这样，我们村三条联网主要机耕道全部建成水泥路面，为全村村民修好了新道路、小康路。

三、开发市场集贸，壮大集体经济，是带领村民奔向小康的新举措

抓好集体经济，是村委会建设的重要内容。我们村的集体经济，除果园、打米房、提灌站等小项目外，没有像样的大项目，一年收入仅5万余元。为了壮大集体经济，今年，除管好原有实体，兴修水库外，我们又带领村民新建一条街，为繁荣农村市场商贸，加快小集镇建设步伐，我们决定：在小乡政府当时没有办成的事，现在，我们一个村要办好，当然难度也是难以想象的。对此，我们在党支部领导下，村委会一班人深入农户、村民之中，做深

入细致的思想政治工作，教育村民识大体顾大局，终于调整了 15 户人的土地，搬迁了 3 户人的住房和村办公室，新修了一条 12 米宽、250 米长的中店新街。目前已投资 4 万多元，建设已初具规模。对临街面的房屋实行统一规划、统一建设、统一安排，建成标准化一条街。并在新街一侧修建农贸市场，一侧修建 400 平方米以上的村办公楼，并规划有办公室、会议室、广播室、农技校、老年活动中心、各项服务室、门面以及村民大会场地等，预计投资 18 万~20 万元，这样把村办公室所在地建成商贸小集镇，旨在不断壮大集体经济，把村委会建成村民向往、有凝聚力的村民小康指挥部。

12 月 9 日，乐山市政府组织 17 个区、市、县的政府领导、有关局长在我村进行现场观摩。市、县领导和与会代表看后，对我们村今年投资 48 万元，为小康大搞农田基本建设给予了很高评价。

今年是实施"九五"纲要的第一年，我们村在起步年能够为群众办这几件实事，首先应当归功于上级党委、政府的领导和指导，归功于村党支部、村委会一班人的团结奋斗，归功于全村村民的共同努力。但目前，我们还面临许多新情况、新问题，需要去解决。我们决心在上级党委的领导下，在各级政府的指导关心下，虚心学习先进村的先进经验，带领村民继续努力，在康庄大道上不断迈进。

1996 年 12 月

人物专访

发展柑橘生产　努力治穷致富

中店公社联山一队队长李光福

我们中店公社联山一队，地处浅丘，25 户，105 人，30 个劳动力，集体耕地 155 亩，其中田 125 亩，地 30 亩。

1974 年以来，我队干部群众冲破单一经营的旧框框，在抓粮食生产的同时，发挥荒山荒地多的自然优势，大力发展柑橘生产取得了一定成效。现在，

《中国柑桔》杂志

集体柑橘园已扩大到24亩，定植柑橘2480株，其中已投产的980株。在集体办果园的同时，各户社员也办起了小果园，定植果树两千两百株。全队集体、个人共种柑橘4680株，人均44.5株。集体果园，去年产了水果8000斤，加套种作物，共收入了1800元；今年产果35000斤，收入达8550元（其中玫瑰花收入200元），仅这项，全队人平达81元。今年，全队集体总收入可达34820多元（比去年增加13850多元，增长60%），其中果园收入占24.6%，去年人平集体收入112元，今年可达222元，比去年增加110元，增长50.45%。加上家庭副业收入，人平收入可达338元多。在柑橘丰收、收入增加的同时，粮食产量也急剧上升：总产175000千斤，比去年增产44000多斤，增长75.57%。

我队柑橘生产是怎样发展起来、又是怎样提高经济效益的呢？下面我从三个方面给同志们汇报：

一、由于穷，想到了种柑橘

前些年，我们队很穷：年年生产靠贷款（一般年成都在千元以上），分配水平低。社员既缺粮吃，又缺钱用。穷的原因是啥子呢？干部社员都在认真琢磨，队委"一班人"也多次开会研究，大家认为：穷就穷在单一经营，只抓粮食生产上。要富就必须搞多种经营。搞多种经营有没有条件呢？大家说：条件是有的，队里荒山荒地多，只要发挥优势，粮经一齐抓，就能治穷致富。发展多种经营搞啥子呢？干部社员纷纷要求种果树，办果园。因为大家认为整果树干得。当时，社员们还算了一笔账：一亩荒地种粮食，每年收入不过150来元；种柑橘60株，没有投产时，可种矮秆农作物；以短养长，长短结合，照样有收益。8年后，每年每株就可收百把斤柑橘，价值20多元，每亩就是1000多元的收入。有的社员还说，现在，大家都在想拖拉机。拖拉机就挂在果树上，只要种好柑橘，买拖拉机就有希望。我们队委会根据群众的要求，专门组织了3个干部、两个社员代表到白马铺公社兴隆六队果园参观，看后震动很大，大家更坚定了办果园的信心。接着，我们就召开社员大会，讨论制定了发展柑橘生产的方案。1974年，我们向国家贷款500元，从白马铺公社兴隆六队买回了1400株柑橘苗，假植在3亩地里，1976年移栽定植，果园面积20亩。今年又扩大4亩，采用坐窝密植法，定植了枳壳苗两千株。

二、不断改进管理办法，实行科学种果，提高果园的经济效益

人们常说，种果如种"摇钱树"。实践证明，提高果园的经济效益，在于"摇"，不"摇"就没得钱，"摇"得越好，钱就越多。我们认为"摇"就是管理。俗话说："三分种，七分管。"这就说明管理是十分重要的。种果树九年来，我们在这方面也有很深的体会。1977年，果树就开始试花挂果，收了400多斤。七八年确定罗加文、李光帝两个社员管理。但不久，罗加文被选为队长，离开果园。李光帝一个人要喂果园里的几头猪，要管果树，忙不过来，结果果树管理放松了，当年无收益。今年三个人承包，果树管得非常好，效果就显著。果园管理内容很多，我们主要抓了以下几个方面：

第一，不断完善责任制。1974年，果苗假植后，我们就确定罗加文、李光帝两位社员专管，不参加农业劳动，年终照同等劳力评给工分。实践证明，这种办法没有把成果同个人的经济利益挂钩，不利于提高果园的经济效益。七九年，我们把果园包给李光帝、李述明、罗加安三个社员。一包三年，实行定收入、定工分、定投资、超短产奖赔的办法。每年定收入2300元（其中长果一万斤，照每斤一角五折款）；定工分12000分，人平4000分；定投资，尿素500斤，磷肥600斤，草灰30挑，其他家畜肥由果园养猪（猪本由队出，精饲料由队解决，所得收益归集体，不计在果园产值内）自筹。超短产奖惩超短产数的50%。实行这个办法后，管果人员的积极性比以前提高了，果树收入也逐年增加了：当年收柑橘1400斤，加短期作物共收入1800元。我们用这笔收入加其他收入买了一台手扶式拖拉机，实现了群众多年的心愿。

1980年，我们坚持这种责任制，效果还是比较好：长果18000斤，加短期作物共收了5100元，超过所定收入2800元，果园3个社员共得奖503元，人平得奖160多元。今年，大田生产实行包产到户的生产责任制后，原来的办法不适应了。经社员大会讨论，把果园管理责任制改成了专业承包，具体做法是：3人承包，一包4年，包交收入18000斤（1982年交4000元，1983年交4500元，1984年交4500元，1985年交5000元），所产水果由生产队统收，并按每斤0.19元折款，每年定工10500分。总收入的10%提作生产投资，超产四、六分成，集体得60%，个人得40%。每两年作一次总结算，兑现奖惩。果园内部实行定额评分。果园由长期从事柑橘生产、有一定技术的李光帝带头向队承包，另两名社员，由生产队同李光帝商量确定。承包果园的人不包大田生产，年终按实得工分参加分粮分钱。他们家里的人也只包口粮田。他们说，好抽空到果园帮忙。这种办法，把果园经营好坏同承包者的经济利益直接挂钩，有利于调动承包者的积极性，有利于提高果园的经济效益。从今年的实践看，能促进柑橘生产的发展，生产队和承包者都很满意。

第二，狠抓果园建设，实行科学种果。我们的果园属黄杆子土，土地瘦薄。1976年定植果苗时，我们组织全队社员奋战了一个月，进行了壕沟改土，分层压绿压草，改造了柑橘地。果苗选枳壳砧作温州蜜橘的脚树，嫁接良种温州蜜橘龟井、宫川两个品种，假植两年，培育成大苗，再采取宽行高梗的办法定植到果园，规格为13×6尺，每亩57株。为了充分发挥良砧良穗的优势，我们分别在1979、1980两年，利用温州蜜橘的披垂和稀疏性，在内堂主枝上嫁接九号脐橙23株，搞三元一体遗传育种（简称二重砧）也获得了成功。同时，我们还注意留足树盘，不种高秆作物，只在大行间套种矮秆作物，这样，就没有影响果树的正常生长发育。在其他技术措施上，每年抓好"四环""三关"。"四环"就是：修枝，每年冬季修枝一次。减掉虫枝、弱枝、病枯枝、背靠枝、穿心枝，做到通风透光；治虫，我们坚持做到有虫就治，自己配治石硫合剂，每年冬春共防治三次，努力做到有虫就治；松土，每年冬季松土一次，深挖一尺五到两尺，做到泥松、土泡、无杂草；施肥，每年冬、春、秋各重施一次，每株施硝铵一斤，氯化钾半斤，清粪一桶，草灰三斤，磷肥两斤。"三关"就是：冬管关，果树冬管很重要，要施肥、修枝、松土、治虫，冬管的工作量占全年管理工作量的百分之七十。每年的冬管工作，我们都抓得比较扎实。稳花稳果关，每年在柑橘花由青转白时，我们都要用磷酸二氢钾、尿素按适当的比例兑水喷施在页面上；花谢到90%时，又用二四丁、磷酸二氢钾、尿素、药物等按一定比例配制成几合一的药水喷施一次；果子稍大时再喷施一次。壮果促发秋梢关，我们主要抓了抹芽促果，促发秋梢。每年抓好了"四环""三关"，果树就生长旺盛、挂果就多，产量就高。

为了搞好科学种果，我们抓了组织学习柑橘生产技术。刚办果园时，为了培养技术人才，我们就采取请进来，走出去的办法对果树技术员进行培养。柑橘技术员李光帝多次参加县、区、社举办的技术培训班学习，到兄弟果园学习取经，县、区的果技员来队指导时，虚心请教，现在他已经基本掌握了柑橘生产技术。为便于专业人员和其爱好者学习技术，生产队还专门订了《中国柑橘》杂志[①]。

第三，建立切实可行的管理制度。生产队规定：私摘一个橘子，罚款5角；非果园人员，无事进园，罚款5元。果园内部也规定：不许随意摘果，违者罚5角；果园财产不准拿回家，私自拿回家者罚款50元。制度出台后，大家互相监督，共同遵守，关心和维护果园，使果园不断巩固发展。

三、积极扶持、鼓励社员发展家庭小果园

随着集体果园经济效益的提高，社员们得到了越来越多的实惠，都感到种柑橘大有搞头。他们说，要得富，房前屋后种果树。纷纷要求兴办家庭小果园。为了满足群众的要求，我们从技术上、种苗上，积极给予扶持，并讨论决定：每个社员可利用一分承包地种果树。人均达到50株。种了的就减一分地

[①] 编者注：《中国柑桔》创刊于1972年，其前身是柑桔研究所创办的内部刊物《柑桔科技通讯》，1979年5月更名为《中国柑桔》，季刊；1996年1月更名为《中国南方果树》，季刊；1997年改为双月刊。该刊是我国南方和西部唯一的全国性技术类果树期刊，是果业从业人员的理想帮手。该刊是发行量和广告量最大的果业期刊之一，订户遍布29个省（区、市）；广告客户多而稳定，多次被授予重庆市广告行业精神文明先进单位。曾用名《柑桔科技通讯》，现用名《中国南方果树》。

的包产指标，不种的不仅不减，还要增加一分地的包产指标。还明确宣布，种后长期不变，子女有继承权。由于群众迫切要求，队委积极支持，很快就在全队掀起了种果热。现在，家家户户都办起了小果园，栽植果树2200株，其中今年栽的就有1600多株，栽100株以上的户占总户数的一半以上。社员李少义家栽柑橘200株，其中有20株已投产，今年产果500多斤，收入100多元。

我们决心在今年内，安装好果园的提灌设备，解决好社员的粮食、饲料加工和照明，继续办好集体果园和社员家庭小果园，尽快实现"小康"水平。

中共眉山县委、县政府勤劳致富代表会议秘书组
1982年11月27日

其 他

她又回到了婆家

中店乡万冲村二组村民万新廷之妻曾春芳于10月28日又回到了婆家，至此这对夫妻闹了两年之久又和好了。

两年前万新廷、曾春芳夫妻俩经常吵嘴闹架，造成夫妻不和。曾春芳一气之下就回到了娘家，由于娘家父母未对事情详细了解，便把女儿的衣物、床等陪嫁搬了回去，矛盾越闹越大。区法庭曾多次调解，都未使这对夫妻重新和好。由于在这种情况之下，加之曾春芳迫于生活，又草率地同仁寿的一位村民谈上了婚外恋，事后又被仁寿县的当地政府送回娘家。

乡政府、乡党委同村委会再次分析了他们夫妻破裂的主要原因，经过上十次耐心细致的思想工作，乡长李淑明同志多次到她家做她本人及其亲戚的思想工作，细心开导他们，并要万新廷承认错误，写好保证，向他们讲解《婚姻法》。在乡政府党委的耐心帮助下，在万新廷一言一行的感动下，曾春芳又回到了婆家。这对破裂两年之久的夫妻又团圆了。

中店乡

我是怎样做纪律检查工作的

中共中店乡委员会纪律检查员　陈文斌

领导和同志们：

我是中店乡纪律检查员。我从 1983 年 5 月分配担任纪检工作以来，在县委、区委、乡党委的领导下，在基层干部的协助下，做了我应该做的一点工作，但与上级党委的要求距离还大，与在座的同志们比起来还差得很远。在这里，我把一年多来的工作向领导和同志们作一汇报。不当之处，请批评指正。下面我分四个问题来汇报。

一、安下心来，努力学习，适应新的工作需要

我开始是搞民兵工作；1970 年起又改行搞公安工作；1983 年机构改革后又分配我搞纪检工作。开始我的思想还有些不踏实，当时我有"两怕"：一怕我文化不高，政策水平低，搞不好这项工作；二怕纪检工作是跟党员干部打交道，是得罪人的事情，是好多人都不愿干的工作。后来经过反复的思想斗争，终于认识到一个共产党员应该是一生交给党安排，党叫干啥就干啥。不会吗？学！"世间无难事，只怕有心人"。怎么学呢？我想，我们基层纪检干部，最根本的是必须熟悉本行。要懂得纪检工作的性质、任务、作用和纪检干部的职责范围，以及纪律检查工作方面的方针、政策和具体要求。于是，开会的时候就认真听，下来就找资料学。在工作中虚心向领导和同志学。下乡时，我总是背一个包包，里面装着《党章》《党员必读》《宪法》《刑法》《刑事诉讼法》《婚姻法》《治安管理处罚条例》等。一是自己学，二是处理问题时，好找政策和法律依据。这样慢慢地就摸到了门路。

二、秉公办事，不徇私情

由于"四人帮"的干扰，搞乱了党风。我们有的党员领导干部和家属，把党和人民给他的权力作为谋取私利的资本，把同志之间的革命感情作为他们为非作歹的保护伞，甚至用明争暗斗来达到个人的卑鄙目的。这就严重地损害了党的光辉形象，破坏了党和群众的血肉关系。我们作为纪检工作的同

志是绝不允许这样做的。

我们乡在今年落实荒山荒坡的时候，友爱村党支部书记刘福松门外有一块荒坪。组上首先征求刘福松的意见，准备划给他。但他不要，要去另外划。组上就只好划给了社员刘正裕。哪知道刘福松口里说不要，心底里可老早就想把这块荒坪划归他的宅基地。待刘正裕栽起树子后，他家里人就把树子给人家扯来甩了。刘正裕连栽了三次他都给人家扯了。硬想人家把这块荒坪送给他。这件事越闹越大，影响很坏。书记这样做，村、组谁还管得了。我们乡上可不买他的账，在全大队的党员会上对他进行了严肃认真的批评教育，并决定：①把树苗子给别人买来栽起；②按组上的决定这块地由刘正裕管理使用，任何人要用这块地都必须平等互利，取得对方的同意才行；③刘福松利用职权用硬卡的方法想占别人的荒坪，这种做法是错误的，要给乡党委做书面检讨。处理后，群众都称赞说："这才真正体现了党的政策。"

今年11月5日，乡农机站党员会计李友章的儿媳妇不够法定年龄，又未办结婚手续。他就为儿媳主办了婚礼，非法同居。我们发觉这件事后，立即向党委作了汇报，并进行了调查，确有此事。党委认真进行研究，及时对李友章进行了严肃的批评教育，作出了四条处理意见：①在支部会上做深刻的检讨，还要向党委做书面检讨；②女方立刻回娘家居住，不得非法同居；③女方要到医院检查，如果有孕马上拿下来；④扣发李友章当月奖金。这四条如果执行得不好还要在党内讨论，给他一定的党纪处分。这样处理，开始李友章还有些想不通，下来我和袁书记又找他个别谈心，指出他问题的严重性，终于做好了工作，接受了处理。

三、深入实际，调查研究，实事求是地处理好党员干部间的问题

调查研究，实事求是是我党的优良传统和作风。我们搞纪检工作的同志，不深入调查研究，偏听偏信，轻则把事情弄僵，重则会造成冤案，给别人带来终身遗恨。我们乡马庙村，有人写信反映村主任万中全（党员）多占集体土地六分八厘修建房子。我们深入调查，实际丈量只超出五厘，都是修了房

子后占了原来的人行道，又另外开一条路所占的。为什么这个人要多次反映和上访呢？原来他们是亲的两弟兄，原来关系都很好，为了几笼竹子闹翻了脸，扬言非把万中全扳倒不可。我们把问题查清楚后，对不实事求是反映问题的人提出了批评；对万中全建房超出的五厘土地当场划给他作为独生子的承包地，干部群众都很满意。

又如友爱村一个村干部的爱人说大队妇女干部与他爱人有两性关系，发展到双方对骂、互相吐口水，在群众中影响很不好。我们带着这个问题走访干部群众，大家都说涉及的这两个人没有发现这方面的事情。为什么这个干部的爱人要这样呢？大家说所指的人都是大队干部，开会下队一路去，搞计划生育忙的时候有时晚上也一道下队去。这个干部爱人疑心重，就怀疑他们之间有关系。根据这种情况，我们一面对这个干部的爱人进行教育、帮助和解释，使她去掉疑心。另一方面对两个大队干部也进行了劝解和开导，使他们放下包袱积极工作。

四、主动找工作做，不坐等工作找上门

在机构改革中，根据干部"四化"的要求，对基层干部做了一些适当的调整。有些老同志退下来后，思想上一时想不通，有时还在有些场合中出怨言、发牢骚。我们为了及时解决好这些老同志的思想认识，我和党委书记蒲明才同志一道主动去找他们谈心，交换意见打通思想。到有关支部召开支委扩大会议，一起学习新党章、中央文件、中央领导同志的讲话等，澄清了一些不正确的认识，增强了新老同志之间的团结。

我平时除了开会和例假外，一般都在下面工作，我的工作从来不分分内分外。无论是青年、民兵、妇女、治安、计划生育、民事调解等方面的事情，只要在场，只要我碰上，只要找到我都不推辞，总是耐心地倾听，认真地对待。属于认识上的问题，我就耐心地解释、说服，求得统一的认识。属于政策性的问题，我就经过调查研究，实事求是地按政策处理，处理不了的就带回去集体研究处理。

今年10月有一天早晨天还未亮，马庙村社员张学云就来到我寝室外叫门，说是有紧急情况报告。我立即披衣起床。他说在公路上碰上两个不三不四的人，挑一大挑鸡，提一个沉重的口袋。奇怪的是，问去多悦的公共汽车在哪里买票，他看此人八成是小偷。我听完后马上与武装部长彭金华同志一起去查看。去时人已经跑了，我们就沿公路向秦家的方向追去，追到秦家地界才将这两个人追到。带回乡公所一审查，果然是小偷。偷的是尚义卫生院段贵生老师家的鸡，以及大队加工房的传送带。之后，我们交给多悦派出所审查，查出这两个人还是一个盗窃团伙里的成员。

  领导和同志们，我所做的工作实在太少了，与同志们比较起来差得太远。今后我要加倍地努力，为实现党风的根本好转，为四化建设多做贡献。

会议秘书处
1984 年 12 月 15 日印

学校教育与家庭教育真正挂上钩了

  在县、区、乡各级党政和妇联的关怀和支持下，我们把学校教育和家庭教育真正挂上钩了。

  去年 3 月 25 日，我们学校在乡妇联的关怀下，召开了全校学生家长会。会上中心校主要负责同志向 370 多位家长宣传了"义务教育法""教育子女家长应尽的社会责任""宣传了参加广播父母学校的重要意义"，还给家长介绍了北京市一个中学生——温红宇的成长过程。温红宇从小学到初中，到高中，出国留学，给党和祖国人民增添了荣誉的光辉路程，充分地说明了家庭教育与学校教育联系的重要性。家长们听了后，个个笑逐颜开，纷纷表示，只要办广播父母学校，一定踊跃报名参加学习。

  同年年底，乡妇联主任给学校送去了 250 套广播父母学校教材，中心校借此东风，召开了一、二年级三个班的学生家长座谈会。到会的 150 多人，举行了广播父母学校开学典礼。在开学典礼会上，中心校教导主任进一步讲了广播父母学校的意义，宣讲了今后的学习计划与安排，接着中心校主要负责人给家长讲了第一课。内容是："怎样做一个合格的父母"和"怎样培养儿童的学习兴趣"。开学的一课，激发了家长们的学习积极性，纷纷表示，一定要购买教材，好好学习。

今年4月，学校又利用召开家长会的机会，给家长上了第二课。内容是："家庭辅导一般的五种方法"和"怎样培养儿童的自我管理能力"。到会的家长有320多人。课后学校两个领导和乡妇联主任，分别征求了个别教师和部分家长的意见。他们反映说："教育孩子，有了科学的方法，父母有威信，孩子进步大。"学校教师们也说："广播父母学校，形式好，真正把学校教育与家庭教育挂上钩了。"现在的儿童，不管在学校，还是在家里，自我管理能力逐步提高了，独生子女也好教了。

中店乡家庭教育辅导中心
1988年7月19日

她叩开了致富之门

介绍中店乡太宝村妇女主任吴素蓉，在大力发展第三产业中积极带头致富，以己之长，为民服务的事迹。

吴素蓉现年25岁，全家3口人。1984年担任村妇女主任以来，对工作负责，兢兢业业。特别是在怎样致富方面起到了先锋模范作用。

吴素蓉在姑娘时就是秦家乡火花村很受人称赞的赤脚医生，曾多次参加卫校培训，在培训学习中她刻苦钻研，边学边实践，不懂就问，学到了不少过硬的医学技术知识。

1982年结婚到中店乡太宝村后，仍然没有放松对医学知识的钻研。人们渐渐知道她原是赤脚医生，有些小病小痛的人，就来找她看。后来，一些久病不愈的病人也来找她治疗，结果病医好了。例如：灭资村罗春学，经县人民医院检查证实无生育能力，到处求医，都无效。后来，经吴素蓉拿1~2副药吃了，现已有一个2岁大的小孩。慢慢地群众找她的就多了，名声就越传越远。这时，吴素蓉想：现在群众找我看病的多了。家离街上较远，行医不便，我何不在街上开一个铺子，设立一个医疗所，以自己学得的医术，为广大群众看病排忧解难呢？况且现在有了党的农村致富政策，我这样做既方便群众，又增加了个人收入，不是两全其美吗？

今年6月15号早上，中店乡场中央鞭炮声噼噼啪啪地响了起来，吴素蓉开设的"亲民药铺"正式营业了，不少慕名而来的病人来找她看病。在络绎不绝的来往病人中忙碌的吴素蓉感到无比激动，想病人这样信任我，找我看病，主要是我服务周到，诊断病情细致，判断准确，下药恰当，越是这样越要认真钻研，拜师求医。光凭自己现在这点医术是治不好疑难病的，更不能长久为民服务。于是吴素蓉又请来了中店乡卫生院德高望重、医术高明的退休老医生雷志挥来"亲民药铺"帮助自己，共同办好这个药铺，更好地为病人带来福音。

现在，吴素蓉通过一段时间的学习钻研、临床看病、拜师求艺，医术有了很大提高，不仅能治好一些常病，而且还能治疗一些疑难病例。例如：慢性肝炎、男女不育症、妇女病等。如多悦乡永生村53岁的严宝群，早年得了慢性肝炎，卧床不起，曾到成都、眉山等地医治了10多年未见好转，反而越加严重。尔后，她得知"亲民药铺"的医生能治百病，就来找她。经过两个月左右的治疗，大见成效。现在不但能下床走动，还能帮助家里做些轻活。

目前，四邻八方有病的群众，特别是一些得了几十年病的人都要到她药铺来找她看病。她的生意一天比一天兴隆，每天平均可达30多人，纯收入现金15元左右。

吴素蓉不仅能看病，而且还利用一些空余时间经营责任田，管理1983年承包集体的300株柑橘及自家80株。今年已经全部挂果，预计可下5000斤柑橘，纯收入达2000元左右。她的家庭副业也搞得挺好，今年她养猪5头，养鸡20只，共收入现金600元，一年总纯产值比去年增加50%。

吴素蓉既是看病的能手，又是发家致富的行家，很受人称赞，起到了妇女大力发展第三产业的带头作用。群众称赞她真正扣开了致富之门。

中店乡妇联
1985年10月21日

一幅广告　开辟致富之路
——记中店乡三官村养鸡能手蒲连芳

当你到中店乡，在街头巷尾乡村，都会听到人们纷纷议论，三官村二组蒲连芳，1985年以来靠饲养螺丝鸡当了专业户，成了远近闻名的养鸡女状元。一年半时间收入8000多元现金，不能不说在偏远山丘地区是条人们常挂在嘴角传说的特大新闻吧。

当我们看到她那可观的收入，以及那群活泼的螺丝鸡，还有她那挂满笑容的脸，可以看出她养鸡成功以及获得劳动成果后的喜悦。

年近半百的蒲连芳，中等身材，脸庞黝黑，一身农村婶子的粗打扮，布满皱纹的脸上，表现了她的勤劳。别看她只有初小文化，可谈起养鸡技术来，有条不紊。从她的言谈中，给人以会盘算、有头脑的深刻印象。

蒲连芳家里7口人，4个子女，大儿子已结婚。全家人都靠"锄头落地出庄稼"度日子，几十年来，虽然日子过得清贫，倒还没有饿过肚子。这几年农村实行土地承包责任制后，蒲连芳一家已和大多数农户一样"巴心巴肝"地收种着自家那份责任田，日子也比往年好多了。

这两年来，蒲连芳的4个孩子都已长大成人。大儿子、二儿子也都高中毕业，回乡务农。她想：两个儿子毕业后回到了我身边，虽然帮我减轻了劳动负担，但是在劳动之余，农闲时间耍着没事干，现在农村不是要大家勤劳致富吗？我何不把他们俩送去学手艺挣钱呢？但一时又找不到合适的门路。

1985年3月的一天，蒲连芳到中店乡场赶集。从《四川农民报》上看到了一幅广告，登载着成都市回龙山育种场有一种新品种鸡，名叫螺丝鸡。这种鸡的特点是喂养方便，饲养简单，食用配合饲料，生长期为3个月，鸡肉质鲜味美，营养价值高，3个月后即可产蛋，年产蛋300~330颗，而且此蛋比一般鸡下的蛋重0.5两，并强调适易农家饲养。

回家后，蒲连芳就把这消息告诉爱人和孩子，一起商量，征求大家意见，最后决定先试喂养一下，看看效果如何。第二天她就写信同成都市育种场取得了联系，并寄去了110元现金，购回了100只小鸡。

蒲连芳购回小鸡后，就带领全家干了起来。按照螺丝鸡饲养管理方法，精心饲养，并修了5个鸡笼，每个鸡笼上下两层，每层10只鸡，这样使小鸡能生活在干净、凉爽、舒适的环境中。

一个多月过去了，通过蒲连芳的精心饲养，100只小鸡全部成活了下来，而且长得非常肥胖，光溜溜的。这时她想，虽然鸡全部成活了下来，但不熟练掌握养鸡技术，不采取科学饲养方法是不行的，即使现在成功了，也许在不久的将来还会失败，现在不钻研，将来遇到了新问题就束手无策了。于是，她到新华书店，购买了《鸡的饲养管理》《鸡场建筑和经营管理》《鸡的常见疾病防治方法》《专业户养鸡新技术》《家庭密集养鸡》等20余种有关养鸡的书籍。并带上钱粮到成都市回龙山育种场去住阵取经，使她购回的100只小鸡全部都长大，平均每只4斤重。在1986年7月陆续开始下蛋，平均每天能下蛋90颗左右。她家的鸡下的蛋，蛋大、营养价值高，易于销售，在市场上供不应求。其他蛋价是每斤1.50元，可她家鸡下的蛋能卖上每斤1.80元。1985年出售鲜蛋16200个，产值达2916元。

她尝到了饲养螺丝鸡的甜头。为了扩大再生产，今年1月，蒲连芳又带领她的两个儿子到回龙山育种场，购回了200只雏鸡。购回来后，蒲连芳发现小鸡神色不对，精神不振的样子，知道得了病。果然不出她所料，当天晚上就死了10只小鸡，第二天上午又死了30只，晚上又死了20只。眼看着200只小鸡就要死于病魔之中，这时，蒲连芳沉着冷静地查找病源，观察鸡的发病特征，最后诊断出是白痢病，如若不及时诊治，几天之内就会传染，以致全部死亡。病源找到后，蒲连芳翻阅了大量有关书籍，到处寻找治疗药方，最后经过她精心细致的喂养和治疗，终于挡住了疾病的蔓延，使126只小鸡转危为安，但也死了74只。目前126只小鸡全部成熟，4月开始产蛋。

今年以来，蒲连芳向市场出售鲜蛋28800颗，产值5184元。她从去年开始饲养螺丝鸡，到现在也收入了8000多元，成了本地最先一个靠养殖富起来的人。这消息不胫而走，传遍了中店乡，传遍了方圆几十里的地方。

目前，蒲连芳富了不忘大家富，由于她家买回了螺丝鸡就富裕了起来，成了远近闻名的养鸡状元，不少人慕名前来学习养鸡技术。蒲连芳都热情接待，把自己的养鸡技术无私地教给大家。有3户群众还亲自到她家住阵学习。她都给予大力支持，并安排好他们的食住，尽量使他们尽快地掌握好养鸡技术。期满后，他们要给蒲连芳技术钱，她知道后执意不肯收下，并说："我虽然在致富的路上先富了一步，可还有不少人没有富起来，要是我收下，且不被别人说我富起来了就敲诈勒索，了不起吗？况且你们手里也不富裕，等你们富起来了，我再亲自到你们那里去要。"临走时，蒲连芳还选送给他们各人5只种鸡，使来者感激不尽，决心回去后，带动更多的人致富。

蒲连芳致富不忘大家的高尚品质，受到了群众的赞扬；靠科学致富的事迹，被大家传为佳话。

中店乡妇联
1986年9月7日

妇女"四自"的带头人

郑淑芬，这位平凡的妇女，2年前也许人们还有所不知，还不知道她有那样的能力和稳操胜券的勇气，把本组很多男子感到望而生畏的18亩蜜橘林以每年向集体上交5500元的承包金承包了下来。目前，她所承包的蜜橘已旗开得胜，年纯收入1600多元。

郑淑芬，今年35岁，性格开朗，办事泼辣、干练，说干就要干出成效，从不拖拖拉拉，对人处事，事事不紊，不管什么人都和她谈得拢。说话高声粗气，好像雷公都怕她三分。农活、针线活都是她的"拿手戏"。正因为她具备这样的性格，在学大寨"铁姑娘"队的时候，被大家推选为妇女干部、大队赤脚医生。在带领广大妇女丘陵改"大寨田"，平坎改"条田化"中立下了汗马功劳。在村上，姐妹们称她郑姐，老年人称她郑老师、郑主任，姑娘们称她郑嫂、郑姊。在家里是公婆的好媳妇、孩子的良母、丈夫的贤妻。就是这样一位能人，在那叱咤风云的时代，连一件像样的衣服也没有，肚子常常闹"空城计"。结婚时，还借衣服过门的人，如今却是远近闻名的万元户。

郑淑芬家有4人，丈夫在乡政府工作，两个儿子，一个进了初中，一个还在小学读书。农村生产责任制落实前，她家只有4间草房，居住困难。但又无钱改造，找钱又无门路，劳动力少，一年奔到头，还要倒补200多元。"看的、骑的、听的"就更不会在她家落户了。1982年落实土地责任制后，她家的经济就像芝麻开花节节高，一年比一年好。粮食翻了几番，温饱问题得到了解决，但手里还是缺钱花。郑淑芬想：现在粮食多了，价格比较低，现在毛猪价贵，何不搞"转化"发展生猪呢？她决心在发展生猪上下功夫，当年出售肥猪8头，收入现金1500元。通过几年的努力，手里已积蓄了三四千元现金。1985年，生产队的18亩蜜橘准备搞承包，谁来承包呢？采取什么办法最为妥当？组上展开了讨论，最后决定请技术师来测定，究竟一年能收入多少钱。通过测定，每年最高只能按5000元承包给群众。测定后，采取投标的方法，最后才确定承包人。不少人都想承包下这片果园，投标的数字有3000、4000、5001、5500、6500、7200等数据。但是少的包不到，投额多的不敢包，主要是害怕完不成承包金，一直没有哪个敢接标。这时，郑淑芬勇敢地站出来说："你们投标投得高不敢包，这一下就该我包。我来按测定数5000元，再加500元承包。如果你们觉得便宜，就来接标。"当时，没有一个敢站出来承包的。最后一致通过郑淑芬承包这片果园。消息一传开，人们议论纷纷："一个妇女家，连男同志都不敢承包的，她敢承包！弄不好到头来会自找苦吃。"有的说："人家果技师测定过的，她还要加500元。哼！是不是果技师连她都不如。"又有的人说："她既然有胆量接标，准能达到目的，干出名堂的。"有的为她担心，有的嘲讽，有的则投以信赖的目光。郑淑芬是一位能人，人们办不到的事她办到了，人们不敢办的她能办。她并没有在人们的嘲讽中灰心丧气，并没有在人们的赞誉声中沉沦，而是在发展蜜橘上大下功夫。

郑淑芬作为中店乡连山村一组蜜橘承包人，承包下18亩果树的时候，她曾担心自己一个人能否拿得下，能否完成 5500 元的承包金。她究竟该怎么办？她联络了本组其他 5 户人，共同承包这片果园，他们都巴心巴肝地和她一起干，她名正言顺地成了一个"女包工头"。上肥的时候，她拿出家里的存折垫本购买肥料。要使果树的产果率高，离不开学习技术，于是，她特地请了一个果技师作专门指导。另外，她又从书店买回不少有关蜜橘的书，利用休息时间，边学习边实践，使她很快掌握了防病治病、施用化肥、蜜橘修枝等技术。在阴雨天，人们看到她在果园里，在炎热的夏天，人们看到她带领大家在果园里松土、上肥。她瘦了，丈夫心疼地说："你啊！一心扑在果园里，可要注意身体，身体拖坏了，看你怎样完成承包金。"她嫣然一笑："担什么心，到时候看我的。"果树从生产、开花、结果，最后到成熟的时候，郑淑芬舒心的笑容才在脸上绽开了。这时，她又在思考，这一片片黄澄澄的果子，足有 5 万斤，销售比较难，下一步就是找销路。说其中还有段不寻常的过程，原来三官村一位姓余的经理和她签订了购销合同。当时，按照每斤 0.35 元议价，而且注明了：行情不变就按此合同执行，若以后行情有变化就随行就市。谁知，合同定了不久，市场上的蜜橘价格不断上升。这时，她专程找余经理协商，结果未谈好。后来，经有关部门调解，使蜜橘价格由 0.35 元上升到 0.46。现在，郑淑芬家已大变样，房子由 4 间草房变成 7 间砖瓦房，家里买了电视机一台、新式家具一套，共花去现金 6000 元。

郑淑芬这种自强不息、相信自己的精神，是当今妇女学习的榜样，她是妇女"四自"的带头人。

中店乡政府（焦桌）
1986 年 12 月 20 日

人物[①]

人物传

【万安[②]】（1417—1488）　字循吉，永乐十五年（1417）出生于眉州（今四川眉山市东坡区尚义镇万冲村）。万安青少年时期在眉州书院读书，正统十三年（1448）考中戊辰科彭时榜二甲第一名进士。先任翰林院庶吉士，后改任翰林院编修。明成化初年（1465），官至礼部左侍郎。成化五年（1469），被提拔进入内阁，同时兼任翰林学士，同年，又升为詹事。成化九年（1473）任礼部尚书，后来又改任户部尚书，入阁参与要务。成化十三年（1477），加太子少保、文渊阁大学士。成化十四年（1478），任吏部尚书兼谨身殿大学士、太子少保、内阁首辅。

成化十八年（1482），被升为太子太傅兼华盖殿大学士，不久又加封少傅、太子太师，再封少师。

万安身处明代中期和平环境，入仕39年，在阁19年，实任首辅10年，长期身居要职，建树不多，最值得称道的唯有请准宪宗撤销西厂这件事。明代从宪宗时设立西厂，掌管刺缉刑狱，以最宠幸的太监汪直为提督，横行天下，很多人因此无辜冤死。成化十八年（1482），汪直逐渐失宠，言官请求撤销西厂，宪宗不同意。后来万安上书力求撤销西厂，得到宪宗允许，朝廷内

[①] 本部分所记载的人物是在不同时期、不同岗位上做出过重要贡献或产生过一定影响的典型代表。根据所征集的志料，依照编纂委员会所制定的编纂标准，为万安、郭宾俊、宁澈澄、马克仁、陈克树、李宗汉、李志文、李进才、龚梦生10名已故人物树立传记；为释仁炼等19名在各个行业各个岗位上做出过重要贡献或产生过一定影响的同志做主要事迹介绍；并依序将尚义镇中心村籍的本村党支部党员、基层干部、能工巧匠、退役与现役军人和大专以上学历人员列表录存，以资纪念。

[②] 《眉山市人物志》编辑委员会编：《眉山市人物志》，方志出版社，2013，第11—12页。

外都称赞万安这件事做得好。

明代从中期开始，宦官弄权，朝廷大臣很难见到皇帝。成化七年（1471）冬，彗星出现。大学士彭时、商辂等力请宪宗召见。到召见时，首辅彭时正在奏说，万安就叩头呼"万岁"并准备退出，使其他大臣也不得不退出，什么事都没有办成。人们都称万安为"万岁阁老"。

成化二十三年（1487）九月，孝宗朱祐樘即位，万安起草登极诏书，竟规定言官不得随意进言，并谎称是皇帝的意思。言官以此上奏，说万安抑塞言路，把过错归于皇帝，缺乏人臣礼仪。不久，万安被罢免职务，成化二十四年（1488）病逝。孝宗追封他为太师，赐予谥号"文康"。

【郭宾俊[①]】（？—？）　约生于清同治末，清代眉州韩家场（今眉山市东坡区尚义镇中心村）人。郭宾俊家境贫寒，以贩油维生，但为人厚道、勤俭持家。几年后，日渐富裕，耗费千金在韩家场购买几十间街房。郭宾俊富裕后，勤奋自学，熟读天文学的各种典籍，逐步掌握星象、历法知识，能推算天体的运行，按一定历法排列年、月、日，著述历书，是当时巴蜀有名的民间天文学家。83岁时去世。

【宁澈澄】（1903—1983）　原名光江，别名宁肯、宁缺、江澄，牟立大。眉山李店（今中心村）人。青少年时先后在眉山、成都、南京读中学，1923年9月考入北京大学政治系，毕业后历任中学教员、教导主任、校长、大学教授等。宁澈澄读中学时，受"五四"运动新思潮影响，多次参加进步学生运动，大革命开始后，到武汉投身革命，与早年的同学丁华相遇。经吴玉章介绍，他俩回四川开展革命工作，先后在雅安上川南师范学校、成都四川公学任教，从事学生运动。1928年秋，回眉山任国民师范学校校长，并将来眉山开展工作的共产党员丁华聘在该校任教。当年9月丁华介绍宁澈澄加

[①] 《眉山市人物志》编辑委员会编：《眉山市人物志》，方志出版社，2013，第15页。

入中国共产党，遂在校成立中共眉山特别党支部，丁任书记，宁任组织委员。先后发展共产党员22人，1929年1月中共四川省委在眉山思蒙镇南桥村附近召开上川南联系会议，汇报、总结群众运动和武装斗争经验，宁出席了会议。同年2月又代表眉山特别支部出席四川临时省委在成都召开的扩大会议，听取传达中国共产党第六次全国代表大会精神。宁澈澄以国民师范学校为据点，在特别支部领导下，以开展学生运动为主，宣传进步思想。先后组建了眉山学生联合会、教师联合会、妇女联合会，在思蒙乡组建了农民协会。1929年3月思蒙农协会欲打土豪，恶霸王成轩向当局告密，被农民协会处死于思蒙场口。是年夏，地方势力彭月江贪污三苏祠祀田租谷，宁澈澄以各民众团体名义向县政府请愿查处，县长迫于舆论压力，令彭当场交出几百银圆，并撤销彭管理三苏祠的职务。7月县政府和驻军镇压革命，通缉逮捕共产党员。9月国民师范被当局以"异党活动据点"为名查封。共产党员大多出走，眉山特别党支部解体。宁到北平（今北京）谋职，失去与党的联系。1938年9月，宁澈澄在江西吉安战干三团任职时，经马彬介绍，第二次加入共产党。次年，马彬暴露，当局通缉，宁利用自己的合法身份掩护其安全转移。1940年3月，宁的单线联系人被当局逮捕，再次失去与党的联系，从此脱离共产党组织。其先后在国民党党、政、军机构中任职。1950年12月入华北人民革命大学学习，次年结业，先后任西北师范学院教授，北京师范学院教授、图书馆主任。1983年10月病逝，终年81岁。

【马克仁[①]】（1928—1952）　1928年8月出生，籍贯为中店乡。1951年7月参加革命，同年10月，作为志愿军战士赴朝参加抗美援朝战争，1952年10月牺牲，年仅24岁。其家属1953年获眉山县人民政府颁发的"革命牺牲军人家属光荣纪念证"。

---

① 四川省眉山县志编纂委员会编：《眉山县志》，四川人民出版社，1992，第1084页；《眉山市人物志》编辑委员会编：《眉山市人物志》，方志出版社，2013，第275页。

【陈克树[1]】（1929—1952）　1929年出生，籍贯为中店乡。1951年7月参加革命，同年10月以志愿军战士身份赴朝参加抗美援朝作战，1952年9月牺牲于朝鲜战场，年仅23岁。其家属1953年获眉山县人民政府颁发的"革命牺牲军人家属光荣纪念证"。

【李宗汉[2]】（1931—2001）　又名中汉，眉山县秦家团李市甲（今眉山市东坡区尚义镇中店村）人，中共党员，东坡区人民政府视察员，四川省"活学活用毛泽东思想积极分子"。

李宗汉1岁丧父，靠母亲捡狗粪和割草赚钱糊口。自8岁起，先后在秦家乡和多悦镇的地主、富农家放牛。12岁时回到家中，农忙季节外出务工，农闲时入本保私塾读书，断断续续读书约17个月。1952年，李宗汉被群众推选为行政小组长。1955年初，三元村（今中店村）农民组成农业互助合作联组，李宗汉被推选为第二联组长。他带领大家觅水抗旱，使得全联组农田满栽满插。李宗汉继3月入团后，5月又被批准为中共党员，7月被调到中心乡信用合作社任会计，同年被评选为建设社会主义积极分子。在眉山县建设社会主义积极分子代表会上，李宗汉再次被推选出席四川省建设社会主义积极分子代表大会。1956年2月，李宗汉任中心乡政府文书。4月，中心乡与尚义乡合并后任尚义乡党委第二书记兼乡长。1958年，在全国上下大炼钢铁的新形势下，多悦区开办东风铁厂，李宗汉被任命为铁厂的党总支书记、厂长。他发动全厂职工，土法上马，生产出车床、钻床、刨床、打米机、饲料机、磨面机、架子车等机具。这些产品均参加由四川省在成都市举办的展览和由国家机械工业部在北京举办的展览。1966—1968年，李宗汉同社员一道，排除"文化大革命"干扰，在全社大兴水利，提高农作物的复种指数，使所在公社粮食总产3年翻一番。1970年11月，四川省革命委员会（当时四川省党

---

[1] 四川省眉山县志编纂委员会编：《眉山县志》，四川人民出版社，1992，第1084页；《眉山市人物志》编辑委员会编：《眉山市人物志》，方志出版社，2013，第275页。

[2] 《眉山市人物志》编辑委员会编：《眉山市人物志》，方志出版社，2013，第32页。

政合一的名称）授予李宗汉活学活用毛泽东思想积极分子称号。1971年10月，李宗汉被提拔担任多悦区委副书记。为改变全区农业生产条件，他在任职的6年中兴修水利和大办电力，先后负责兴修小型水库洞口门水库、桂花桥水库、莲花坝水库和县境内唯一中型水库两河口水库。4座水库的拦水坝都是土坝，修筑主坝时的挖、填、打夯均靠人力，作为水库工程指挥长的李宗汉，也同成千上万修库大军一样执锄挖土、担土筑坝，日夜奋战在水库工地上。1974年末，水库的主坝、放水设备、溢洪道三大工程相继完工，1975年进行渠系配套工程。水库总库容2000余万立方米，可灌4000余公顷农田，彻底满足多悦区6个公社和临近公社的农田用水。1976年，为解决区内高螃田提水急需电力的问题，李宗汉同技术人员（4人）一道，跑遍大半个中国求助，经过300余天，建成10.5千米的35千伏高压线路和35千伏变电站，同时架通5个公社总长30千米的10千伏线路，建起提灌站14处。1977年，李宗汉被调到万胜区任区委副书记。不久，全县撤区并社（由原来的46个公社合并为19个公社），他又被调任伏龙公社（三苏、伏龙两公社合并后的名称）党委书记，任职3年，全社粮食增产750万公斤，1980年比1977年粮食增产48%。杂交水稻制种突破"双百"（200市斤）大关，增产幅度和制种指数都名列乐山地区榜首。李宗汉被评为乐山地区先进个人。20世纪80年代，李宗汉被调回县级机关任县社队企业局（今乡镇企业局）副局长。1981年5月，李宗汉调县工商行政管理局任局长，当时正值工商部门处于恢复和发展的关键时期，他想方设法筹集资金，于1984年秋至1985年春的数月内，在县城和重点集镇建起农贸市场25处总计5000多平方米，兴建工商局办公楼、干部宿舍楼、市场服务部、永寿工商所等设施5000多平方米，为眉山商品经济和工商事业的发展奠定了物质基础。1986年10月任县政府视察员，1991年退休。

【李志文】①（1936—2019）　1936年2月24日出生，今眉山市东坡区尚义镇中心村人。1955年入伍参加中国人民解放军，1956年加入中国共产党。1959年曾参加西藏平叛斗争，获三等功。1962年11月16—20日，李志文作为排长，带领全排战士参加了中印自卫反击战之瓦弄战役，经过五天五夜的激烈战斗，瓦弄战役取得胜利，歼灭印军1200余人，李志文荣获二等功，后升为中尉。1963年转业回乡，任中心人民公社团结大队支部书记。1976年，到两河口水库工作，1981年任两河口水库管理处处长，直至1987年退休。1998年，李志文担任中心村老年协会会长。2019年1月25日，因食道癌逝世，享年83岁。

李志文党龄长达63年，身患重病仍不忘记严格履行党员的义务，在重病弥留之际念念不忘要向党组织上交党费，留下临终遗言，嘱托其子李国全代其向党组织上交2000元的党费。

【李进文】②（1964—1986）　1964年4月出生，眉山尚义镇中心村人，中共党员。1983年1月参加中国人民解放军，任35175部队二团二营四连班长，1986年12月2日在云南老山执行任务中因车祸牺牲，牺牲时年仅22岁。中国人民解放军36165部队政治部批准其为烈士。

【龚梦生】（？—2019）　又名龚富云，中心村人，毕业于丹棱中学。新中国成立前曾做过乞丐，打过长工，后来受中国共产党的影响而入党，新中国成立后在西昌学院任教至退休。长于书画，于2019年去世。

---

① 资料来源于对中心村支书李国全同志的采访；军用主题词表编制管理委员会编：《〈军用主题词释义词典〉之瓦弄战役》，军事科学出版社，1993，第672-673页。
② 资料主要来源于对中心村支书李国全同志的采访；眉山市东坡区人民政府修：《〈眉山县志〉（1988—2000）之烈士名录》，方志出版社，1992，第858页。

人物录

【释仁炼】 男，出生于1930年，眉山市人大代表，眉山市尚义镇太宝村人。新中国成立前到中心村极乐寺担任第二任寺庙主持，现为中心村人。

【蒲贵方】 男，共产党员，出生于1942年，东坡区尚义镇中心村人。1975—1978年间任中心村村支书。

【刘光明】 男，共产党员，出生于1950年1月，东坡区尚义镇三官村5组人。1969年4月入伍，服役于1515部队，荣获三等功，军残七级。1974年1月退役。退役后发挥余热，为三官村两委建言献策。

【赵宽春】 男，共产党员，出生于1956年10月1日，东坡区尚义镇三官村5组人。1976年9月参军入伍，1980年1月退伍。服役于8023部队，服役期间，荣获5次嘉奖。退伍后发挥余热，一如既往地支持村两委的工作。

【丁怀树】 男，共产党员，出生于1956年11月18日，东坡区尚义镇马庙村6组人。1976年3月入伍，1986年1月退役，两参人员。任职期间，工作积极认真，热心服务群众，2020年疫情防控期间，全身心投入防疫工作之中，开展大走访、大排查、卡点值守等工作，在平凡岗位上体现出了一名退役军人的本色。

【李国全】 男，共产党员，出生于1964年，东坡区尚义镇中心村人。曾任共青团队大队支书、中心村村党支书、四川省人民政府政务监督员。1982年担任大队团支书，1996年10月至2001年担任中心村村党支书；2010—2016年，再次担任中心村村党支书。任职期间，工作兢兢业业，为村民办实事，带领中心村村民脱贫致富，是基层党建引领乡村发展的典范。

【辛树清】 男，共产党员，出生于1964年1月15日，眉山市东坡区尚义镇马庙村1组人。1984年10月入伍参军，1989年2月退伍。于1990年2月进入村两委班子工作，曾任职团支部书记、文书、党支部书记，2019年退休。多年来一直奋斗在基层，2004年带头发展大棚蔬菜种植，为全村经济与社会各项事业的发展做出了重大贡献。

【赵宽林】 男，共产党员，出生于1964年3月17日，东坡区尚义镇三官村1组人，1982年11月入伍，服务于中国人民解放军第35175部队，1988年1月退役，曾在云南老山前线立三等功。退伍返乡后永不褪色，带领村民勤劳致富。

【马水清】 男，共产党员，眉山市东坡区尚义镇中心村3组人，于1970年在黑龙江珍宝岛81136部队服役，1976年3月退伍。退伍后曾任中心村监督委员会主任。任职以来严于律己，对工作兢兢业业，公平公正，他的行动诠释了共产党员一生的风采。

【李相德】 男，共产党员，出生于1970年，眉山市东坡区尚义镇中心村人，眉山市优秀共产党员、眉山市好味稻水稻专业合作社党支部副书记、理事长。高中毕业后曾到沿江一带工作，1997年返乡从事农业生产，从种植自家土地开始，逐渐扩大规模。2011年通过承包流转土地，依托科技和新型农业机械进行规模种植，种植水稻面积达570余亩，被授予"全国种粮售粮大户"称号。2015年，在眉山市相关部门支持下，李相德成立了东坡区"东坡味道"水稻种植协会。该协会实行"五个统一"（统一农技知识、统一购买农资、统一农机服务、统一质量标准、统一产品销售）模式，实现从耕、种、收到烘干的全程机械化，有效解决了种田靠天的问题。与传统种植模式相比，这种模式使每亩田节约成本180元，实现了增产增收。协会营利的10%作为公积金，确保协会的正常运转，其余90%作为可分配利益进行分红。该协会成员有355名，涉及东坡区、神县、洪雅县、仁寿县4个区县、12个乡镇32个村，发展水稻种植达5万余亩。协会不定期开展实用技术培训，以此提高会员种植技术，辐射农户上万户，解决了周边农户的就业问题，大幅增加了农户收入。稻谷种出来了，还得将其推广出去。为此，协会建立了农产品网站，注册了商标，创建了品牌，产品销往眉山、成都等地。在该协会的基础上，2019年进一步成立了眉山市好味稻水稻专业合作社，在李相德带领下，专合社已有社员860名，流转土地52600亩，辐射周边农户上万户，农机社会化服务80000余亩，成为全国规模前十、西南第一合作社。为帮助残疾户发展产业，李相德多次深入残疾户家中调研，为他们量身定制帮扶计划，鼓励他们靠自己的双手致富。据不完全统计，李相德每年帮扶贫困户、残疾人、孤寡老人、贫困学生200余人，每年投入资金近20万元。正因为李相德致富不忘回馈社会，他先后获得"东坡区科普带头人""东坡区十佳诚信公民""四川省劳动模范""东坡区十大拔尖人才""东坡区十佳农村致富带头人"等荣誉称号。2021年1月25日，中共中央政治局常委、国务院总理李克强主持召开座谈会，听取教育、科技、文化、卫生、体育界人士和基层群众代表对《政府工作报告》《"十四五"规划和二〇三五年远景目标纲要（草案）》两个征求意见稿的意见建议。李相德作为7名发言代表之一、全国唯一农业方面的代表赴北京参加了此次座谈会。会上，他当面向总理建言献策，提出了四个方面的建议：一是加大粮食生产关键对象的政策支持。将种粮大户和规模种植粮食的专业合作社纳入耕地保护补贴范围，提高种粮大户补贴标准，补贴耕地流转费用，适当提高粮食收购价。二是加大粮食生产关键环节的政策支持。对购买优质稻种进行补贴，加大对购买智能农机具的补贴力度，加大能灌能排、宜机作业、旱涝保收的高标准农田建设力度，加大对粮食烘干仓储加工设施建设的补贴力度。三是加大粮食生产关键时节的政策支持。对粮食专业合作社、种粮大户、收储企业，在购买农资、收购稻谷的关键时节，解决流动资金贷款并贴息。四是加大粮食生产关键模式的政策支持。加大对粮食专业合作社、龙头企业在生产托管等方面的支持力度，加强对农民以土地入股、资金入股等方面的培训指导。

【张志伟】　男，出生于1972年1月16日，共产党员，眉山市东坡区尚义镇马庙村人。1990年3月入伍参军，1993年12月退伍。在疫情发生期间，他积极投身于一线，认真负责，积极参与各项工作。在非常时期，他响应党和国家的号召，在中心村重要路口，积极排查可疑人员车辆，认真耐心地宣传普及防疫知识。在疫情解除前，一直战斗在第一线。

【伍　斌】　男，出生于1972年10月24日，眉山市东坡区尚义镇三官村4村人。于1990年10月入伍参军，1993年12月退伍返乡，服役部队为武警陕西总队。伍斌同志退伍不褪色，退伍回乡后通过勤劳工作，发展产业，带领乡亲共同奔康致富。

【邹相阳】　男，中共党员，眉山市东坡区尚义镇中心村人。于1990年12月在陕西铜川参军入伍，1993年12月退役。退役后不忘提升自己，继续学习新的知识，2000年在眉山卫校取得乡村医生资格证。此后，毅然回家乡中心村担任乡村医生，为全村老百姓提供医疗卫生服务。工作从不叫苦，把军人为人民服务的理念贯穿始终，成为群众最信任的人。

【李中全】　男，出生于1977年2月16日，共产党员，眉山市东坡区尚义镇马庙村人。1997年12月参军入伍，2012年12月退伍。在疫情发生之际，积极报名参加志愿者，立即投身于一线。担任志愿者期间，工作认真负责，积极完成了各项防疫工作。

【龚天贵】　男，出生于1979年，眉山市东坡区尚义镇中心村6组人，

1998年考入北京大学，系尚义镇第一个也是目前唯一考入北京大学的大学生，目前在上海经营外贸公司。

【王维佳】 男，共产党员。眉山市东坡区尚义镇中心村人。于2001年12月入伍7765部队，2006年12月退伍。退伍返乡后，他承包了10余亩土地发展柑橘产业，同时经营两家农药肥料店铺，为村民提供技术服务，帮助提供柑橘品质；并在村上担任纪检组组长，对村级村务、财务进行监督。工作中，他把军人吃苦耐劳的精神发挥到了极致。

【邹　智】 男，出生于1990年，眉山市东坡区尚义镇中心村人。于2008年11月在西藏军区77556部队服役，于2010年12月退役。退役后努力学习畜牧养殖技术和管理经验，现为东坡区尚义镇牧源养殖公司管理者。一期公司占地60亩，年出栏育肥猪10000余头，为东坡区提供就业岗位30余个，现在二期现代化养殖正在筹备建设，预计年出栏100000头。邹智返乡从事牧业养殖，为周边村民群体提供了就业岗位，成为当地带动群众致富奔康的能手。

【蒲胜红】 男，出生于1972年，眉山市东坡区尚义镇龚村人。2012年，蒲胜红与另外两名合伙人投资160万，到中心村创办忠新果业打蜡厂。该厂初建时，聘用中心村附近10千米范围的老百姓从事水果的包装、打蜡、储藏、保鲜等工作，规模最大时其员工多达120余人。建厂后，还投入30多万元购买了打蜡机，每年包装打蜡的水果多时达到1000万斤，2020年受疫情影响减至三四百万斤，年产值达100万元以上。蒲胜红创办的忠新果业打蜡厂，方便了果农和果商，成为果农与果商之间的纽带和桥梁，又解决了中心村及其周边村民的就业问题，促进了中心村一带经济与社会的良性发展。

【丁嘉瑞】 男，出生于1998年8月20日，共青团员。2017年9月入伍，2019 年 9 月退伍。入伍期间，在西藏自治区拉萨市 32352 部队服役，2019 年被评为优秀义务兵。疫情发生期间，他积极报名参加志愿服务，在村重要路口认真排查可疑人员和车辆，认真耐心细致地宣传防疫知识。

人物表（含能工巧匠）

【概况】 本目共收录中心村党支部党员 125 人、基层干部 9 人、能工巧匠 13 人、退伍和现役军人 90 人、部分大专以上学历人员 102 人，共计 339 人次。

中心村党员统计一览表

姓名	组别	性别	出生年月	入党时间
何正祥	1 队	男	1932	1953-03
蒲志英	1 队	男	1939	1966-01
李碧英	1 队	女	1941	1966-03
邓成明	1 队	男	1942	1966-05
涂明华	1 队	男	1945	1966-11
涂明科	1 队	男	1951	1976-07
潼丘成	1 队	男	1953	1976-07
雷水泉	1 组	男	1958-07	1981-07
雷洪春	1 组	男	1953-05	1972-07
赵正友	1 组	男	1982-07	2002-07
陈霞	1 组	女	1990-03	2011-07
黄光全	1 组	男	1952-02	1976-01
马智宇	1 组	男	1972-11	2002-07
马克祥	1 组	男	1946-06	1968-07
马克贵	1 组	男	1946-08	1967-08
唐孝华	1 组	男	1950-11	1972-06
徐焕明	2 队	男	1929	1958-10
李吉成	2 队	男	1936-06	1979-06
陶修成	2 队	男	1937	1966-03

续表

姓名	组别	性别	出生年月	入党时间
何忠银	2队	男	1945	1966-12
李瑞华	2队	男	1950	1977-12
李克勤	2组	男	1975-07	2005-07
梅成容	2组	男	1940-08	1964-03
周福全	2队	男	1952-11	1973-11
李林中	2组	男	1962-10	1983-07
赵雪如	2组	女	1970-11	2013-07
赵永国	2组	男	1945-09	1966-03
李德林	2组	男	1948-12	1968-12
邹相奎	2组	男	1972-05	1994-11
徐国如	3队	女	1923	1952-11
徐德成	3队	男	1928-10	1958-11
杨少轩	3队	男	1928-09	1955-05
相先宇	3队	男	1930-07	1979-06
杨先宇	3队	男	1930	1955-05
龙兴海	3队	男	1935-04	1966-11
相少春	3队	男	1936-02	1956-11
李昌成	3队	男	1936	1979-06
杨少春	3队	男	1936	1956-06
邓淑英	3队	女	1943-01	1966-03
丁秀英	3队	女	1947-11	1966-02
龙兴学	3队	男	1952-01	1974-04
徐元义	3队	男	1953-09	1979-11
马军伟	3组	男	1972-05	1994-11
邹相阳	3组	男	1972-03	1991-07
罗加兵	3组	男	1948-07	1985-11
李中维	3组	男	1966-11	1988-07
吴金安	3组	男	1943-02	1965-07
彭学君	3组	男	1966-07	1990-07
何福全	3组	男	1941-05	1960-06
彭清权	3组	男	1953-04	1974-01
吴良全	3组	男	1952-05	1971-06
何学珍	3组	男	1949-12	1971-02

续表

姓名	组别	性别	出生年月	入党时间
马守明	3组	男	1946-09	1974-10
马水清	3组	男	1951-09	1974-07
邓宇宏	3组	男	1983-11	2007-04
王桂美	4队	女	1914	1958-10
赵克俊	4队	男	1926	1954-04
徐明贵	4队	男	1940	1966-02
蒲春枝	4队	女	1943-03	1966-01
余友贤	4队	男	1943-12	1979-06
余友春	4队	男	1958-10	1979-12
柴开国	4组	男	1964-06	2001-06
余桂英	4组	男	1938-03	1964-04
柴功喜	4组	男	1944-04	1976-07
张志华	4组	男	1950-08	1970-08
邹登寿	4组	男	1947-12	1969-06
黄兴元	4组	男	1961-06	1999-09
王学彬	4组	男	1946-02	1964-07
蒲勇建	4组	男	1975-04	1993-09
赵克钦	5队	男	1926	1953-03
李少成	5队	男	1928-02	1958-08
邹水堂	5队	男	1928	1966-01
吴志祥	5队	男	1929	1952-12
吴万华	5队	男	1935	1973-08
李万全	5队	男	1937-08	1966-03
邹天华	5队	男	1942-01	1966-01
温群芳	5队	女	1946-06	1966-05
何周民	5队	男	1943	1966-03
黄保金	5队	男	1945	1976-04
李成华	5队	男	1951	1976-07
熊作金	5队	男	1952	1973
杨术红	5队	女	1954-06	1979-12
蒲素珍	5组	女	1954-05	1974-02
刘浩	5组	男	1983-03	2003-07
李宗权	5组	男	1940-01	1979-01

续表

姓名	组别	性别	出生年月	入党时间
李相德	5组	男	1971-01	2015-06
邹智先	5组	男	1949-03	1970-08
王思中	5组	男	1944-02	1963-07
刘云	5组	男	1971-09	2007-07
刘志祥	5组	男	1960-01	1979-07
李光龙	5组	男		
王双艳	5组	女		
吴银舟	6队	男	1925	1958-11
吴纪海	6队	男	1939	1971-03
吴纪圆	6队	男	1945	1966-05
龚长有	6组	男	1963-12	2003-07
蒲贵超	6组	男	1965-08	1985-07
张树荣	6组	男	1947-09	1966-07
李忠成	6组	男	1937-05	1959-09
李树全	6组	男	1953-02	1973-07
蒲浩	6组	男	1981-01	2005-07
李国全	6组	男	1964-08	1985-11
李建川	6组	男	1965-09	1988-07
李素芬	6组	女	1946-12	1966-05
李壁文	6组	男	1965-09	1985-07
李东廷	6组	男	1937-12	1965-04
周华兵	6组	男	1976-01	1997-12
李建权	6组	男	1967-02	1988-07
李爱君	7组	女	1969-02	2012-07
赵国贤	7组	男	1945-04	1965-03
刘朝明	7组	男	1940-04	1965-06
赵国华	7组	男	1949-02	1970-07
赵正明	7组	男	1963-06	1998-07
赵正勇	7组	男	1971-09	1993-05
王维佳	7组	男	1981-12	2005-07
赵正岗	7组	男	1971-07	2003-07
赵子忠	7组	男		
龚天俊	8组	男	1986-02	2018-06

续表

姓名	组别	性别	出生年月	入党时间
龚恩春	8组	男	1950-01	1970-09
龚恩文	8组	男	1969-08	2005-06
蒲贵方	8组	男	1942-06	1965-07
龚义	8组	男	1974-12	2011-07
龚凤娇	8组	男	1994-08	2016-05
蒲大春	8组	男	1947-01	1968-07
龚志敏	8组	男		

中心村历任村支书统计表

姓名	任职时间	备注
赵海清	1955—1961	第一任书记
梅时溪	1962—1966	
邓汝尧	1966—1971	
李志文	1971—1975	
蒲贵方	1975—1978	
赵正江	1978	任职8个月
马水清	1979—1992	
赵光贤	1992—1996	
李国全	1996—2001	
李建川	2001—2006	
刘志强	2006—2010	
李国全	2010—2020	
丁涛	2020至今	

中店社区现任基层干部统计表

社区党委书记兼居委会主任	丁涛
社区党委副书记	丁艳如
社区纪委书记	杜会海
党委委员、社区副主任	李克勤　吴建明
社区文书	杨仁枝
社区委员	邹瑞蝶
社区网格员	朱云龙
社区工作人员	张弟英

中心村能工巧匠名录一览表

姓名	性别	组别	手艺特长
王学堂	男	中心村3组	泥水匠
万国强	男	中心村3组	泥水匠
陈军	男	中心村1组	泥水匠
马守建	男	中心村1组	电工
赵洪纪	男	中心村7组	电工
李兵	男	中村心5组	电工
赵志全	男	中心村7组	木匠
赵洪明	男	中心村7组	木匠
廖万坤	男	中国心10组	木匠
龚志学	男	中国心10组	木匠
李成中	男	中心村5组	理发师
张锦	男	中心村2组	理发师
李光勤	男	中心村2组	理发师

中心村退役、现役军人统计表

姓名	性别	出生年月	政治面貌	组别	入伍年月	退役年月	已享受抚恤补助情况	备注
左信忠	男	1936-10	群众	1组	1956-12	1957-12	老复员军人	回农村的退役士兵
马守本	男	1944-10	群众	1组			因公牺牲军人家属	烈士子女
左云华	男	1945-08	群众	1组	1965-12	1970-01	年满60周岁农村籍	回农村的退役士兵
马克祥	男	1946-06	党员	1组	1965-12	1969-02	年满60周岁农村籍	回农村的退役士兵
马克贵	男	1946-08	党员	1组	1965-12	1970-01	年满60周岁农村籍	回农村的退役士兵
梅华全	男	1950-09	群众	1组	1969-12	1973-01	年满60周岁农村籍	回农村的退役士兵
唐孝华	男	1950-11	党员	1组	1970-01	1976-04	年满60周岁农村籍	回农村的退役士兵
黄光全	男	1952-02	党员	1组	1971-01	1978-04	年满60周岁农村籍	回农村的退役士兵
雷洪春	男	1953-05	党员	1组	1970-01	1976-04	年满60周岁农村籍	回农村的退役士兵
马守勤	男	1955-08	群众	1组	1974-12	1978-10	年满60周岁农村籍	回农村的退役士兵
雷水泉	男	1958-07	党员	1组	1977-11	1983-03	年满60周岁农村籍	回农村的退役士兵
左建国	男	1974-07	群众	1组	1993-12	1996-12		回农村的退役士兵
赵正友	男	1982-07	党员	1组	2000-11	2002-11		回农村的退役士兵
梅华兵	男	1985-04	群众	1组	2002-12	2004-12		回农村的退役士兵

续表

姓名	性别	出生年月	政治面貌	组别	入伍年月	退役年月	已享受抚恤补助情况	备注
梅建雄	男	1992-10	群众	1组	2009-11	2011-11		回农村的退役士兵
陈坤	男	1996-09	群众	1组	2017-09			现役
赵永中	男	1943-01	群众	2组	1964-03	1968-05	年满60周岁农村籍	回农村的退役士兵
李林中	男	1962-10	党员	2组	1980-09	1984-12		回农村的退役士兵
李尚杰	男	1992-09	群众	2组	2009-12	2014-12		回农村的退役士兵
岳伦	男	1996-03	群众	2组	2002-11			回农村的退役士兵
白小贤	男	1998-10	群众	2组	2014-12	2017-12		回农村的退役士兵
彭尔坤	男	1934-11	群众	3组	1956-01	1960-11	带病回乡退伍军人	回农村的退役士兵
马水清	男	1951-09	党员	3组	1970-12	1976-03	同上	回农村的退役士兵
吴良全	男	1952-05	党员	3组	1968-12	1974-02	伤残军人	回农村的退役士兵
彭清权	男	1953-04	党员	3组	1972-12	1979-04	年满60周岁农村籍	回农村的退役士兵
郭元安	男	1955-05	群众	3组	1976-11	1980-11	年满60周岁农村籍	回农村的退役士兵
李光军	男	1956-06	群众	3组	1976-03	1980-03	伤残军人	回农村的退役士兵
邓宇明	男	1957-09	群众	3组	1976-11	1979-03	8023涉核	回农村的退役士兵
彭清贵	男	1958-04	群众	3组	1977-12	1983-03	年满60周岁农村籍	回农村的退役士兵
李中维	男	1966-11	党员	3组	1984-11	1989-12	"两参"人员	回农村的退役士兵
徐建军	男	1969-06	群众	3组	1987-11	1991-12	同上	回农村的退役士兵
邹相伟	男	1971-08	群众	3组	1989-04	1991-11		回农村的退役士兵
邹相阳	男	1972-03	党员	3组	1990-10	1993-12		回农村的退役士兵
梅继芳	男	1974-06	群众	3组	1993-12	2001-12		回农村的退役士兵
何王	男	1980-09	群众	3组	1998-12	2000-09		回农村的退役士兵
马燕洪	男	1981-03	群众	3组	1998-11	2000-11		回农村的退役士兵
徐科	男	1982-09	群众	3组	2001-12	2003-12		回农村的退役士兵
邹相巍	男	1983-01	群众	3组	2000-11	2008-12		回农村的退役士兵
邹忠	男	1989-06	群众	3组	2005-12	2007-12		回农村的退役士兵
李孟洋	男	1991-05	群众	3组	2008-12	2010-12		回农村的退役士兵
罗瑞明	男	1991-10	群众	3组	2018-07		伤残军人	回农村的退役士兵
邹伟	男	1996-06	群众	3组	2013-09			回农村的退役士兵
毛来寿	男	1932-11	群众	4组	1956-12	1962-01	年满60周岁农村籍	回农村的退役士兵
邹登寿	男	1947-12	党员	4组	1968-12	1974-01	年满60周岁农村籍	回农村的退役士兵
柴开国	男	1964-06	党员	4组	1982-05	1985-12		回农村的退役士兵
蒲勇建	男	1975-04	群众	4组	1992-12	1996-12		回农村的退役士兵

续表

姓名	性别	出生年月	政治面貌	组别	入伍年月	退役年月	已享受抚恤补助情况	备注
李兵	男	1987-04	群众	4组	1999-12	2001-12		回农村的退役士兵
舒亮	男	1990-04	群众	4组	2008-10	2010-10		回农村的退役士兵
黄坤	男	1990-07	群众	4组	2007-12	2009-12		回农村的退役士兵
徐帅	男	1991-10	群众	4组	2007-12	2012-12		回农村的退役士兵
李中芮	男	1995-04	群众	4组	2013-09			回农村的退役士兵
邹先智	男	1949-03	党员	5组	1968-04	1973-04	年满60周岁农村籍	回农村的退役士兵
刘志祥	男	1960-01	党员	5组	1980-12	1983-12		回农村的退役士兵
陈晓松	男	1982-04	群众	5组	2000-12	2002-12		回农村的退役士兵
刘浩	男	1983-08	群众	5组	2001-09	2006-04		回农村的退役士兵
李云	男	1993-06	群众	5组	2012-12	2017-12		回农村的退役士兵
李圣林	男	1996-05	群众	5组	2014-09	2016-09		回农村的退役士兵
张鑛元	男	1998-09	群众	5组	2015-09	2016-01		回农村的退役士兵
黎金杰	男	1999-03	群众	5组	2017-09			现役
李忠成	男	1937-05	党员	6组				烈士家属
龚建安	男	1938-06	党员	6组	1956-11	1959-11	川甘参战	回农村的退役士兵
白淑芬	女	1941-02	群众	6组				烈士家属
张树荣	男	1947-09	党员	6组	1965-12	1976-01	年满60周岁农村籍	回农村的退役士兵
李树全	男	1953-02	党员	6组	1971-01	1976-03	年满60周岁农村籍	回农村的退役士兵
蒲贵清	男	1958-01	群众	6组	1976-09	1980-11	对越参战	回农村的退役士兵
蒲贵超	男	1965-08	党员	6组	1983-10	1987-10		回农村的退役士兵
李碧文	男	1965-09	党员	6组	1984-10	1989-04		回农村的退役士兵
李建权	男	1967-02	党员	6组	1986-12	1991-10		回农村的退役士兵
周华兵	男	1976-11	党员	6组	1994-12	1997-12		回农村的退役士兵
李高进	男	1981-10	群众	6组	1998-12	2000-11		回农村的退役士兵
邹鸿林	男	1997-01	党员	6组	2015-06			现役
赵子忠	男	1952-01	党员	7组	1970-01	1976-04	年满60周岁农村籍	回农村的退役士兵
赵志华	男	1958-04	群众	7组	1976-03	1979-03	伤残军人	回农村的退役士兵
赵宏伦	男	1968-11	群众	7组	1987-12	1990-12	带病回乡退伍军人	回农村的退役士兵
赵正勇	男	1971-09	党员	7组	1991-12	1994-12		回农村的退役士兵
王维佳	男	1981-12	党员	7组	2001-12	2006-12		回农村的退役士兵
郑其林	男	1984-03	群众	7组	2001-12	2003-12		回农村的退役士兵
赵鹏	男	1991-10	群众	7组	2009-12	2011-12		回农村的退役士兵

续表

姓名	性别	出生年月	政治面貌	组别	入伍年月	退役年月	已享受抚恤补助情况	备注
赵瑞	男	1991-10	群众	7组	2008-12	2015-12		回农村的退役士兵
赵润杰	男	1995-10	群众	7组	2012-12	2014-12		回农村的退役士兵
赵元浩	男	1997-05	群众	7组	2017-09	2019-09		回农村的退役士兵
赵林	男	1995-01	群众	7组	2016-09			现役
赵宽	男	1997-01	群众	7组	2017-09			现役
蒲大春	男	1947-01	党员	8组	1968-11	1974-02	年满60周岁农村籍	回农村的退役士兵
龚恩春	男	1950-01	党员	8组	1967-12	1976-03	年满60周岁农村籍	回农村的退役士兵
舒光成	男	1959-02	党员	8组	1978-03	1982-01	年满60周岁农村籍	回农村的退役士兵
陈国民	男	1967-08	群众	8组	1986-11	1990-03		回农村的退役士兵
马爱民	男	1973-01	群众	8组	1992-12	1996-12		回农村的退役士兵
蒲晓峰	男	1988-07	群众	8组	2007-12	2012-12		回农村的退役士兵
合计				共计90人。其中，现役军人5人，退役士兵85人				

中心村大学生统计表

姓名	性别	组别	出生年月	大学名称	现工作状况（所在地）
雷学彬	女	1组	1966-09	四川师范学院	眉山苏祠中学
马桂蓉	女	1组	1970-08	重庆大学	重庆十七中
马月全	男	1组	1972-04	四川师范学院	永寿高中教师
徐星	女	1组		博士	美国
黄建	男	1组	1978-01	四川师范学院	泸州古蔺中学
梅吉超	男	1组	1981-05	吉林大学	四川长虹集团
马磊	男	1组	1982-01	西南财经大学	中国邮政银行成都分行
雷敏	女	1组	1982-07	成都中医大学（研究生）	眉山中医院
雷锐	女	1组	1982-07	四川师范大学	丹棱高中
赵静	女	1组	1982-08	四川农业大学	青岛汽车成都分公司
赵智	男	1组	1982-10	四川农业大学	玫瑰园地产
黄建伟	男	1组	1985-10	西安工程大学	泸州古蔺
陈霞	女	1组	1990-03	乐山师范学院	眉山
梅林翔	男	1组		湖北长江大学	眉山张坎小学
刘玉娟	女	1组	1993-10	乐山师范学院	眉山
刘慧敏	女	1组	1994-07	成都中医药大学（研究生）	乐山

续表

姓名	性别	组别	出生年月	大学名称	现工作状况（所在地）
梅皓南	男	1组	1997-07	四川轻化工大学	深圳外企
雷松	男	1组	1998-06	天津理工大学	成都
梅朝霞	女	2组	1972-03	川北医学院	丹棱
梅姣	女	2组	1974-03	成都中医药大学	眉山自营
梅晓敏	女	2组	1987-06	东南大学（研究生）	天津
焦辉	男	2组	1986-01	成都理工大学工程技术学院	眉山
焦洁	女	2组	1988-08	西华师范学院	自由职业
李艳	女	2组	1989-10	成都医学院	眉山药房
张茹	女	2组	1994-12	华西卫校	眉山
梅宇婷	女	2级	1997-06	南充财会学校	眉山
焦梦馨	女	2组	1998-10	四川工程职业技术学院	眉山
梅宇	男	3组	1979-11	贵州无线电专科学校	长虹集团
梅艳丽	女	3组	1981-10	泸州化工学校	深圳工作
曾旭萍	女	3组	1986-01	中国人民大学	研究生
张沉静	女	3组	1988-04	川师文理学院	眉山东坡小学任教
曾小欢	女	3组	1989-12	四川师范大学	温江金马学校任教
何燕	女	3组	1990-12	四川理工大学	重庆铜梁
江洁	女	3组	1991-09	绵阳财经大学	成都
王倩	女	3组	1991-09	绵阳财经大学	成都
梅靖峰	男	3组	1993-01	成都理工大学	待业
何巧	女	3组	1994-12	绵阳科技大学	眉山吉香居
温莎	女	3组	1996-06	湖南师范大学	研究生
赵宇	男	3组	1999-01	重庆艺术工程职业学院	参军入武
李辛颖	女	3组	2001-05	重庆师范大学	在读
张民豪	男	3组	2001-09	西华大学	在读
李文琳	女	3组	2004-02	四川轻化工大学	在读
毛朝斌	男	4组	1966-12	上海科大	自营业
邹相杰	男	4组	1973-03	宜宾师专	多悦初中任教
赵国安	男	4组	1974-05	山东农业大学	厦门饲料公司
邹相超	男	4组	1975-06	重庆大专	夏盐初中任教
邹毅	男	4组	1981-04	重庆大学	外企
卢戬	男	4组	1986-03	中北大学（博士）	西南医科大学
李维	男	4组	1985-06	重庆文理学院	自营

续表

姓名	性别	组别	出生年月	大学名称	现工作状况（所在地）
马培	男	4组	1986-09	重庆科技大学	承包工程
柴远远	男	4组	1986-10	川农	自营
毛跃	男	4组	1988-10	四川电力学院	海南高铁公司
刘珠	女	4组	1995-04	四川师范大学	盐道街中学
蒲乙燕	女	4组	1997-10	成都理工大学	中信银行
李光勤	男	5组	1965	重庆医科大学（博士）	重庆医科大学附属第一医院
李铁军	男	5组	1972	重庆医科大学	渝北区妇幼保健院
李友	男	5组	1982-05	四川师范大学	深圳兰宇网络科技有限公司
李静	男	5组	1983	重庆医科大学	四川非愚文化传播公司
赵敏	男	5组	1986	四川理工学院	浙江
李勋	男	5组	1986	电子科技大学	华为公司
李孟	男	5组	1989	桂林理工大学	新生医疗集团成都分公司
李文秀	女	5组	1994	西南交通大学（研究生）	国家知识产权局
张林	女	5组	1994	内江师范学院	攀枝花东区花城外国语学校
张文学	男	6组	1971	泸州医科大学	万胜教书
龚志刚	男	6组	1972	华西大学	永寿医院院长
龚思进	男	6组	1973	四川中医院	眉山自己开医院
张平	男	6组	1974	四川大学	成都会计师
李海燕	女	6组	1978	乐山师院	眉山拆迁办主任
龚天贵	男	6组	1981	北京大学	上海开公司
李玲	女	6组	1988	四川中医院	眉山市医院医生
赵正军	男	7组	1966-12	川北医学院	乐山犍为红十字医院
赵正雄	男	7组	1969-06	重庆大学	浙江衢州精工仪器
赵林	男	7组	1971-09	太原机械学校	眉山外包公司
赵阳	男	7组	1974-06	重庆建筑学校	眉山水利局
赵华	男	7组	1982	四川农业大学	自由职业
刘晓莉	女	7组	1986-03	成都理工大学（研究生）	重庆大学
赵正洪	男	7组	1991-02	西安理工大学	教育培训
赵群	女	7组	1994-03	西南石油大学	自由职业
赵翔	女	7组	1995-07	电子科技大学	自由职业
赵元浩	男	7组	1997-05	四川工业学院	大四在读
赵林	男	7组	1997-07	中国人民解放军陆军工程大学	大学在读
赵苏北	女	7组	1997-07	重庆医科大学	研究生在读

续表

姓名	性别	组别	出生年月	大学名称	现工作状况（所在地）
赵佳美	女	7组	1998-09	陕西师范大学	研究生在读
赵暻	女	7组	1999-02	四川大学锦江学院	眉山玫瑰新城物业
方思龙	男	7组	2001-08	西南财经大学	大三在读
梅薏晗	女	7组		锦州医学院	本科在读
龚会平	女	8组	1982-03	内江师范学院	成都私营会计
舒鹏飞	男	8组	1985-12	四川农业大学	彭山江口镇公务员
蒲朝旭	男	8组	1987-08	成都理工大学博士	成都理工大学
王利娟	女	8组		研究生	
蒲涛	男	8组	1995-08	四川大学	研究生
蒲朝建	男	8组	1995-12	武汉大学	武汉
龚天勋	男	8组	1997-07	西南师范大学（本科）电子科技大学（研究生）	国企专家
龚美婷	女	8组	1997-09	安徽医科大学	研究生
龚萌琪	女	8组	1999-10	四川农业大学	本科在读
邓宇宏	男		1983-11	西南石油大学	北京一龙恒业石油工程技术有限责任公司
邹孟凌	女		1999-04	吉林工商学院	在读
何琴	女		1993-06	四川财经职业学院	眉山俊华汽车销售服务有限责任公司
郭彩娇	女		1991-04	江西渝州科技职业学院	嘉阳有限责任公司
马世坤	男		1997-03	乐山师范学院	杭州金融公司

参考文献

[1] 四川省政协文史资料和学习委员会. 眉山市井闲谭 [M]. 成都：四川人民出版社，2017.

[2] 眉山市地方志办公室. 志说眉山 [M]. 成都：电子科技大学出版社，2014.

[3] 《眉山市人物志》编辑委员会. 眉山市人物志 [M]. 北京：方志出版社，2013.

[4] 眉山市档案局（馆）. 眉山建区设市以来重要民生政策 [M]. 成都：电子科技大学出版，2015.

[5] 眉山市委宣传部. 东坡故里 眉山 [M]. 成都：四川人民出版社，2007.

[6] 四川省眉山县志编纂委员会. 眉山县志 [M]. 成都：四川人民出版社，1992.

[7] 政协眉山市委员会. 眉山记忆 眉山建区设市13年文史资料选编 [M]. 成都：四川大学出版社，2010.

[8] 叶章贵主编，眉山市烟草专卖局（分公司）编纂. 眉山市烟草志 [M]. 成都：四川人民出版社，2006.

[9] 历年眉山年鉴

[10] 眉山文史资料

[11] 眉山政协文史资料

[12] 眉山市人民政府网 http：//www.ms.gov.cn/

[13] 东坡区网站 http：//www.dp.gov.cn/

[14] 尚义镇 http：//www.dp.gov.cn/dpsyz/index.htm

附录一

政府批文

关于印发省政府同意眉山县撤销区公所和调整乡镇建设批复的通知

撤销眉城、太和、崇礼、永寿、思蒙、多悦、万胜区公所；撤销镇江、悦兴、回龙、崇礼、光华、家相、新华、石伏、五皇、娴婆、修文、山宝、尚义、中店、海珠、五峰、新四、秦家、松江、鲜滩、眉城、大石桥22个乡；新设置松江镇（治松江口、辖原松江、鲜滩乡政区）、悦兴镇（治悦兴场、辖原悦兴、回龙乡政区）、崇礼镇（治洪庙场、辖原崇礼、家相、光华乡政区）、修文镇（治修文场，辖原修文、山宝乡政区）、尚义镇（治韩家场，辖原尚义、中店乡政区）、秦家镇（治秦家墩，辖原秦家新四乡政区）；扩建3乡5镇（富牛乡，归并新华乡；复兴乡，归并五皇乡；郑军乡，归并海珠乡。东坡镇，治县城，归并原眉城、大石桥乡；太和镇，治太和场，归并原镇江乡；永寿镇，治王家场，归并原石伏乡；思蒙镇，治思蒙场，归并原娴婆乡；万胜镇，治万胜场，归并原五峰乡）；保留了14乡5镇（白马铺、复盛、土地、柳圣、金花、龙兴、黄家、莲花、正山口、广济、三苏、伏东、盘鳌和晋凤乡；象耳、张坎、罗平、崇仁和多悦镇）。

1992年

四川省住房和城乡建设厅　四川省文化厅 四川省财政厅关于公布 第一批列入四川省传统村落名录村落名单的通知

各市（州）住房城乡建设局、文化局、财政局：

根据住房城乡建设部、文化部、财政部《关于加强传统村落保护发展工作的指导意见》（建村〔2012〕184号），在各地初步推荐的基础上，经专家评审认定，省住房和城乡建设厅、文化厅、财政厅决定将成都市邛崃市平乐镇花楸村等120个村落（名单见附件）列入四川省传统村落名录，现予以公布。

请按照省住房和城乡建设厅、文化厅、财政厅印发的《关于贯彻国家三部门〈关于加强传统村落保护发展工作的指导意见〉的通知》（川建村镇发〔2013〕103号），做好传统村落保护发展工作。对已列入名录的村落的保护发展工作，省住房和城乡建设厅、文化厅、财政厅将予以监督指导，实行动态管理和退出机制。

附件：第一批列入四川省传统村落名录的村落名单

四川省住房和城乡建设厅 四川省文化厅 四川省财政厅
2013年7月29日

附件：

第一批列入四川省传统村落名录的村落名单

眉山市东坡区尚义镇中心村

……

2016年度眉山市市级"四好村"建议名单公示

为全面贯彻落实省委、省政府开展"四好村"创建活动的决策部署，按照《关于印发〈创建市级"四好村"活动工作方案〉的通知》（眉委办发电〔2016〕19号）和《关于印发眉山市市级"四好村"创建考评试行办法的通知》（眉市委农〔2016〕80号）要求，经各区县自查推荐，市委农工委、市委宣传部、市精神文明办联合抽查复核，市委农村工作领导小组同意，现将我市2016年市级"四好村"建议名单予以公示。如有意见建议，请在公示之日起3个工作日内，以电话、电子邮件的形式向市委农村工作领导小组办公室反映。

联系电话：028-38168095

电子邮箱：540047679@qq.com

中共眉山市委农村工作领导小组
2017年1月18日

一、东坡区（70个）

尚义镇中心村

尚义镇熊公村

尚义镇英勇村

……

眉山市精神文明建设办公室
关于拟命名2018—2020年眉山市文明村镇、
文明单位名单和拟复查确认
眉山市文明村镇、文明单位名单的公示（节选）

按照《眉山市文明单位建设与管理办法》要求，市文明办组织开展了2018—2020年眉山市文明村镇、文明单位创建验收和复查确认工作。经村镇（单位）自查申报、县（区）初评、实地测评、资料审查、征求有关部门意见等验收和复查程序，拟命名东坡区尚义镇等182个村镇、市人力资源和社会保障局等50个单位为2018—2020年眉山市文明村镇、文明单位；拟继续保留洪雅县止戈镇等19个村镇、市纪委监委等202个单位眉山市文明村镇、文明单位称号；因机构改革失去创建主体资格等原因，拟注销仁寿县公路路政管理大队等6个单位眉山市文明单位称号；因创建周期内出现创建工作质量滑坡等情况，拟给予眉山天府新区视高街道清水社区卫生服务中心、眉山天府新区视高中心卫生院限期整改一年处分；因创建周期内存在村镇（单位）主要负责人或班子成员严重违纪违法等创建负面清单情况，拟撤销仁寿县禾加镇、眉山市人民医院等8个镇（单位）眉山市文明村镇、文明单位称号。现将具体名单予以公示，接受社会监督，如有意见建议，请实名向眉山市精神文明建设办公室如实反映。

公示期限：2020年11月7日—2020年11月11日

举报电话：028-38290191

通信地址：市文明办创建指导科（眉山市东坡区眉州大道苏辙公园雏凤阁二楼）

眉山市精神文明建设办公室

2020年11月7日

拟复查确认眉山市文明村镇、文明单位名单（节选）

一、拟继续保留眉山市文明村镇称号名单

1. 东坡区尚义镇中心村

……

附录二

有关报刊、网络对尚义镇中心村报道的文章（存目）

1.《四川种粮大户李相德：党组织是我们兴旺发展的主心骨》，新华社成都 2016 年 6 月 30 日，记者：姚永亮、陈健。

2.《种养结合 绿色养殖奔富路》，眉山网 2018 年 5 月 15 日，见习记者：王琴。

3.《东坡区："双向评价"激发内在动力 干群同心打赢"脱贫攻坚"战》，眉山网 2018 年 6 月 1 日，见习记者：王琴。

4.《示范引领 探索乡村振兴新路子——东坡区乡村振兴示范村建设推进会侧记》，眉山网 2019 年 4 月 12 日，记者：刘娟。

5.《东坡区：文旅深度融合 推进乡村振兴》，眉山网 2019 年 4 月 19 日，记者：王琴。

6.《2019 年首届尚义镇农耕文化节将于 5 月 1 日至 5 月 4 日举办》，眉山网讯 2019 年 4 月 19 日，记者：王琴。

7.《"五一"期间去尚义 农耕文化唱大戏》，眉山网讯 2019 年 4 月 20 日，记者：曹霞、梁昊。

8.《"中国，祝福你，你永远在我心里。"》，眉山网 2019 年 10 月 2 日，记者：刘娟。

9.《眉山尚义镇举办秋收文化节：3 天迎客 10 万人 村民唱响幸福歌》，《四川日报》2019 年 10 月 4 日，记者：樊邦平。

10.《眉山市东坡区尚义镇首届秋收文化节开幕》，《法治四川》2019 年 10 月 2 日，记者：何广炳。

11.《尚义镇举办首届秋收文化节 激发乡村振兴活力》，眉山网 2019 年 10 月 11 日，记者：刘娟。

12.《眉山种粮大户李相德："总理跟我说辛苦了，日子会越来越好。"》，《眉山日报》2021 年 1 月 26 日，记者：王允浩。

后 记

眉山市东坡区尚义镇中心村,位于四川省眉山市区以西16千米处。中心村的历史,可以追溯到清朝嘉庆五年(1800),有220多年的历史。在这漫长的历史长河中,勤劳的一代代中心村人在这片热土上艰苦创业、代代相传、历经苦难,用他们的勤劳智慧、坚韧不拔,谱写了一曲曲动人的乐章。

我们在查阅相关资料以及实地采访调研过程中,时时能感受到中心村巨大的变化,同时也为这里人民勤劳勇敢、艰苦奋斗的精神所感动。中心村前党支部书记李国全先生,不仅全程接受我们的采访,为我们提供介绍采访对象,还带着我们在村里各处采风、品尝佳肴、游览古寺、参观古树。他对中心村情况的了解异常清晰,说起来如数家珍。尤其是当我们看到他排成一人高的厚厚的开会笔记时,顿生敬佩之心!中心村党支部书记丁涛先生也为我们撰写村志提供了很多资料。

尚义镇党委副书记袁晟佩女士,办公室主任袁莉莉女士,还有牟隽逸先生、辜文涛先生等,也为我们提供了很多帮助,对此我们深表感谢!还有中心村各企业的经理以及村医听说我们要为中心村写村志,他们放下手头的生意和工作,热情地接受了我们长时间的"打扰",还为我们提供了很多有价值的材料和线索,而且不收取任何"误工费"。中心村正是因为有像他们一样热爱家乡、无私奉献的人民,才会有今天的巨大成就。

我们在撰写村志的过程中,还得到了眉山市东坡区方志办豆翠娥主任的大力支持。她不仅向尚义镇推荐由我们课题组撰写村志,还给我们提供了大量有价值的资料。我们还到眉山市档案馆查阅、复印了上千页材料,档案馆二级主任科员黄伟先生、保管利用股副股长卢毅女士也为我们提供了很多便利。像这样提供帮助的人还有很多很多，正因为他们出于对家乡的热爱，才使得我们对养育了勤劳热情人民的这方热土有了更亲切真实的感受。

值得一提的是，本志专门设置了"艺文"，收录了20世纪五六十年代至90年代的一些政府公文、人物专访等，这些文章不仅具有历史价值，也从一个侧面反映了那个时期不同阶段的时代风气和精神面貌。当然，由于这是中心村第一部村志，加上文献的不足，相关采访人员记忆的误差等，村志的编纂难免挂一漏万，甚至还可能有错误之处，也请读者朋友们批评指正！

该村志由西华大学王燕飞、吴会蓉、饶冬梅、樊洁、余华5人共同撰写，其中部分图片由尚义镇和中心村提供，部分由课题组拍摄。该书是四川省重点研究基地"中国近现代西南区域政治与社会研究中心"2022年度立项课题"历史文化名村——眉山市东坡区中心村村志编纂研究"（XNZZSH2202）的最终成果，特此说明。

《眉山市东坡区尚义镇中心村村志》编写组

N